U0794337

轨道交通职业教育“十四五”中俄双语国际化教材
国家双高“铁道机车专业群”系列 立体化教材
——列车运维岗位职业特质培养教材

职业特质与列车运行安全

Профессиональные характеристики и безопасность движения поездов

主　编◎牛　可　高　伟　牛晨旭

副主编◎赵　慧　李长留　穆荣果

西南交通大学出版社
·成　都·

图书在版编目（CIP）数据

职业特质与列车运行安全 / 牛可，高伟，牛晨旭主编. —成都：西南交通大学出版社，2022.4（2025.6 重印）
ISBN 978-7-5643-8504-0

Ⅰ. ①职… Ⅱ. ①牛… ②高… ③牛… Ⅲ. ①列车–运动–安全管理–高等职业教育–教材 Ⅳ. ①U284.48

中国版本图书馆 CIP 数据核字（2021）第 267574 号

Zhiye Tezhi yu Lieche Yunxing Anquan
职业特质与列车运行安全

主　编　牛可　高伟　牛晨旭

责任编辑 / 梁志敏
封面设计 / 何东琳设计工作室

西南交通大学出版社出版发行
（四川省成都市金牛区二环路北一段 111 号西南交通大学创新大厦 21 楼　610031）
营销部电话：028-87600564　028-87600533
网址：http：//www.xnjdcbs.com
印刷：四川森林印务有限责任公司

成品尺寸　185 mm × 260 mm
印张　11.25　　字数　278 千
版次　2022 年 4 月第 1 版
印次　2025 年 6 月第 3 次

书号　ISBN 978-7-5643-8504-0
定价　39.00 元

课件咨询电话：028-81435775
图书如有印装质量问题　本社负责退换
版权所有　盗版必究　举报电话：028-87600562

轨道交通职业教育“十四五”中俄双语国际化教材
编写委员会

主　任　许　琰

副主任　马玉霞　董黎生　倪　居　蒋平江

郭　鹏　孟维军　安学武　张　辉

冯耀武

委　员（按姓氏笔画排序）

王云波　王学明　王亦军　王　冬

王　伟　王培林　王　磊　付　涛

邢华燕　李福胜　李学武　刘　熙

吉鹏霄　朱永伟　闫　纲　张　欣

张中央　陈享成　陈明明　赵景民

赵　东　郭运宏　段金辉　徐　彦

高　伟　盛　莉　敬乐尉　蔡　昱

序

“十四五”期间，我国经济社会发展将“以推动高质量发展为主题”“加快构建国内大循环为主体、国内国际双循环相互促进的新发展格局”。职业教育是我国高等教育的重要组成部分，肩负着服务国家战略、促进高质量发展的重任。伴随着“一带一路”倡议背景下的国际产能合作，职业教育迎来了前所未有的发展机遇。2019 年《国家职业教育改革实施方案》《中国教育现代化 2035》和《关于实施中国特色高水平高职学校和专业建设计划的意见》相继出台，“建设一批引领改革、支撑发展、中国特色、世界水平的高等职业学校和骨干专业群”“培养具有国际视野、通晓国际规则、能够参与国际事务和国际竞争的高素质技术技能人才”成为未来一段时期指引我国职业教育改革发展的纲领性目标。

新目标开启新征程。在新的历史机遇期，职业院校应全面对标时代发展新要求，主动承担职业教育历史使命，积极扩大对外交流合作，吸收借鉴国际先进理念，开发建设一批原创性的国际化教学标准和教学资源，为打造技术技能人才培养高地、开创高质量发展新局面作出重要贡献。在此背景下，2021 年郑州铁路职业技术学院联合国内陕西铁路工程职业技术学院、山东职业学院、哈尔滨铁道职业技术学院、西安铁路职业技术学院、吉林铁道职业技术学院和欧亚国际协会，汇集骨干力量，面向国内中俄合作办学项目，开发了一系列活页式中俄双语教材，共涉及 6 个专业 21 门课程。

本系列教材在编写过程中紧扣“活页式、模块化、创新性”的编写理念，充分反映了近年来职业院校在“三教改革”方面取得的丰硕成果，在内容和形式方面具有以下鲜明特征：

一、教材内容吸纳了行业发展的新知识、新技术、新工艺、新方法，全面反映了岗位实际需求和课程建设成果，充分体现了产教融合的教学特点，符合“教”“学”“做”一体化的授课要求。

二、教材聚焦专业核心能力和职业综合素质的培养，内容采用模块化设计，按照“基础模块、职业模块和拓展模块”的结构进行编排，既有利于教师抓住重点组织课堂教学，也有利于学生课下进行自主学习。

三、教材内容取材广泛，视野宽阔。除了围绕我国铁路技术开展主体教学外，还吸收融合了国外优质教学资源，广泛介绍了“一带一路”沿线俄语国家当前采用的铁路设备和相关技术，为学生将来从事跨国就业奠定坚实的基础。

四、本套教材除了纸质版外，还配套开发了大量数字教学资源，可供学生自主下载学习。

本系列教材在编写和审定过程中，得到了西南交通大学出版社和欧亚国际协会的大力支持和帮助，在此深表感谢！编写期间相关人员参考了大量国内外专业书籍和教材，在此一并向有关作者致以谢意。

在本系列教材的编写过程中，全体编写人员本着高度负责的态度，克服了许多困难，几易其稿，但因经验不足，时间仓促，不足及错漏之处在所难免。若有关师生在使用过程中发现问题，恳请提出宝贵意见和建议，以冀再版时加以改进与完善。

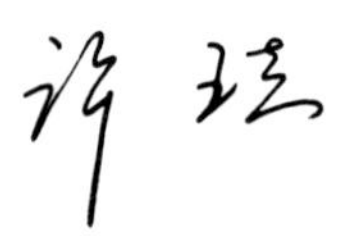

2021 年 8 月

前言

俄文对照 前言及目录

2020 年《新时代交通强国铁路先行规划纲要》的出台正式将智能化发展纳入国家铁路发展战略。中国工程院重大咨询研究项目《智能高速铁路战略研究》提出了中国智能高速铁路三步走的创新发展蓝图，“全面感知、泛在互联、融合处理、主动学习、科学决策”是未来中国铁路技术发展的目标。智能技术和自动化技术的发展使得由系统硬件设备引起的列车运行安全问题已经明显降低，而人作为列车系统的监控者和管理者，已经成为影响列车运行安全的首要因素。据资料统计，四分之三以上的列车运行事故与职业特质中的社会认知技能（非技术技能）直接相关。尤其是在应急故障和突发场景的处理中，人仍是保证安全的最后一道防线。提升列车司机、调度人员、机械师、站务人员等与列车运行安全直接相关岗位人员的职业特质是当前和未来提高列车运行安全水平的最有效途径。

随着列车运行中分布式任务团队作用不断凸显，在正常和非正常任务处理中强调列车司机、随车机械师、行车调度以及其他人员之间的协同作用，训练对象早已从单一岗位转变为所有与列车运行相关的人员组成的团队。但是，目前已有的教材没有专门针对列车运行相关人员尤其是未来从事特定岗位的高职院校学生职业特质的教学和训练内容。因此，急需编写一本适合未来的列车司机、随车机械师及行车调度人员等岗位的职业特质教材。郑州铁路职业技术学院铁道机车专业群是国家首批“双高计划”项目入选专业群，在双高建设期间积极探索，以培养更高水平铁路司机和机械师为目标在铁路类职业院校率先提出技术技能与职业特质并重的“双规贯通”人才培养模式，将职业特质培养贯穿铁道机车专业群学生整个培养周期。郑州铁路职业技术学院铁道机车专业群在多年教学研究积累和探索的基础上，结合行业趋势和实际需求、紧扣国家高技能人才发展战略，首次编写了本教材，在铁路类职业院校中属于首创。

本教材共分为七个单元：单元一“职业特质与列车运行安全概述”，主要回顾了职业特质相关理论研究和发展，阐述了职业特质对运行安全的影响，介绍了列车运行过程中相关人为因素的研究、人因安全模型，并针对铁路当前智能化发展趋势分析了职业特质的挑战；单元二“情景意识”，主要介绍了与情景意识直接相关的人的记忆系统知识、个体情景意识和团队情景相关模型，以及影响情景意识好坏的因素以及训练与评价情景意识的主要方法；单元三“决策”，主要介绍了运行中的四种决策模型、四种决策方法，以及决策训练与决策评价的主要方法；单元四“沟通与团队”，主要介绍了信息交互的内涵、构建共享的理解、团队行为协同的原理，以及提升团队沟通与合作的措施；单元五“领导力”，主要介绍了领导力的概念和作用、说明了领导力理论和对他人的支持方式以及如何在压力和应急场景下发挥领导力；单元六“工作负荷管理”，主要介绍了工作负荷的概念、等级、管理和模型、列车驾驶疲劳和轮班疲劳产生的机理和影响以及自动化导致的潜在问题以及人与自动化的分配；单元七“职业特质综合训练和评估方法”，主要介绍了行为标记系统的概念、说明了两个有代表性的行为标记系统，以及以相关领域非技术技能培训和评价为例介绍了职业特质训练和评估的方案。

本书由郑州铁路职业技术学院牛可、高伟、牛晨旭、赵慧、李长留和穆荣果共同编写，其中，牛可编写单元一，牛晨旭编写单元二和单元三，高伟编写单元四，赵慧编写单元五，李长留编写单元六，穆荣果编写单元七。在编写过程中得到了学院领导的大力支持，北京交通大学轨道交通控制与安全国家重点实验室方卫宁教授和中国戏曲学院新媒体艺术系杜衣杭老师也为本书的编写提出了一些建设性的意见和建议，在此表示诚挚的谢意！另外，本书的编写参考了相关研究论文、国外相关专著、国内其他铁路职业院校相关教材、中国国家铁路集团有限公司和各地方地铁集团公司相关标准、规章、培训教材及行业标准等，在此一并表示感谢！

本教材受到国家“双高计划”项目；河南省高等教育教学改革研究与实践项目：“高铁人才职业特质培养模式的研究与实践”（2019SJGLX722）；河南省科技攻关计划课题：“高速列车自动驾驶人机信任建模与校准研究”（202102210159）；河南省高等学校重点科研项目：“基于信息融合网络的地铁行车团队分布式情景意识建模与应用（21A580006）”郑州铁路职业技术学院科技创新示范团队：“智能化铁路系统关键岗位职业特质研究国际协同创新团队”（20KJCXTD01）；郑州铁路职业技术学院教研项目：“双高建设背景下高铁关键岗位非技术技能特质培养模式探索与实践”（2020JG37）的资助与支持，在此表示衷心感谢！

本教材突出科学性、前沿性、系统性和实用性，每个单元由相关事故案例引入，有助于理论联系实际。可以作为铁路类高职院校铁道机车运用与维护、动车组检修技术、铁道车辆技术、铁道交通运营管理、高速铁路客运服务、城市轨道交通车辆应用技术、城市轨道交通运营管理等专业的教材，也可作为铁路类高职本科铁道机车智能运用技术、高速动车组技术、轨道交通车辆工程技术、高速铁路运营管理、城市轨道交通车辆工程技术等专业参考教材，以及铁路类企事业单位相关工作人员的培训教材使用。教材最后附有俄文对照版的二维码链接，以满足中俄合作办学项目的需求，也可供读者拓展阅读。鉴于编者水平有限，加之时间紧迫，书中难免存在疏漏和不足，恳请广大读者批评指正。

编　者

2021 年 9 月

数字资源目录

序号	资源名称	资源类型	页码	资源位置
1	中俄对照　单元一	电子文档	1	单元一
2	微课 1.1.1 职业特质含义与相关研究发展历史	视频	1	
3	微课 1.1.2 技术技能与职业特质关系	视频	9	
4	微课 1.1.3 职业特质培养的原则	视频	11	
5	微课 1.1.4 职业特质水平评价的原则	视频	14	
6	微课 1.1.5 职业特质对安全的影响	视频	17	
7	微课 1.2.1 人为因素的研究及应用	视频	19	
8	微课 1.2.2 人因安全概念与模型	视频	22	
9	微课 1.2.3 列车事故中的人为因素	视频	25	
10	微课 1.3.1 铁路智能化发展趋势	视频	31	
11	微课 1.3.2 关键岗位任务复杂性变化	视频	35	
12	微课 1.3.3 全自动运行系统中的任务管理	视频	37	
13	中俄对照　单元二	电子文档	44	单元二
14	微课 2.1 情景意识事故案例	视频	44	
15	微课 2.2 人的记忆系统	视频	46	
16	微课 2.3 情景意识模型	视频	50	
17	微课 2.4 影响情景意识的因素	视频	62	
18	微课 2.5 训练与评价情景意识	视频	64	
19	中俄对照　单元三	电子文档	69	单元三
20	微课 3.1 决策与失误案例	视频	69	
21	微课 3.2 运行中的决策模型	视频	71	
22	微课 3.3 决策方法	视频	76	
23	微课 3.4 训练与评价决策能力	视频	82	
24	中俄对照　单元四	电子文档	87	单元四
25	微课 4.1 沟通事故案例	视频	87	
26	微课 4.2 信息交互	视频	88	

续表

序号	资源名称	资源类型	页码	资源位置
27	微课 4.3 构建共享的理解	视频	94	单元四
28	微课 4.4 团队行为协同	视频	97	
29	微课 4.5 提升团队合作与沟通的措施	视频	99	
30	中俄对照　单元五	电子文档	103	单元五
31	微课 5.1 领导力事故案例	视频	103	
32	微课 5.2 领导力的概念与作用	视频	104	
33	微课 5.3 领导力理论与支持他人	视频	109	
34	微课 5.4 应对压力与应急场景下的领导力	视频	113	
35	中俄对照　单元六	电子文档	116	单元六
36	微课 6.1 工作负荷事故案例	视频	116	
37	微课 6.2 工作负荷控制	视频	117	
38	微课 6.3 疲劳	视频	128	
39	微课 6.4 自动化与工作负荷	视频	140	
40	中俄对照　单元七	电子文档	145	单元七
41	微课 7.1.1 行为标记系统	视频	145	
42	微课 7.1.2 自我报告法应用	视频	145	
43	微课 7.1.3 行为标记系统应用	视频	145	
44	微课 7.2 职业特质训练方案举例——以航空非技术技能为例	视频	152	
45	微课 7.3　职业特质评估方案举例——以麻醉师非技术技能为例	视频	161	

目录

单元一 职业特质与列车运行安全概述

俄文对照 单元一

微课 1.1.1 职业特质含义与相关研究发展历史

一、职业特质概述

（一）职业特质含义与相关研究发展历史

1973 年，哈佛大学著名心理学家 McClelland 发表了题为 *Testing for Competence Rather Than Intelligence*（测量胜任力而非智力）的文章，指出智力测验、专业知识测验和学校成绩并不能预测复杂工作和生活中的成功。他将胜任力定义为“工作和场景当中个体的根本特质，该特质与标准参照下有效的和/或优秀的绩效是因果关系”。其中，根本特质是指胜任力是一个人特质中相当深刻和持久的一部分，可以用于预测在各种情况和任务中的行为；因果关系是指胜任力引起或预测行为和绩效；标准参照指的是根据一个特定的准则或标准。胜任力可以预测人员绩效的好与坏。例如，列车司机对于运动的感知能力影响其停车对标的准确性。

McClelland 进一步提出了胜任力的 5 种类型，分别是动机、特质、自我评价、知识和技能。

（1）动机：个体持续思考或想要引起行动的事情。动机驱动、引导和选择行为，朝向特定的活动或目标。例如，追求成就的人总是为自己设定具有挑战性的目标。

（2）特质：生理特征和对情况或信息的应对。例如，更快的反应时间和良好的视力是高铁司机的生理特质，而情绪控制和创造性是“对情况和信息的应对”。高水平列车司机在时间压力下有可能“超越职责范围”去解决突发问题，这种“应对”是个体更高素质的体现。

（3）自我评价：个体的态度、价值观或自我形象。例如，自信，即个体相信自己在几乎任何情况下都能成功，是个体自我评价的一部分。个体的价值观是一种反应或反应动机，预测了其在短期内会做什么，以及在别人说了算的情况下会做什么。例如，如果某人被告知某项任务或工作是“领导能力的测试”，那么他更有可能表现出领导行为。

（4）知识：个体在特定领域内拥有的信息。例如，列车司机对于转向架结构的信息就是其对列车走行部的部分知识。知识是一种复杂的胜任力，对知识测试的分数往往不能用来评估工作表现，因为分数不是在实际工作中运用知识的方式衡量出来的。首先，许多知识测试题测试的是死记硬背的能力，而真正重要的是获取信息的能力。记住具体的事实不如知道哪些事实与特定的问题相关，以及在需要的时候去哪里找到它们。其次，知识测试是“应试性”的。它们衡量的是被测试者在几种选项中选择正确答案的能力，而不是个体能否在知识的基础上采取行动的能力。例如，从几个选项中选出正确答案的能力与从几种决策方案中选出一种最佳决策方案的能力是截然不同的。最后，知识充其量只能预测一个人能做什么，而不是他将会要干什么。

（5）技能：执行某种体力或脑力工作的能力。例如，列车检修人员对轮对进行探伤的能力；站务人员在屏蔽门故障情况下手动开门的能力。除了操作技能还有认知技能，包括分析思维（处理知识和数据、确定因果关系、组织数据和计划）和概念思维（在复杂数据中识别模式）。

如果把胜任力描述为一座冰山，水上部分代表表层的个人特征，即知识和技能，这些特征易于测量和发展；而水下部分代表了隐蔽、以人格特质为核心的深层次特征，这些特征才是决定任职者行为表现的关键因素，也是最具有选拔价值的胜任特征，如图 1-1 所示。可以看出，特质和动机是胜任力中的核心素质，并且往往是将工作中有卓越成就者与表现平平者区别开来的个体潜在特征。

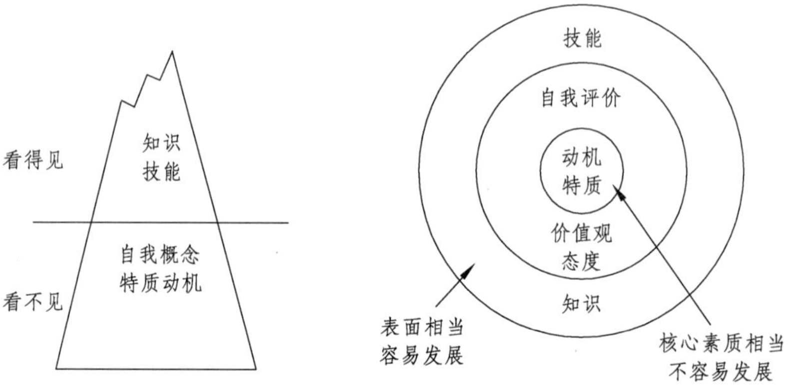

图 1-1　胜任力理论模型

本书将特质这一概念进一步扩展，将胜任力表面的、宜于发展的技能和知识归类为技术技能；将胜任力核心的、不易发展的动机、特质、自我评价、价值观和态度归类为职业特质，如图 1-2 所示。

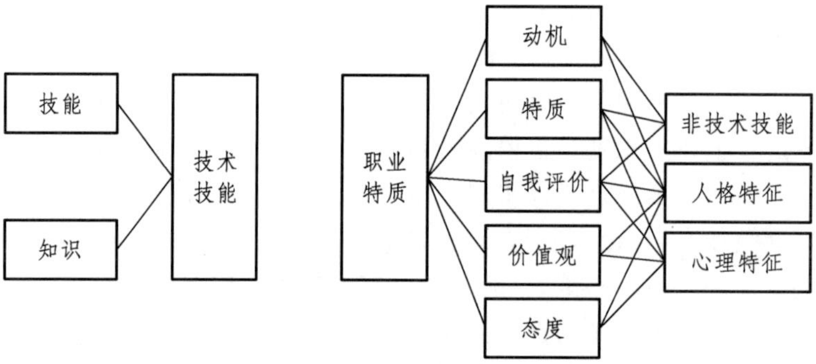

图 1-2　技术技能与职业特质归类

该归类的目的是将职业特质的含义外延进行扩充，它包含了非技术技能、人格特征和心理特征。本书重点阐述非技术技能部分。因为，当高风险组织出现问题时，其后果可能会对人员、设备和环境造成损害。现代技术系统内置了大量的保护和冗余，但随着硬件和软件变得越来越可靠，人为事故的贡献也变得越来越明显。Helmreich，Reason，Wagenaar 和 Groenweg 等学者的研究表明，在工业系统中，高达 80% 的事故原因可归为与人相关的职业特质因素。这意味着管理人员还需要了解其运营中的职业特质因素，尤其是那些从事安全关键任务的人的特质——即组织的“尖端”。长期以来，各行各业一直对提高员工绩效和最小化错误率的因素进行努力和尝试。虽然难以完全消除人为错误，但可以通过确保关键岗位拥有适当的职业特质来应对工作中的风险和需求，从而尽量减少、捕捉和减轻错误。

1．非技术技能的历史及发展

在19世纪和20世纪，工业进步遵循一个共同的周期：技术快速发展→部件或系统故障→工程解决方案，然后是下一个技术快速发展之前的短暂稳定期。随着自动化和控制技术在众多行业的日益普及，20世纪50—70年代，技术发生了快速进步，然而，这次进步不可避免地伴随着并发症。航空业从50年代开始进入了“喷气时代”，从彼时起，工程和技术问题曾长期困扰着现代喷气运输的早期阶段，发生了一系列重大航空事故。其中著名的事故案例就是德哈维兰-彗星式飞机解体事故①。60年代，商业航空全球每年平均每百万次起飞的事故超过10起。到了70年代初期，工程和技术问题大部分已得到解决，事故率从60年代的每百万次起飞10起事故下降到平均每百万次起飞约3起事故。尽管事故率大幅降低，但是并没有完全杜绝，在排除了技术和工程的因素之后，“飞行员的失误”成为人们关注的核心问题。

20世纪70年代，美国国家航空航天局（NASA）进行了一系列创新项目，研究如何避免由飞行员失误引起事故。其中一项著名研究是在艾姆斯研究中心（Ames Research Center）完成的由拉菲尔·史密斯（时任英国皇家空军医生和飞行员）主持的“基于航空模拟器的大型飞行机组绩效研究”②。该研究首次发现，飞行员绩效的大部分变化是由机组可用的资源引起的，并且飞行员的失误与工作负荷管理、沟通和决策等因素之间呈现因果关系。因此，该研究提出飞行机组人员的绩效需要通过制定专门的培训计划来提高，包括机组人员的人力资源（团队绩效）、技术和信息的使用，来支持他们的操作（情景意识和领导力）。这项研究奠定了非技术技能培训和评估的基本框架。除了科研方面，在航空业界在这个时期特别关注了为副驾驶开发全面的晋升培训方案，以帮助其快速过渡到机长角色。世界各大航空公司开始注重培训具备优秀“指挥官”特质的机组。例如，泛美航空公司对其培训和运营手册进行了严格审查，重点关注机组人员交互和机组团队绩效；荷兰航空公司使用SHEL模型对机组人员进行了人为因素培训。

1979年6月26日至28日，NASA和工业界联合在旧金山召开了首次“驾驶舱资源管理（Resource Management on the Flight Deck）”研讨会。该次研讨会达成以下共识：飞机事故原因中，人为因素问题的特征不是机组人员缺乏技术技能，而是认知和社交技能不足；导致空难的主要人为原因是沟通、协调、决策和领导能力的失误。这些共识继而成为以驾驶舱资源

---

① 1954年，一架隶属英国海外航空（BOAC）公司的彗星-1型（comet1）客机，航班编号781号，由罗马飞往伦敦时坠毁于地中海，造成35死亡。出事后数周，该公司另一架由罗马飞往开罗的班机又坠毁于地中海。经由英国官方研究发现，由于飞机内部有加压空气的系统，使乘客不至于感到不适，却导致飞机铝制蒙皮的金属疲劳，并于飞机的天窗（用以发射无线电）的铆钉处裂开，导致飞机解体。这使哈维兰公司经营不振，最终被其他公司合并。

② 18名机组人员被试被要求在波音747飞行模拟器上进行两段模拟飞行：从华盛顿特区到纽约肯尼迪机场的短途飞行，然后从纽约到伦敦。在离开纽约后，机组人员遇到油压问题，迫使他们关闭一个引擎。由于引擎故障，机组人员必须决定在哪里着陆。然而，液压系统的进一步故障、可能着陆地点恶劣的天气、空中交通管制的复杂指令以及一名机组人员在高工作负荷时反复向飞行甲板请求信息和帮助，使得这一决策变得复杂。结果显示，一些机组人员处理问题非常好，而另一些则犯了大量操作上的严重错误（包括一次计算错误，倾倒燃料超过10万磅）。

管理为目标进行的非技术技能培训和评估的内容。同时在该次会议上，机组资源管理（Crew Resource Management，CRM）也开始成为一个专用名词被使用。

20 世纪 80 年代初期，荷兰皇家航空公司、联合航空公司、泛美航空公司以及环澳大利亚航空公司等航空公司陆续开发并实施了一系列 CRM 项目。美国“国家航空航天局/军事航空运输司令部座舱资源管理训练专题研讨会”和俄亥俄州立大学组织的两年一度的“航空心理学讨论会”也都对 CRM 的发展起到了推动作用。1989 年的 NASA. CP-2445 号文件正式将 CRM 基本概念归结为六点：① 提高机组能力的广泛系统；② 对机组整体的训练；③ 可延伸到机组训练的各种方式中；④ 着力于机组的态度和行为及安全的意义；⑤ 使个人有机会检查自身行为并做出提高机组效能的个人决定；⑥将机组作为训练对象的单位。欧洲的航空公司率先提出使用 CRM 对机组人员的非技术技能进行岗前正式培训和评估。最终产生了用于评估非技术技能的第一个正式框架：NOTECHS（Non-Technical Skills）系统。NOTECHS 系统提供了一个清晰的非技术技能基本结构，如表 1-1 所示。

表 1-1　NOTECHS 系统框架

分类	指标
合作	团队建立和保持
	考虑他人
	支持他人
	冲突解决
领导力和管理技能	使用权利和自信
	提供和保证标准
	计划和协调
	工作负荷管理
情景意识	飞机系统情景意识
	外部环境情景意识
	时间情景意识
决策	问题识别和诊断
	选项生成
	风险评价和选项选择
	结果回顾

20 世纪 90 年代中期，非技术技能开始在国内发展。1995 年，在深圳召开的中国第 3 届飞行技术与飞行安全研讨会上，来自中国民航、空军、国家体委及航空工业总公司的飞行员、飞行管理专家们对 CRM 问题进行了专题讨论。针对人为因素上升为制约飞行安全的主要矛盾这一新情况，对各种飞行安全要素进行重新分析组合而提出了新的训练思路。专家们呼吁，应开发适合中国民航的 CRM 培训课程。同时，《飞行员》杂志不断刊出有关 CRM 的讨论文章，推动了中国民航 CRM 的发展。1997 年，由中国民航总局和空中客车工业公司在中国民航飞行学院举办了名为“2000 年跨世纪航空合作计划”的人为因素研讨会，空客公司的专家

们详细介绍了空客公司的 CRM(ACRM),这次会议对开发中国民航的 CRM 起到了促进作用。中国南方航空公司曾 3 次邀请波音教员到珠海飞行训练中心，对 100 多名飞行教员和机长进行了为期 15 天的 CRM 培训。还根据空客公司的经验，对乘务员进行 CRM 培训。编写了 6 课时的《座舱资源管理》教材，南方航空公司的航空医师也进行了机组沟通困难原因的调查，建议建立“航空医学训练舱”，颇有“医学 CRM”的思维。1994 年，中国民用航空医学研究室参加了美国航空航天医学协会第 65 届学术会议后，不断追踪国内外 CRM 的发展，提出了“CRM 给航空医学提出新问题”的观点，编译完成了“机组资源管理入门”小册子，同时呼吁航空医学专家和心理学专家参与到 CRM 培训计划中，与飞行训练管理部门共同开发适合中国的 CRM 训练体系。1998 年，中国民航飞行学院决定将航空生理学、航空心理学和飞行中人的因素进行统一教学，之后编写了《飞行中人的因素》和《驾驶舱资源管理》教材，促进 CRM 向一个学科发展。

2．CRM 发展的 6 个阶段

CRM 到目前为止已经发展了六代，每代都有不同的主题。

第一代 CRM 着重于个性管理风格以及人与人之间的沟通技巧，是为了确保在副驾驶缺乏自信的情况下，机长能接受副驾驶的建议。主要研究的是驾驶舱中机长和副驾驶两个人的事情，所以通常称为“驾驶舱资源管理”。

第二代 CRM 开始注重团队合作，主要讲授情景意识和压力管理，讲授错误链，训练机组间的独立决断，增强简令意图，考虑了团队组建方面的因素。这时，驾驶舱里的两个单独的人开始作为一个整体考虑，开始被称为“机组资源管理”。

第三代 CRM 再次把机组的范围扩大化，将乘务员、空管、签派、机务等与飞行相关的人员涵盖了进来，作为一个系统进行研究。强调人为因素的评估和教员/检查员的特殊训练，称为“高级机组资源管理”或者“公司资源管理”。

第四代 CRM 又引入了性能数据引导训练工作和机组资源管理专业训练一体化，将机组资源管理程序化，形成了专门的课程主题，包括机组资源管理检查单问题、自动化等，在全模拟飞行任务（LOFT）[①]中加强了人为因素的程式化训练。这就形成了“一体化的机组资源管理”。

第五代 CRM 意识到前面的几代机组资源管理讲究的多是概念，认为有了它就可以消灭人为差错，甚至在里面混淆了不少商业的成分，反而把机组资源管理的目的弱化了。此时又重新认识到不能完全消除差错，但可以尽量避免差错，可以通过设计或减弱差错的危害程度来管理差错，所以回到了“差错管理”的概念上。

目前航空领域使用的是第六代 CRM 的概念，着眼于将机组资源管理作为一套防止威胁的对策，出现差错后的应对与管理及非计划飞行状态的管理。所以，现在的 CRM 叫“威胁与差错管理”(Threat Error Management，TEM)。TEM 目前已成为国际民航组织标准，第 9868 号文件“Training (PANS - TRG 1 st Edition)”的附件 C 中对 TEM 进行了详细描述。

① LOFT，Line Oriented Flight Training。面向航线的飞行培训，源于美国西北航空公司为协调机组人员培训而开发的培训计划。培训场景通常涉及飞行的所有方面：飞行前准备和简报、起飞、巡航、下降进近和着陆。为机组人员提供了所有适当的飞行文件，模拟器教员担任签派、空中交通管制、客舱乘务员和任何其他角色。参与者必须不受干扰地完成任务。在整个模拟过程中，会引入正常、异常和紧急事件，机组人员必须有效地处理这些事件。

3．医学及其他领域非技术技能发展

除了航空领域，其他高风险行业一直在敏锐地观察 CRM 的发展，率先采取行动的是麻醉科学领域。1992 年斯坦福大学医学院的 Steven Howard 和 David Gaba 等学者在 Aviation Space and Environmental Medicine 期刊上发表了题目为 *Anesthesia crisis resource management training: Teaching anesthesiologists to handle critical incidents* 的文章，首次在医疗领域提出了麻醉风险资源管理（ACRM）的概念。

之后，1999 年阿伯丁大学著名非技术技能领域专家 R. Flin 教授与苏格兰斯特灵皇家医院合作开展了“麻醉医生非技术技能行为标记系统的研究项目”，历时 4 年时间，最终开发了麻醉医生非技术技能（ANTS）行为标记系统。ANTS 系统可以支持每天日常任务和急诊情况下安全和有效的临床工作。该系统目的是提供给麻醉医生一个非技术性技能的分层架构和一个以清晰透明的方式指导非技术技能评估的工具。系统采用“自下而上”的方法进行开发。ANTS 系统的开发基于三方面的数据。首先，通过人为因素的观察研究，将关于非技术性技能的知识和麻醉过程中使用的行为标记系统确立下来。其次，聘请 29 位资深的麻醉医生参与会谈获得认知任务分析数据，这些麻醉医生需要回忆并描述他们管理的一次具有挑战性的病例，并列举出他们认为在麻醉过程中具有良好素质的必备条件。最后，再利用理论方法分析这些结果并确定非技术性技能的内容。通过在手术室观察、对会谈成绩的反复研究和交叉检验 200 名麻醉医生对危急事件处理回顾的报告来对这个原型不断验证和优化。

ANTS 系统是一个以 4 个主要类别为基础的有层次结构的行为标记系统。这四个类别分别是：任务管理能力、团队合作能力、情势判断觉察能力和决策能力。这些类别再细分成共有 15 个技能元素构成的主要框架，如表 1-2 所示。

表 1-2　ANTS 系统框架

分类	元素
任务管理	计划和准备
	区分优先次序
	提供和维护标准
	确定并利用资源
团队合作	协调团队成员活动
	交换信息
	利用权力和威信
	评估能力
	支持他人
情势判断觉察	收集信息
	了解并识别
	预期
决策	识别选项
	权衡风险并做出选择
	再次评估

随后，非技术技能的研究和应用在医疗领域不断扩展，出现了针对不同科室手术团队的专门行为标记系统框架，例如泌尿外科手术团队的 OTAS（Observational teamwork assessment for surgery），产科手术团队的 AOTP 和 GAOTP（Assessment and global assessment of obstetrical team performance）以及新生儿复苏团队的 UTBMNR（University of Texas behavioural markers for neonatal resuscitation）等。

4．铁路及其他行业的非技术技能发展

受到美国航空领域 CRM 成功实施的影响，铁路领域的非技术技能应用率先在美国开始，美国国家运输安全委员会（NTSB）在针对 1998 年巴特勒镇发生的铁路事故①进行事故分析之后提出了进行铁路资源管理的建议，非技术技能培训开始受到铁路行业的重视。1999 年，美国联邦铁路局（FRA）、美国铁路协会（AAR）、美国短线及地区铁路协会（ASLRRA）、诺福克南部铁路公司（NS）等铁路公司联合开发了铁路 CRM 项目。该项目确定了铁路 CRM 所需培训的非技术技能指标，并且在随后的培训实践中总结了相适应的培训方法，如表 1-3 所示。

表 1-3 铁路 CRM 项目

CRM 指标	讲课	模拟器	小组讨论	案例研究	交互视频	交互训练
沟通	√	√	√			√
自信	√	√	√			√
成员熟练	√	√		√	√	√
团队合作	√	√	√			√
情景意识	√	√	√	√	√	√
团队协调	√	√			√	√
实践与反馈		√			√	√

在澳大利亚，2003 年新南威尔士州 Waterfall 站铁路事故②调查特别委员会的报告中建议，火车司机和乘务员应加强团队合作。随后建议根据机组资源管理原则对铁路安全工人和管理人员进行定制化的人为因素培训。事实上，在 Waterfall 站事故之前，澳大利亚铁路就已经发现了对 CRM 培训的需求。2002 年，在新南威尔士州发生的一列客运列车与一列脱轨的压道列车相撞事故调查中就发现事故后通信和应急管理存在缺陷，并将这些缺陷归因于资源管理不足。要求所有铁路安全工人进行 CRM 培训，以提高他们使用资源的能力。

英国安全标准委员会（RSSB）于 2008 年启动了“基于风险的培训需求分析”项目，结果表明非技术技能需要增加在培训方案的总体设计当中，将非技术技能定义为“认知、社会

① 1998 年 3 月 25 日凌晨 4:48 左右，美国诺福克南方公司开往印第安纳州韦恩堡的 255L5 次列车撞上了联合铁路公司开往俄亥俄州哥伦布的 TV220 次列车。碰撞发生在诺福克南亨廷顿区和康瑞尔芝加哥主干线交叉的地方，在印第安纳州巴特勒镇的东端。255L5 次列车的车头和 5 节车厢脱轨，TV220 次列车的 3 节车厢脱轨。事故造成 1 人死亡，多人受伤。

② 2003 年 1 月 31 日上午 7:14 左右，一列由悉尼中央火车站开往肯布拉港的四节车厢坦加拉城际客运列车脱轨，在 Waterfall 火车站以南约 1.9 公里处翻车。火车司机和 6 名乘客遇难。列车员和其余 41 名乘客均受伤。

和个人资源技能，作为技术技能的补充，有助于安全、高效地完成任务”并且认为非技术技能比技术技能更普遍，可以应用于一系列任务和程序。该项目构建了英国铁路非技术技能的框架，如表 1-4 所示。

表 1-4　RSSB 提出的与列车司机相关非技术技能指标

分类	技能
情景意识	注意细节
	记住信息
	保持专注
	保持全局意识
	风险预测
工作负荷管理	多任务和选择注意
	按优先排序
	压力下保持冷静
决策和行动	有效决策
	及时决策
	诊断和解决问题
责任心	规则和程序下积极的态度
	系统化和彻底的方法
	检查
沟通	清晰
	倾听
	果断
	分享信息
与他人合作	尊重他人
	考虑他人需求
	支持他人
	处理冲突
自我管理	动机
	自信和主动
	保持和发展技能和知识
	准备和组织

海事也是 CRM 概念的早期实践领域。英国南安普敦的 Warshash 海事中心在 20 世纪 70 年代就开发了面向桥梁操作和团队合作的非技术技能培训计划。到 1995 年，桥梁资源管理（BRM）在国际海事组织（IMO）的培训、认证和值乘标准中正式确定。大型船舶的驾驶

台与飞机驾驶舱和手术室在非技术技能（如沟通、态势感知和决策制定等）的关键方面有许多相似之处，尽管这些技能在海事领域的实施可能大不相同，但海事行业的前瞻性较早地发现了 CRM 的益处。

还有，加拿大运输部开发的维修资源管理（MRM）标准最早是针对维修工程师培训开发的。该标准围绕 12 个既定的人为因素问题和与维修错误相关的错误产生条件展开实施。该标准目前已经应用于电力、矿山等多个领域。

目前在国内，轨道交通领域的非技术技能还处于研究起步阶段，仅有杜衣杭等人从决策能力、人际能力、自我管理和情景意识 4 个维度通过问卷对列车司机非技术技能的指标进行筛选，得到 11 个非技术技能指标；然后使用层次分析法建立非技术技能综合评价递阶层次模型，为了获得各层指标权重，结合群决策方法建立各层的判断矩阵，获得各层指标的权重，最终构建了列车司机非技术技能综合评价模型，如图 1-3 所示。

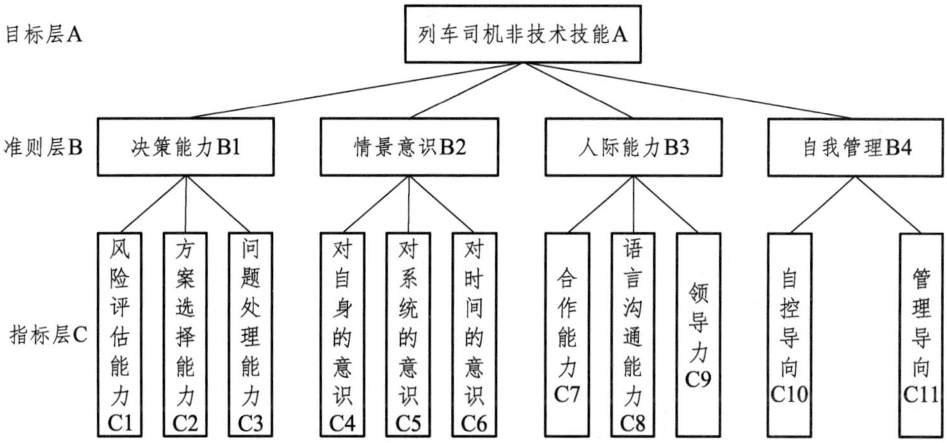

图 1-3 列车司机非技术技能综合评价模型

（二）技术技能与职业特质关系

在大规模复杂系统中，日常作业的安全很大程度上取决于那些熟练的操作人员，他们是承担了最大困难和最高风险的任务的个人和团队，即组织的“尖端”。每一时刻的安全都是由飞行员、外科医生、列车司机、过程控制室操作员和机械师等一线人员的行为创造的。在绝大多数时间里，系统的整体安全性和效率是通过标准化操作实现的。然而，一些罕见的事故，并非技术问题引的，例如：

微课 1.1.2 技术技能与职业特质关系

一位经验丰富的外科医生进行了胆囊局部手术。每个夹子都整齐放置，解剖显然是精确执行的，并且明显减少了不必要的组织处理或出血。事实上，这是一个技术上完美的程序。唯一的问题是它是在错误的身体部位上执行的。外科医生切除了胆总管和胆囊。这是一个灾难性的错误，需要进行重建手术，并且会导致严重的发病率和死亡率。①

在大多数现代工业中，传统的“尖端”安全建立在三个基础之上：① 有技能的人员；② 标准化程序；③ 合适的设备。这些基础确保了工作执行的一致性以及组织对安全和高效完

① 参考 FFLIN, R Yule, S MARAN N PATERSON-BROWN, S, ROWLEY, D, YOUNGSON G. Teaching surgeons about non-technical skills [J]. The Surgeon, 5, 107-110.

成工作的信心，这些基础通常被称为工作过程模型。

（1）技术技能：无论工作的性质如何，技术技能都是至关重要的。例如，控制室操作员接受监控和数据采集系统的操作培训；飞行员接受飞机自动化系统操作培训；列车司机接受牵引和制动系统操作培训等。这些形式的培训通常以技能为基础，并遵循严格的培训课程，对处理具体任务的能力或熟练程度进行评估。一旦被认为具备能力，人员就会通过执照、票证或评级获得正式认证资格。对技术技能的评估确保人员能够完成工作所需的任务。

（2）标准化程序：在系统中，几乎执行的每项技术任务都由一组标准操作程序指导，例如，一次标准乘务作业。这些程序通常规定分步骤的子任务序列，指示该任务如何完成被执行。标准化程序可由设备制造商、专业机构或设备使用方等制定。标准化程序确保人员始终如一地按计划执行任务。

（3）合适的设备：设备的持续维护和可靠性是工业环境中安全工作基础的第三部分。确保设备适用并可靠防止故障一直是安全的一个重要焦点。从 20 世纪开始，人为因素变得重要起来，因此人与设备之间的界面设计对人和机器的优势和劣势发挥影响重大。

西方有一句经典的格言："员工通常只会做公司检查的事情，而不是那些期望他们做的事情"。早期的安全监管和检查一直由政府完成，从 1883 年英国通过的第一部工厂法开始，就设立了监察机构。一个多世纪以来，在很多灾难性事故发生之后，安全的重点才从政府监管转移到组织自身。无论是采取对施工现场的监督、基于模拟器的定期技能评估还是安全部门审核等形式，都是旨在确保人员保持技术能力并遵循标准操作程序在设备上执行任务。全球各地的企业几乎都只在这三个方向进行大量投资，目的是保证安全。但是，事实告诉我们，仅凭这三个基础还不足以确保工作始终安全高效。我们来看一个例子：

2009 年 6 月 1 日，法国航空公司（Air France）一架从巴西里约热内卢飞往巴黎的航班在大西洋上空失事，造成 228 名乘客全部丧生，法航这次 AF447 航班所采用的空客 A330 型客机被称为是现代历史上最安全的机型，飞机上有非常先进的自动驾驶设备，而且飞机在失事前几分钟与控制中心几乎无联系，不知不觉就失踪坠毁。机长为马克·迪布瓦，1988 年加入法国航空，有将近 11 000 h 的飞行经验；两名副驾驶为大卫·罗伯特，有 6500 h 飞行经验，与皮埃尔·凯德里克·博南，一共有 3000 h 飞行经验。法新社援引知情人士的话报道，司法部门的调查分析同样认为责任需由人为因素和技术故障"平分"。这一知情人士说，司法调查报告总计 356 页，主要调查结果是，"空速管失灵"和"机长未能司职"。调查人员没法搞清楚为何机组人员没有能够对警报做出正确和及时反应，只能猜测，他们没有听懂这种警报声代表的故障含义，或者他们听懂了但在操作时过于谨慎而不够果断。

不得不说，从技术技能、标准化程序和设备三个方面，AF447 航班已经到了当时的极致，然而灾难仍然会发生，因此仅仅关注技术技能是不够的。本书中所讨论的职业特质有时在行业中被称为"软"技能（通常带有轻蔑的语气）。这是一种误导，因为它们与"硬"技术技能一样重要，事实上，当有能力的技术人员在技术工作环境中做技术工作时，它们是必不可少的。因此，我们要强调的是，需要职业特质来补充列车司机、医生或飞行员所拥有的技术技能。因为他们的决策通常是关于技术问题的，他们沟通的内容很可能是技术性的，他们必须协调技术任务。职业特质可以被视为维系运营的"黏合剂"，以及安全和效率的"推动者"。本书认为职业特质非常重要，应被视为与技术性能、标准操作程序和合适的设备并列的"尖端"安全的第四个基础，如图 1-4 所示。

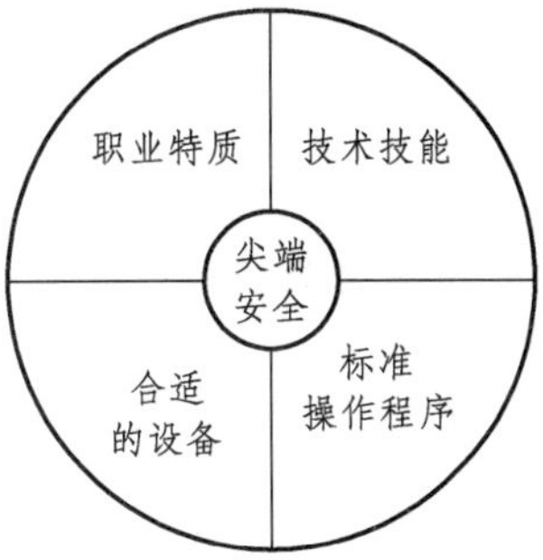

图 1-4 “尖端”安全模型

（三）职业特质培养的原则

微课 1.1.3 职业特质培养的原则

专门为培养职业特质而设计的培训项目可以有多种形式，当然对于这样的项目并没有一个最佳实践，本书介绍了一套可用于职业特质培训项目的原则。在这些原则的背景下，可最大限度地有效使用不同的培训方法。

原则一：职业特质的培养需要分阶段进行。职业特质的培养可分为三个关键阶段，首先是提高对职业特质重要作用的认识，其次是开发核心使能知识，最后是开发职业特质本身。传统的基于课堂的培训项目，如 CRM 研讨会，对于技能发展和绩效改变是不够的。更确切地说，一个成功的职业特质培训项目要将课堂课程、在真实环境中练习以及专家对练习的反馈结合起来。在医疗领域创建了一种混合方法，培训参与者可以在传统的研讨会形式和模拟器环境来回切换。

原则二：将职业特质整合到既有培养过程大有益处。在设计职业特质培训计划时，应考虑如何纳入现有培养计划，而不是单独制定一个专门针对职业特质的培训计划。每一个高风险行业都有一套明确的培训计划，操作人员必须定期完成，例如，列车司机的培训。因此，每一个包含职业特质的行业都必须将新的培训形式置于一个已经确立的培训环境中。由于职业特质培训项目大量借鉴了航空 CRM 项目的原始形式，这往往意味着职业特质培训项目作为独立的培训项目引入。这种方法其实限制了职业特质项目的有效性。首先，在一个培训预算和培训时间已经很紧张的环境中增加额外的培训项目会限制对新的职业特质培训项目的投入。第二，一个独立的项目在职业特质和技术技能的综合培训程度上是有限的。因此，将职业特质培训项目整合到现有培训形式中的能力可以为组织提供显著的好处。

原则三：职业特质应在设计中考虑多学科和以团队为基础的工作性质。职业特质发展最重要的考虑因素之一是在高风险行业中的实际绩效通常涉及协同和团队合作。虽然技术训练本质上是特定学科的，但职业特质并非如此。例如，在列车运营过程中，与司机相关的技术技能与调度员相关的技术技能非常不同。然而，列车的运行安全往往取决于司机和调度员之间使用一套共享的过程和技能进行有效沟通的能力。职业特质对于分布式系统的工作协同通常是至关重要的，在分布式系统中，操作员可能处于不同空间但承担相同的任务目标。例如，在正常的列车运行过程中，司机必须与中心调度员、车站调度员、站务员、随车机械师等进行协同。因此，我们需要考虑如何在培训中复制现实世界中的团队任务绩效，将不同专业结合在一起采用联合训练计划。理想情况下，联合培训可以在模拟器中进行，如医疗和过程控制领域。然而，有时很难将多学科团队聚集在一起，有必要考虑如何在培训中复制工作的多专业性质，教师可以扮演这些角色，或者通过场景开发和脚本事件被编辑到系统中。

原则四：职业特质培训的范围，应考虑是一般性任务还是具体任务。在设计培训时，职业特质培训计划的总体范围是一个重要的考虑因素。太宽泛，就很难使程序对具体的情况有意义。太窄，使训练难以转移到其他场合。一般来说，大多数职业特质培训项目采用了广泛的范围，并引入了非常通用的知识和技能领域，然后再应用到具体的作业场景。如 NOTECHS 和 ANTS 的框架被其他行业广泛应用。然而，很多文献证明了这些通用框架不一定适用于所有行业，因为它假设领域层面的通用知识和技能可以很容易地转移到高风险行业日常操作中呈现的复杂场景的范围。

原则五：态度转变是职业特质培养的一个重要目标。事故案例研究和重大事故报告是证明职业特质在安全高效操作中的相关性和重要性的两种有效方法。让学生完成安全态度问卷作为培训计划的一部分，可以帮助建立职业特质和安全高效操作之间的关系。成功培训的要点之一是让学生明白培训如何以及为什么对他们将来实际工作很重要。职业特质培养的意识阶段为学生提供了讨论和思考职业特质的共同语言，并对职业特质与安全之间的关系建立了清晰的认识。一种方法是参考相关行业环境中的灾难性事故的例子。利用事故报告和复盘可以很容易地证明人为因素的作用，进一步找出职业特质不足的每个细节。另一种技巧是批判性地自我反思，也就是在出现问题时对同伴或同事的行为进行反思。如果这是在某一事件发生后立即进行的，通常被称为关键事件报告。这一过程促进了对个人和团队绩效的讨论，确定出问题的地方，为随后的绩效提高制定策略。从一开始，航空 CRM 项目就注重改变人们对飞行驾驶舱内沟通和团队合作的态度，这是早期 CRM 培训计划的主要组成部分。一些认知和社会心理学家积极参与培训计划设计，特别强调测量人员的态度和与参加 CRM 培训相关的态度变化。作为培训计划的一部分，让学员完成安全态度问卷，可以帮助建立职业特质与安全高效操作之间的关系，也可以树立适当的安全态度和行为榜样。安全态度问卷（SAQ）①和飞行管理态度和安全调查（FMASS）②等简单工具已经被开发用于评估安全态度，并已在其他许多行业中使用。

原则六：核心知识需要作为特质开发的基础。培养职业特质的核心知识体系是形成技能和态度的基础。基础知识的框架先发展后学习是最有效的，然后可以建立进一步的知识和技能发展。这种知识可以被称为使能知识，它对于提高个人和团队的职业特质是必不可少的。

原则七：必须进行参与式学习。一方面，以课堂为基础的研讨会是常用的培训模式，基本采用说教式教学，可以将关键的核心知识逐条传授给学生。然而，就其本身而言，这种教学模式只能有助于培养学生对重点的基本认识和理解。为了培养真正的职业特质，需要更多的参与式学习模式。当然，案例研究技术和角色扮演的使用也可以在课堂上发挥很

---

① 参考 SEXTON J B, HELMREICH R L, NEILANDS T B, ROWAN K, VELLA K, BOYDEN J, ROBERTS, P R, THOMAS E J. The safety attitudes questionnaire: Psychometric properties, benchmarking data, and emerging research [J]. BMC Health Services Research,2006, 6(44): 44-54.

② 参考 SEXTON B J, HELMREICH R L, WILHELM J A, MERRITT A C, KLINECT J R. Flight management attitudes and safety survey (FMASS): A shortened version of the FMAQ [R]. University of Texas at Austin Human Factors Research Project, Technical Report 01-01, 2001.

大作用。另一方面，从基于互联网的培训，到基于计算机的个性化培训为开发职业特质的核心使能知识提供了有效和灵活的培训形式。多媒体的使用可以帮助在高风险行业中看到复杂系统建模。此外，通过多媒体的使用，培训可以针对个别学生不同的学习风格进行定制。同时，它们能够重建正常和非正常的系统状态，这对学生的情况意识和决策技能的发展有重要的贡献。

原则八：模拟训练是职业特质培养的高效训练模式。模拟系统能够将复杂的现实环境带入可控的训练环境中，它被广泛地用于职业特质的开发。模拟系统已经成为培训计划的一个重要组成部分，并为技术技能和职业特质的发展提供惊人的机会。模拟培训已经改革了航空、铁路、医疗和核能发电等高风险行业的培训。模拟系统的使用是职业特质发展的一个重要方面，并具有叠加效应，通过模拟和传统教学形式的培训，可以增强知识、技能和态度。首先，模拟系统在培训中不受时间和成本等限制。此外，模拟系统可以将学习置于与现实世界操作相同的社会环境中，允许对新知识和技能进行社会协商。其次，模拟系统可以让技能发展发生在安全的环境中。这种安全的概念会延伸到学生的心理安全。在模拟的环境中，可以允许错误而不必担心负面后果。如果教学环境被恰当地建立起来，学生就会期待错误会发生，这代表了强大的学习机会——这些机会在传统的培训形式中是无法获得的。最后，模拟系统能够使用在现实世界中难以实现的教学技术。例如，场景冻结和暂停的功能带来了反思和报告可能，而现实环境是不可能的。模拟系统支持高度控制和高度脚本化的场景，在这些场景中，工作情况的任何方面都可以被操纵。例如，一个旨在培养决策能力的方案可能会产生没有单一正确答案的情况，学生必须利用复杂的推理和基于风险的判断，对情况反复再现。类似地，一个旨在培养任务管理技能的场景可能会引入许多并发的任务需求，导致高工作负荷，这会带来团队学习的便利。

原则九：职业特质培养不应只局限于正式的培训项目。正式的培训模式中，专家提供行业的提示、线索和技巧，以帮助学生实现技能发展。在医疗领域，职业特质，如诊断和临床推理，与有关生理学和病理学的先进技术知识一起发展。另一种非正式的职业特质的发展方式是通过自然的学习形式，在这种学习形式中，专家的行为被观察到，随后被用作学生行为的模板。这些学习形式并不局限于显性行为，还包括对职业特质发展至关重要的认知活动。认知行为模式可以由专家大声说出他们的思维过程，或由学生提出有关具体行动背后的认知逻辑相关问题来获得。

原则十：职业特质培养过程中，简报和汇报至关重要。简报的目的是激活和启动学习。简报有许多与知识和技能发展相关的功能，例如启动现有的知识，在有目的的实践之前对行为进行心理模拟。以模拟系统为基础的职业特质培训，简报还具有以下目的。首先，简要介绍允许教师设定的模拟场景的背景，并在进入模拟器之前引导学生在头脑中想象进入场景的背景，增加学生参与度。其次，简报应该列出学生和教师的角色和期望。特别是当教师在模拟系统中担任几个外围角色以促使批判性反思或提供反馈时。基于模拟系统的培训，必然涉及个体试图在同伴面前管理复杂任务的情况。为了使学习效果最大化，并将培训经历的负面或不利影响降到最低，必须创造一个心理安全的学习环境。除了教师提供的情况介绍外，还建议在进行任务前情况介绍，例如，航空行业的出发前情况介绍、铁路行业司机出勤前的安全预想，以及医疗行业的会诊时团队介绍等。汇报是任何职业特质培训项目的一个关键要素，它关系到对个体或小组的职业特质水平的评价。

（四）职业特质水平评价的原则

职业特质评估面临的挑战之一是它们在某种程度上比技术技能更难衡量。认知领域内的职业特质尤其如此，如情景意识和决策。有了这些职业特质，传统的评估方法可能只能评估职业特质绩效的结果，而难以获取产生结果的过程。本书列出职业特质水平评价的一般性原则。

微课 1.1.4 职业特质水平评价的原则

原则一：评估核心知识是职业特质评估的第一阶段，但只是第一步。与职业特质培训项目相关的评估的第一个方面涉及评估职业特质在复杂的现实环境中的最佳绩效所需的核心使能知识的开发。目前许多培训项目依赖非常简单的测试形式，如选择题，其中只评估基本的陈述性知识。然而，更可取的方法是评估职业特质培训项目中使用各种技术知识的程度。本书总结了经常用于评估核心使能知识的技术，如表 1-5 所示。职业特质培训需要构建评估任务，以确认使能知识已经得到开发，然后将其转化为专门形式的实践，最后在真实任务情况下进行基于能力的评估。

表 1-5　评价核心使能知识的技术

技术	评价目标
对-错测验	阐述知识
多选	阐述和流程化知识
简答	基于问题
问答	更复杂的问题，核心概念合成
口述	更复杂的问题，核心概念合成

原则二：评估职业特质应该采用基于胜任力的方法。评估职业特质最合适的理论框架是基于胜任力的方法。基于胜任力的培训是一种直接关注特定知识、技能和态度的方法，这些知识、技能和态度使任务能够完成。它集中在开发和证明个体有能力执行安全关键性的工作。主要原则如下：评估注重知识、技能和态度的综合展示，而不仅仅是对职业特质领域的理论理解；无论是使用模拟还是在真实的工作环境中，评估在执行实际工作任务时进行；评估基于标准，意味着按照预先确定的标准证明能力，以确定学生是否有特定的职业特质，这是评估的重点。例如，表 1-6 为美国铁路站场内的部分任务管理特质标准，涉及调车作业环境中管理多个任务的核心技能，包括司机、铁路操作员和面板操作员。在以能力为基础的培训中，尽管技术技能的绩效标准更容易描述。但是需要为职业特质的评估设定绩效标准。

表 1-6　美国铁路站场内的部分任务管理特质标准

指标	标准
1. 计划任务	1.1 所有分流活动的计划都与工作团队协商，以确保最安全和最有效的活动顺序
	1.2 具体的任务分配给个人，所有团队成员都知道彼此的角色和责任
	1.3 计划和任何计划的变更都要通知所有在场内工作的人员，以确保保持对情况的了解

原则三：使用行为标记系统是评估职业特质的一种有效且广泛使用的技术。行为标记系统是一个框架，它列出了可观察的、职业特质行为，这些行为有助于在工作环境中提高或低于标准的表现。第一个行为标记系统是为了支持对航空 CRM 结果的评估而开发的。行为标记系统的主要特征是：① 可观察的行为：行为标记系统是用来识别和评价个人和团队的实际可观察行为的。该系统不关注态度或个性特征，而是围绕在正常操作或培训活动中可以客观观察到的行为表现；② 与安全高效操作相关：职业特质是指在高风险工作环境中对安全高效操作有积极或消极作用的技能。因此，任何行为标记系统的重点都是对安全高效操作至关重要的行为；③ 分类结构：大多数行为标记系统的结构是技能和范例行为的分类。系统是层次结构，例如，沟通下一级有果断、沟通环境和共享信息等。然后用一组描述好的和不好的表现的行为来定义。图 1-5 展示了行为标记系统中使用的通用层次结构；④ 认知和社会技能：大多数行为标记系统都描述了一套认知和社会技能。虽然认知技能有时难以直接观察，但行为标记系统必须描述可观察到的行为，难以观察的行为采用那些可以被证明是潜在认知技能的证据；例如，信息获取策略和学生对系统状态的描述是与潜在认知技能相关的证据；⑤ 提供通用的词汇表：行为标记系统最重要的方面之一是为组织提供了一个关于职业特质的通用词汇表。通过指定被认为对绩效至关重要的技能领域，实现培训大纲、能力评估和正常操作之间的统一。

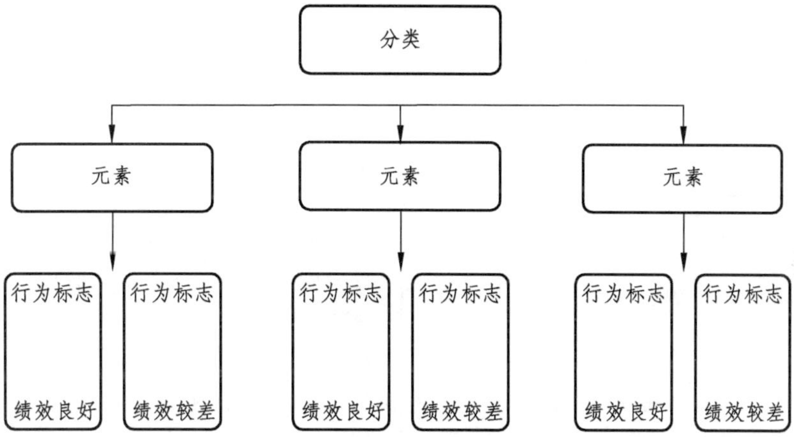

图 1-5　行为标记系统中使用的通用层次结构

原则四：在评估职业特质时，需要在通用行为标记和特定场景行为标记之间取得平衡。与通用的行为标记相比，一套更加量身定制的特定场景行为标记是基于离散场景的。通过构建特定场景相关行为标准，可以创建功能更强大的评估工具。

原则五：采用包含技术绩效评价在内的综合评价方法更加有效。高风险行业的绩效事实上是一系列能力的产物，其中技术和非技术方面是相互交织的。尽管目前为了加强职业特质的评价对技术和非技术方面，但最终的目的是转向更综合的培训和评价形式。澳大利亚航空率先开发了综合的评价方法：能力评估和培训系统（Proficiency Assessment and Training System，PATS），该系统首先确定一个积极或消极的绩效结果，如降落在着陆区外的飞机，然后，教师着手找出导致不良结果发生的原因。系统包括技术和职业特质部分，如表 1-7 所示。

表 1-7　PATS 中技术和非技术的致因代码

技术	非技术
M：操纵	C：沟通
K：系统和流程的知识	W：工作负荷管理
A：自动化系统理解和使用	S：情景意识
E：按流程执行	P：问题解决和决策

原则六：在高风险行业中，如果职业特质评价不合格应该被认为无法胜任该工作。如果个体缺乏关键的技术知识和操作设备的技能，比如飞机上的飞行管理计算机、列车牵引控制系统等，他将不能胜任该岗位的工作。同样，在任何高风险行业，如果个体人缺乏与任务管理或沟通相关的关键知识或特质，也应该被视为缺乏必要的能力。

原则七：教师和施评者的能力是有效评估职业特质的关键。在许多领域中，需要人因工程专家与技术专家合作提供更高水平的职业特质指导和评估。要求教师和施评者对所培训的职业特质有广泛的认识，对如何在现实操作中提高这些特质有详细的了解，具备足够的技术操作知识，能够将正在接受培训的职业特质放在正常和非正常操作的背景下。

原则八：必须定期查明和纠正对职业特质的偏见。确定和纠正偏见对职业特质评估的影响是有效实施职业特质培训方案的一个重要组成部分。不能假设教师和施评者始终保持一致的表现。评估的监控以及教师和施评者的定期调整，都是很重要的。表 1-8 列出了一些偏见类型和补救措施。

表 1-8　偏见类型和补救措施

偏见	补救措施
光环效应： 对工作表现的总体评估影响评级的各个方面的性能	进一步培训评估工具以提高区分每个领域和具体组成部分技能
发自内心的偏见： 评价者对个人或团队的最初情绪反应会影响他们的绩效	促使评级者明确表达任何情感对个人或团队的反应，并批判性地反思这些是否会影响评级。提供评估工具，在形成评级时需要参考观察到的行动
集中趋势： 不愿意使用评级量表的极端值	赋予评价者权力，让他们找出表现差和表现好的方面，并提供工具，确保极端的评分可以用来创造积极的学习成果
宽大处理和严重程度： 给出高于或低于平均分数的总体趋势	制定一个持续监控程序，将个别评价者的评估与他们的同行进行比较。为机构内的评级人员提供定期的校准机会
对比错误： 一种倾向是根据受训人员之间的比较而不是独立和完全根据评价标准来评价	加强严格遵守标准参照评估。提供高质量的行为标记和检查表来支持评估决定

原则九：对职业特质的自我评价应该谨慎对待，因为学生往往对自己缺乏洞察力。与技术技能不同，大量研究证明，在培训早期，个体缺乏对其职业特质表现的洞察力。因此，只有当学员掌握了足够的技能，能够充分了解自己的职业特质时，才能使用自我评估。

原则十：汇报是评估职业特质的一个关键因素，应形成培训、评估和汇报的循环。评估非技术技能最重要的方面是绩效汇报。提升指导员和评估员的汇报技能是有效的职业特质计划的重要组成部分。表 1-9 列出了全模拟飞行任务汇报中常用的问题。

表 1-9　汇报中常用问题

问题	描述
设置场景	主持人引导参与者在训练序列中的特定点上集中讨论具体的事件或行动
要求反应	主持人要求机组人员对训练过程中的一部分进行自我反思，确定哪些进行得好，哪些做得不好
引导成员	主持人通过指导团队讨论特定的主题（通常是相关的非技术技能）来回应讨论中的停顿
W 问句	引导者使用“何事，何地，何时，何人，为什么?”等问题，以促使进一步分析
深入	主持人要求参与者对情况和领域进行更详细的分析，以提高绩效
跟随	主持人选择一个参与者提出的主题，并要求进一步分析，演示参与者主导的方法
转回	主持人将参与者的任何问题转回他们自己，而不是提供自己的意见。这促进了更深层次的自我反省
抛出	主持人将问题导向那些没有积极参与汇报的参与者
转向	主持人将其他参与者的问题转到没有积极参与汇报的参与者
扩展	主持人让参与者详述他们所说的内容，或者让安静的参与者详述其他人的建议
重提	主持人改变问题，以促进进一步的分析和讨论，或者重新启动停滞的讨论

（五）职业特质对安全的影响

40 多年前，一系列没有主要技术原因的重大航空事故迫使事故调查人员寻找技术和环境之外的其他原因。这些事件中最著名的是 1977 年的特内里费岛坠机事件。

微课 1.1.5　职业特质对安全的影响

1977 年 3 月 27 日 17 时 06 分，两架波音 747 飞机在特内里费岛的洛斯罗迪奥斯机场跑道上相撞。这两架喷气式飞机是从洛杉矶经纽约飞往拉斯帕尔马斯的泛美航班 1736 和从阿姆斯特丹飞往拉斯帕尔马斯的荷航 4805 航班。由于拉斯帕尔马斯发生的恐怖事件，两架飞机都被转移到特内里费岛。几个小时后，拉斯帕尔马斯机场重新开放，飞机准备在拥挤的洛斯罗德奥斯机场起飞。荷航飞机滑行到跑道尽头，正在等待空中交通管制（ATC）许可。泛美航空公司的飞机被指示在跑道上滑行，然后退出到另一条滑行道。荷航飞机现在获得了其飞行路线的 ATC 许可——但没有获得开始起飞的许可。荷兰皇家航空机长显然将这条信息误认为是起飞许可，松开了刹车，尽管副驾驶说了些什么，他还是继续加速他的飞机沿着跑道前进。由于当天大雾，荷航机组人员无法看到在他们前面滑行的泛美航班 1736。控制塔看不到两架喷气式飞机，也没有跑道雷达系统。荷航驾驶舱工程师在听到泛美喷气式飞机的无线电呼叫后表示担心美国飞机可能没有离开跑道，但被他的机长否决了。碰撞前 10 秒，泛美机组人员注意到正在接近的荷航飞机，但他们已经来不及操纵飞机离开跑道。荷航飞机上的 234 名乘客和 14 名机组人员以及泛美飞机上的 396 人中的 335 人全部遇难。

对事故的分析揭示了与空中交通管制沟通、团队协调、决策、疲劳和领导行为有关的问题。然而，这不是一个孤立的事件。联合航空公司在 20 世纪后期遭遇了一系列坠机事故，这也归因于现在所谓的“飞行员错误”而不是技术故障。由于该问题日益受到关注，1979 年，在美国国家航空航天局举行了一次航空业会议，将心理学家和航空公司飞行员聚集在一起，讨论如何识别和管理导致事故的人为因素。航空业有幸拥有一个宝贵的信息来源，即现代喷气式飞机内置的驾驶舱录音。它们透露了驾驶舱机组人员在事故发生前几分钟和事故期间所说的话。对这些谈话的分析表明存在领导力失败、团队协调不力、沟通失败、缺乏自信、注意力不集中、决策不足和个人局限性等问题，这通常与压力和疲劳有关。

涉及职业特质的事故也当然不是航空业独有的。表 1-10 列出了职业特质引发此类重大事故。在世界上最严重的两起核电站事故中，切尔诺贝利事故（1987 年）和三里岛事故（1980 年）中，与丧失情景意识能力和决策失误相关的操作员失误是主要诱因。在军事领域，1988 年文森斯号航空母舰意外袭击一架客机，造成 290 名乘客和机组人员全部遇难，也是由决策和沟通失误造成的。英国北海的派普艾尔法石油平台的损失造成 167 人死亡，原因是交接班时沟通不畅和应急响应中的领导失误。在医疗领域中，由医疗事故造成的患者发生率高达入院人数的 10%，其中许多可归因于沟通失败、团队合作失败和决策失误。由于这些事故，高风险行业、应急服务和军事组织开始意识到，无法通过只关注技术或技术技能来解决安全问题，还需要考虑人员的其他方面，即职业特质。

表 1-10　职业特质引发重大事故

时间	领域	事件名称	职业特质失误
1979	核电	三里岛核电站泄漏	处理问题，团队协作，情景意识
1986	核电	切尔诺贝利核电站泄漏	决策，情景意识，生理局限
1987	航海	“自由企业先驱”号倾覆	团队合作，情景意识
1988	油气开采	派普艾尔法石油平台爆炸	沟通，领导力，决策，团队协作
1988	军事	美国文森斯号军舰摧毁客机	团队合作，决策，情景意识
1989	治安	希尔斯堡惨案-警方对足球人群的反应	沟通，情景意识，领导力
1989	航空	凯格沃斯飞机坠毁，引擎关闭错误	情景意识，决策
1990	航海	“斯堪的纳维亚之星”号渡轮火灾	团队合作，领导力
1994	医疗	贝琪·雷曼化疗过量	情景意识，决策
1996	运输	海峡隧道火灾事故	沟通，压力，决策
1998	石油化工	埃索朗福德爆炸	沟通（交班），情景意识
2000	医疗	格雷厄姆·里夫斯错误切除肾脏	情景意识，团队合作，领导力
2001	医疗	韦恩·洛维特化疗位置错误	决策，情景意识，沟通
2005	石油化工	BP 德克萨斯炼油厂爆炸事故	领导，决策，疲劳，沟通

职业特质与人为失误之间的关系如图 1-6 所示。该图表明职业特质较差会增加错误的概率，这反过来又会增加不利的机会事件。良好的职业特质（如高度警惕、有效沟通、强有力的领导）可以减少出错的可能性，从而减少不良事件的发生。不利事件可能是代价高昂的生产故障，不会伤害任何人，例如，在勘探石油时卡住钻杆或错误地关闭制造过程。更重要的是，不良事件也可能会产生安全后果，对系统中的工人或其他人造成伤害，如住院病人或航空公司乘客。分析和学习不良事件可以产生关于影响不良结果的技能和组成行为的新知识，即职业特质素质。

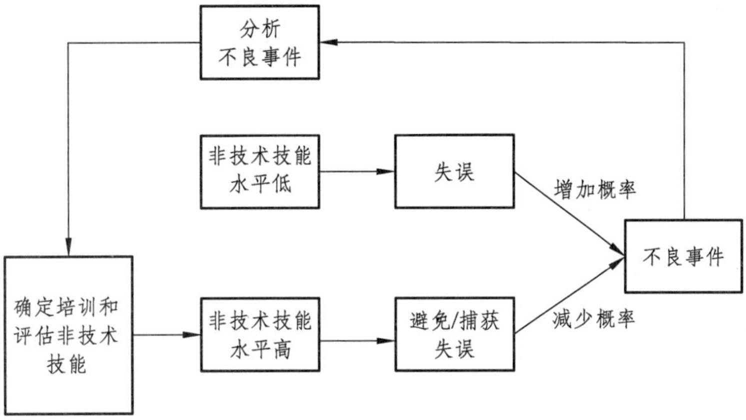

图 1-6　职业特质与人为失误之间的关系

二、列车运行安全中的人为因素

（一）人为因素的研究及应用

微课 1.2.1　人为因素的研究及应用

人为因素通常是指与人有关的任何因素。国际上通用的定义是：人为因素是通过系统应用人的科学，在系统工程的框架中优化人与其活动的关系。而人的科学主要研究人的机体和本性、人的能力和极限以及人在单独工作与团队工作时的不同行为。

人为因素的研究目标是将与系统有关的人的能力、限制和特征应用到系统或产品的设计、使用和维护方面，使系统或产品更安全、有效和适用。人为因素在铁路领域应用十分广泛，如列车司机室各类显示界面的优化设计，司机驾驶界面的优化设计等，可以改进视界，降低事故率；新一代高速智能动车组的客舱设计采用人因工程学方法使得旅客乘坐更舒适等。其实，几乎所有用于为人服务或为人使用的系统和产品都可以用人为因素的理念来进一步改善。

1．铁路系统的人为因素定义及特点

铁路中的人为因素可以定义为研究范围涉及铁路系统中人的一切表现，利用系统工程的方法和有关人的科学知识，寻求人的最佳表现以达到预期的安全和效率。由该定义可知，其研究目标是铁路活动中人的表现，铁路系统是由人-机-环构成的有机整体，其中，人是最活跃、最易受到影响的主体；其研究手段是系统工程学的思想和方法，该方法对解决像铁路系统这样的大型复杂社会技术系统的问题并达到系统的最佳整体效益十分有效；其最终目的是

提高列车运行安全和效益，通过系统研究和分析人为差错，寻求预防和克服方法，保障运行安全。铁路中人为因素的研究内容包括人与铁路系统中的硬件、软件、环境和其他人的相互关系；改善设计、使用和维护，提高整个系统的效益。

铁路中的人为因素具有多学科性，是一门交叉性学科。铁路中的人为因素除了与列车运行紧密相关外，还涉及心理学、生理学、人体测量学、生物力学和统计学等相关学科。生理学和心理学可以帮助人们理解信息的获取、处理及做出决策的过程；人体测量学和生物力学是优化司机室和客舱设计的基础；理解人体生物规律及睡眠和倒班对人的影响需要生物学知识；正确分析、研究或归纳各类调查数据则离不开统计学。

虽然铁路中人为因素的研究需要多学科的知识，但其主要目的是解决列车运行中的实际问题，所以具有很强的实践性，是一门实用技术，不是以学术为中心，而是面向实际问题，在实践中探索发展。

2．人为因素的历史及发展

人为因素起源于 20 世纪初期的欧洲，但是其作为一门独立的学科形成于美国却只有 50 多年历史。人为因素在不同国家有不同的名字，例如，美国为人为因素；西欧为工作规律学；英国为工效学；日本为人间工学；我国为人机工程学、人因工程学或人类工效学等。但其研究内容基本一致。人为因素的发展史大致经历了三个阶段：孕育阶段（20 世纪前期至第二次世界大战）、成长阶段（第二次世界大战至 1960 年）、发展阶段（1960 年至今）。

1）孕育阶段——对劳动工效的苛刻追求

早在石器时代，人类就学会了选择石块打制成各种工具，从而产生了原始的人机关系。此后，在漫长的历史岁月里，人类为了扩大自己的工作能力、提高自己的生活水平，不断研究制造各种工具、用具、机器及设备等。但是，这个过程中却忽略了对自己制造的生产工具与自身关系的研究，于是导致了工具使用的低效率，甚至对自身的伤害。

19 世纪末，人们开始采用科学的方法研究人的能力与其使用工具之间的关系，从而进入了有意识地研究人机关系的新阶段。这一阶段，大致从 19 世纪末到 20 世纪 30 年代。在人与工具的关系以及人与操作方法的研究方面，最具影响力的人物要首推现代管理学的先驱——泰勒（F. W. Taylor）。1898 年，泰勒进入美国的伯利恒钢铁公司后，对铲煤及矿石的工具铁锹进行了研究，找到了铁锹的最佳设计以及每次铲煤及矿石的最适合重量。同时，泰勒还进行了操作方法的研究，通过剔除多余的不合理动作，制定出最省力高效的操作方法和相应的工时定额，大大提高了工作效率。

1911 年，吉尔伯勒斯（F. B. Gilreth）夫妇通过快速拍摄影片，详细记录工人的操作动作后，对其进行分析研究，将工人的砌砖动作进行简化，使砌砖速度由原来的 120 块/小时提高到了 350 块/小时。泰勒和吉尔伯勒斯的这些重要研究影响重大，后来成为人机工程学的重要分支，即所谓“时间与动作的研究”的主要内容。现代心理学家闵斯托博格（Hmimsterber）在 1912 年前后出版了《心理学与工作效率》等书，提出了心理学对人在工作中的适应与提高效率的重要性，孕育了人因工程学的思想萌芽。到了 20 世纪 20 年代，心理技术学传入中国。该阶段人机关系研究的特点是：以机器为中心进行设计，通过选拔和训练，使人适应机器。这一时期的研究成果为人机工程学学科的形成打下了良好的基础。但是由于机器进步很快，使人难以适应，因此这一阶段存在大量机器伤害人类身心的问题。

2）成长阶段——第二次世界大战中尖锐的军械问题

第二次世界大战期间，由于战争的需要，军事工业得到了飞速发展，武器装备变得空前庞大和复杂。此时，完全依靠选拔和训练人员，已无法使人适应不断发展的新武器的性能要求，事故率大量增加。例如，由于战斗机中座舱及仪表位置设计不当，容易造成飞行员误读仪表和误用操纵器而导致意外事故，或由于操作复杂、不灵活或不符合人的生理尺寸而造成战斗命中率低等。

据统计，美国在第二次世界大战期间发生的飞机事故中，90%是由于人为因素而造成的。人们逐渐认识到，只有当武器装备适应使用者的生理、心理特性和能力限度，并且考虑环境因素时，才能发挥其高性能，避免事故的发生。于是，对人机关系的研究，从“人适机”转入“机宜人”的新阶段。从此，工程技术才真正与生理学、心理学等人体科学结合起来。

第二次世界大战结束后，人机关系的研究成果开始广泛应用于工业领域。1949 年，英国成立了第一个人机工程学研究组。1950 年 2 月 16 日在英国海军部召开的会议上通过了人机工程学（Ergonomics）这一名称，正式宣告人机工程学作为一门独立学科的诞生。1949 年，阿尔方斯·查帕尼斯（Alphonse Robert Everysta Chapanis）等人出版了《应用实验心理学——工程设计中的人因学》一书，总结了第二次世界大战期间的研究成果，系统地论述了人机工程学的基本理论和方法，为人机工程学奠定了理论基础。1954 年，伍德森（W. B. Woodson）发表了《设备设计中的人类工程学导论》。1957 年，麦克考米克（E. J. McCormick）出版了《人类工程学》一书，该书相继被美国、欧洲一些国家和日本等国作为大学教科书广泛采用。在这一阶段，德国、美国先后成立了人机工程学会，德国的马克思·普朗克协会人类工程学研究所、英国的劳动技术学院、美国的哈佛大学等都开展了不少人机工程学方面的研究工作，人机工程学原理也为许多工业设计师所采用。

这一阶段的一些重要事件包括：

1949 年 7 月，研究人机关系的人类工效协会在英国成立，第一本有关人机关系的书《应用实验心理学——工程设计中的人因学》出版；1957 年 9 月，美国政府出版周刊《人的因素学会》，建立了人为因素学会，后并入国际人类工效学协会；

1960 年，国际人类工效学协会成立。

这一阶段与孕育期对比，人为因素的学科思想完成了一次重大的转变：从以机器为中心转变为以人为中心；强调机器的设计应适合人的因素；对人机关系的研究，从使人适应机器转为使机器适应人的新阶段。

3）发展阶段——向民用品等广阔领域延伸

这一阶段，人为因素的学科得到了广泛发展，主要表现在以下方面：

（1）应用领域范围越来越广泛。

其应用扩展到社会的各行各业，包括人类生活的各个领域，如衣、食、住、行、学习、工作、文化、体育、休息等各种设施用具的科学化、宜人化。

（2）研究领域不断扩大。

在科学领域中，由于控制论、信息论和系统论等的建立，给人因工程学提供了新的理论和新的实验场所，同时也给该学科的研究提出了新的要求和新的课题，从而促使人因工程学进入系统的研究阶段。研究领域扩大到人与工程设施、人与生产制造、人与技术工艺、人与方法标准、人与生活服务、人与组织管理等要素的相互协调适应上。即已不限于人机界面的匹配问题，而是把人-机-环境系统作为一个统一整体来研究，以创造出最适合人操作的机械设备和作业环境，使人-机-环境系统相协调，从而获得系统的最高综合效能。

（二）人因安全概念与模型

微课 1.2.2 人因安全概念与模型

1. SHEL 模型

SHEL 模型是在人为因素研究领域使用最为普遍的模型之一，最初由爱德华教授提出，1975 年霍金斯提出修改框图。SHEL 模型是典型的系统取向模型，认为航空系统由软件（S-software）、硬件（H-hardware）、环境（E-environment）和人（L-liveware）四个要素组成，各要素的界面必须谨慎匹配，如果不匹配，人为差错就可能出现。其中人（主要指处于列车操作中心地位的司机）处于系统的核心，是四个要素中最为重要、最为敏感，也最为复杂多变和最容易出现差错的因素。SHEL 模型主要研究处于模型中间的人与其他三个界面（硬件、软件、环境和人）的关系。

（1）人-硬件界面（L-H）：研究铁路从业人员与硬件之间的相互关系，硬件要怎样设计才能符合相关人员的特点，相关人员要怎样操纵硬件才能保障列车运行安全等。这是人的错误最常见的发源地。如果机载设备的设计和制造不符合人的生理和心理特点，或者缺乏对意外情况的考虑，就容易诱发人的错误。

（2）人-软件界面（L-S）：研究合理的操作规程、司机手册及应急程序等，以便简化相关程序，减少工作负荷，防止人员出错。该界面既包括自动系统的计算机软件，又包括司机有效地进行计划和做出决策所需要的各种资料，如司机手册、作业规程、应急预案等。

（3）人-环境界面（L-E）：这是系统中最早被人们认识到的一个界面，也是诱发人员错误的常见来源。环境包括组织环境和工作环境两个方面，组织环境包括系统的安全观点、组织结构的安全性、铁路企业的安全文化等；工作环境包括司机室噪音、温度、湿度、震动以及轮班作业等。

（4）人-人界面（L-L）：在所有列车运营活动中，人-人界面是最微妙，也是最重要的一个界面。主要指车上乘务人员之间，乘务与中心调度员等与列车运行活动相关的人员之间构成的界面。这一界面的缺陷会影响信息沟通与团结协作的质量，会诱发人的错误并带来灾难性的后果。

SHEL 模型各界面之间是否匹配、何处不匹配是调查事故或不安全事件人为因素原因的重要方面，因此，在调查中需要收集相应的数据对 SHEL 各组成要素进行全面评审和分析应对。在航空领域，以人-硬件研究为核心的人机工程学取得了很大进展，并使 20 世纪 60 年代末到 70 年代中期的飞行事故率大幅度降低。目前，SHEL 模型已被广泛用于事故/事件调查，有些国家还根据此模型设计了检查单，作为查找人为因素差错及缺陷的工具。

2. 海因里希法则

海因里希法则（Heinrich's Law）是美国著名安全工程师海因里希（Herbert William Heinrich）提出的一则关于事故的法则。海因里希经过大量统计分析，得出了在一起事故中，死亡、重伤、轻伤和无伤害事故的比例为 1∶29∶300∶1000 的结论。

海因里希法则揭示了一个重要问题，那就是在每一起严重事故的背后，必然有 29 次轻微事故和 300 起未遂先兆以及更多的事故隐患。根据铁路事故等级的划分原则，可以把事故征候进一步细化为：严重失误、一般失误和不安全事件。按照海因里希法则分析，当一件重大事故发生后，我们在处理事故本身的同时，还应该及时对同类问题的“事故征兆”和“事故苗头”进行排查处理，以此防止类似问题的重复发生，及时解决再次发生重大事故的隐患，把问题消除在萌芽状态。海因里希法则同时也说明，无论是多么高超的技术，多么完美的规章，在实际操作层面，人的责任心永远是第一位的。责任心主要体现在预防上，在点滴的细节上。要预防特别重大铁路事故，必须预防重大铁路事故；预防重大铁路事故，必须预防较大铁路事故；预防较大铁路事故，必须预防一般铁路事故；预防一般铁路事故，必须消除日常不安全行为和不安全状态；而能否消除日常不安全行为和不安全状态，必须重视细节。

3．墨菲定律

1942 年，美国航空工程师墨菲提出了著名的墨菲定律：“If anything can do wrong, it will”，即如果一件事情有做错的方法，那么迟早会有人按这种方法去做。

墨菲定律指出，凡是有可能出错的地方，一定会有人出错，而且以最坏的方式发生在最不利的时机。墨菲定律并不是一种强调人为错误的概率性定理，而是阐述了一种偶然中的必然性。墨菲定律告诫人们对所有可能出错的地方不能掉以轻心、存侥幸心理。因此，凡是有可能出错的地方都要有有效的防范措施，只有消除了出错的可能性，事故才可能避免。

4．事故链理论

事故链是国际民航组织在防止事故手册上提出的概念，来源于海因里希所建立的事故因果连锁理论。海因里希认为：任何事故的发生都不会由单一原因造成， 而是由一连串的失误链造成，预防之道就是在事故发生之前，将某一失误链打断或者移走。绝大部分铁路事故都不是因为一个原因引起的，都是环境、设备和人这三方面因素共同作用的结果，其中某一方面因素的恶化也会导致其他两方面的加速恶化，即形成恶性循环，最终发生事故。铁路事故的发生通常是多种系统缺陷共同作用的不利后果，就像链条一样，当各个环节缺陷连接在一起时，事故就发生了，因此要防止事故的发生，只要将链条上的某一环节裁断就可以了。

事件链理论明确指出，要预防事故必须从那些影响列车运行安全的不安全事件入手。一个不安全事件可能曾经造成过事故，也可能因为其他环节被阻断而只造成了差错、严重差错或事故征候。不论是否导致了事故发生，不安全事件都是事故事件链的链环，是安全隐患，如果不消除它们，就有可能与其他事件结合而引发事故。但是，事件链理论只是单纯从逻辑关系上给出事件间的因果关系，并不能完备深入地分析不安全事件。

5．圆盘漏洞理论

圆盘漏洞理论认为造成事故的因素有五个，即“人、机、料、法、环”。“人、机、料、法、环”的提法来自管理工程学，是现场管理的五要素。“人”是指所有的设备都是由人来操作的；“机”是指机械设备；“料”是指所用的材料、燃料；“法”是指生产运行和维修的方法以及必须遵守的法则；“环”是指环境。这五个因素穿在一根轴上，同时又按照自己的规律在轴上转动，每个圆盘上都已经存在或正在出现不同的漏洞。不安全因素就像一个不间断的光源，当这束光源能够透过漏洞穿透所有五个圆盘时，事故就会发生。

6．Reason 模型

Reason 模型，又称“瑞士奶酪模型”，是英国曼彻斯特大学教授 James Reason 在其著名的心理学专著 *Human error* 一书中提出的概念模型。原始模型在理论上建立后即被迅速而广泛地应用于人机工程学、航空业、核工业、医学等领域，后经过国际民航组织推荐成为航空事故调查与分析的理论模型之一。这一模型的核心在于其系统观的视野，除了对不安全事件行为人的行为进行分析之外，更深层次地剖析了影响行为人的潜在组织因素，如管理者、利益相关者、企业文化的间接影响等。Reason 模型拓展了事故分析的视野，以一个逻辑统一的事故反应链将所有相关因素进行了理论串联。

Reason 认为事故的发生是由系统失效引起的，而系统失效可以分为显性失效和隐性失效，如图 1-7 所示。显性失效会对系统造成即时负面影响，由不安全行为，即人为差错和违章所致；隐形失效不会对系统造成即时负面影响，具有延滞性，由组织过程中的错误决策、监察不到位及操作者准备不充分等导致。

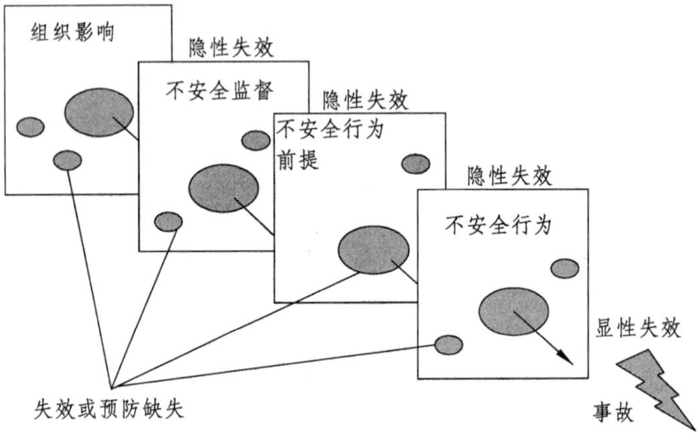

图 1-7 “瑞士奶酪”事故致因模型

Reason 模型认为，事故的发生不仅有一个事故本身的反应链，还同时存在一个被穿透的组织缺陷集。根据系统错误诱发因素的层次性特点，任何系统错误的诱发因素都可以根据其自身的属性分成不同层次。由于我们对系统各要素的认识不足及理解不透，不论哪一个层面上，都存在着许多缺陷或不足（像是被蛀蚀的孔）。同时，由于系统的动态特性，事物的发展必然会带来许多新问题，这也是系统存在缺陷的原因之一。事故促发因素及组织各层次的缺陷、不足或安全风险是长期存在并不断自行演化的，但是这些事故诱因及组织缺陷并不一定造成不安全事件，只有当多个层次的组织缺陷在一个事故诱发因子作用下同时或依次出现缺陷时，不安全事件才会由于失去多层次的阻断屏障而发生。

由于不安全事件的发生是因为系统各个环节的缺陷处于贯通状态，要提高安全水平，就需要从以下两方面入手：① 减少各个环节中存在的缺陷；② 避免各个环节中所存在的缺陷具有联动性（即要防止上一环节缺陷的发生导致下一环节产生贯通位置的缺陷）。

Reason 模型的特点在于它从系统的角度出发，除了对人的不安全行为进行分析外，还更深层次地剖析了潜在的组织因素。从这一模型可以明确看出，不能孤立看待一线操作。特定的组织因素是一线人员不安全行为的前提和条件，这些“潜在条件”会随着系统的复杂化和联系的紧密化而变得作用越来越强。对于铁路这样比较先进的系统，组织因素已经强化到了起决定性作用的程度。

（三）列车事故中的人为因素

微课 1.2.3　列车事故中的人为因素

统计数据表明，铁路运营控制中事故的发生大多与人为失误有关，如 Andrew W. Evans 对 1980—2009 年欧洲 27 个国家主要铁路线路发生的重大事故进行分析发现，导致事故发生的众多原因中，人为因素占 74%；英国轨道交通事故调查委员会（RSSB）报告中总结的 2006—2008 年英国轨道交通事故原因中，主要原因中人为因素占 30%，次要原因中人为因素占 37%，潜在因素中人为失误也占到 32%的比例。

在我国也不例外，根据某车站近 30 年发生的 81 起行车事故统计，造成事故的主要责任中，人员占主导地位的达 26 件。曾笑雨等通过对国内外城市轨道交通运营过程中的安全事故进行调查，共获取 153 起事故数据，其中国外事故 66 起，国内事故 87 起，统计分析结果表明，人为因素是导致城市轨道交通运营事故发生的主要原因，其引发事故的比例为 51%。古鸿溪等结合广州铁路的实际情况，对包括行车调度员在内的铁路行车关键工种人员的可靠性进行分析，从理论层面概述了人误的不可避免性、产生原因和人误模式，提出减少人误的措施。魏新平等从生物节律、疲劳作业、信息误差、工作责任心、业务素质等 5 个方面对铁路行车调度系统人误进行了理论分析，并针对这些影响人误的因素提出了相应的对策。鲍枫等对我国两起典型的铁路重大事故进行分析，结果表明，人误是铁路事故的重要原因，并提出人为因素控制策略。戢晓峰等通过分析和对比国内外铁路人因研究现状，提出从内部和外部因子识别铁路员工行为影响因子的框架，并根据人的行为原理建立铁路人因事故模型。苏春华等对铁路军事运输工作中包括行车调度系统的人和组织失误因素进行定性分析，并通过专家评价获得各失误因素的风险值矩阵，以主成分分析法获得机务、车务、电务、公务四类失误因素的风险程度排序。陈喜春对包括行车调度在内的铁路编组站作业组织指挥系统失误进行理论分析，建立了基于层次分析的人因紧张度可靠性分析模型，找出了影响系统可靠性的人因紧张度关键因子。刘仲谦对影响铁路行车调度员作业可靠性的个性特征、疲劳因素、生理节律和时间因素、自然环境条件和社会心理因素进行分析，并利用核电领域通用的 THERP+HCR 分析模式对列车错办事件的失误率进行计算，最后提出增强行车作业可靠性的对策。魏新平分析铁路列车调度系统人员结构及生理因素、心理因素、社会因素、环境因素、职业因素和管理因素五个方面的人误诱发因素，并通过引入核电领域常用的 THERP 和 HCR 方法分别对调度系统典型事例进行失误率计算。在甬温线的“7.23”事故中，在发现信号设备故障的情况下，调度人员没有及时对列车采取有效的人工调度来避免追尾事故的发生，导致了事故结果的恶化。由此可见，高速列控系统中人的作用并未随着自动化水平提高而减弱，即使所谓的智能系统也仅只是局部替代最终决策的前期动作。

尽管几次重大的人为事故使失误得到各国铁路部门的重视，人因风险也成为安全研究领域的热点课题，但由于我国研究起步较晚，未形成对系统的针对铁路运控系统中人因风险识别的深层研究。同时，由于铁路运控系统预防与减少人为失误的措施仍属于“情景-应对”型，即等人误事故发生之后再组织学习，提高处理突发事件的经验，减少类似失误的发生，但很难达到控制人因风险的效果。一方面由于受到诸多原因的影响铁路突发事件没有办法 100%

杜绝，且突发事件具有明显的复杂性、衍生性和随机性特征，即使是同类型突发事件，根据当时具体的线路、客流、时段等特点，处理细节也不尽相同，因此国内不同铁路局拟订的突发事件应急预案均是只定义基本处理原则和流程，具体处理细节则是由相关人员综合判断当前情形来做出决策，造成了人因风险的隐蔽性和随机性；另一方面，由于人固有的生理、心理、社会等特征，人的行为远不如设备那样稳定，但目前在铁路运控系统设计、可靠性分析和预案制定过程中未能系统地考虑风险辨识预防问题，使得风险的发生处在一个不可控的状态。

同时，不同的任务对操作者的行为有不同的影响，从而可能带来相应的危险。在高速列控系统中，技术的进步不仅解决了很多现有的问题，也随之带来了很多新问题。自动化的程度越来越高，却使得许多任务变得越来越复杂，尤其是在高速运行的动态系统当中，高速列车司机和调度员的任务时刻与安全性和时间临界紧密相关。目前对于任务复杂度的研究还处在起步阶段，并没有一个清晰，明确和普遍被接受的概念。主要的复杂度定义的提出角度有结构主义、资源需求和交互作用三个方面，并没有人对高速列控系统的任务复杂度定义和概念进行研究。而随着高速列控系统的发展，新的计算机技术不断被引入，从之前的完全人工操作到自动驾驶不仅改变了作业者的操作习惯，同时信息的显示特征和显示方式也影响着他们的认知模式。由于数字化人机界面意味着巨量的信息，巨量的信息与有限的人机界面存在显著的矛盾，所以产生了新的人因危险源。

为了确定行车调度系统中的人为失误行为，首都经贸大学的王洁将 SHEL 模型进行扩展，扩展到行车调度员-其他人员（L-L）、行车调度员-人机界面&设备（L-S）、行车调度员-运营状况（L-C）、行车调度员-任务（L-T）、行车调度员-工作环境（L-E）和行车调度员-组织管理（L-M）6 个交互界面，建立起人误诱发因素识别模型，如图 1-8 所示。人误诱发因素主要来自上述 6 个交互界面及行车调度员（L）自身身体、心理和综合业务素质。

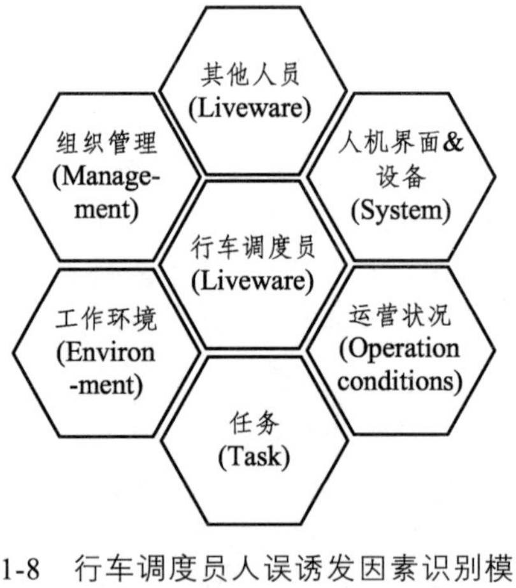

图 1-8　行车调度员人误诱发因素识别模型

（1）L-T 界面描述行车调度员与突发事件处理任务之间的协调关系，由于行车调度系统任务都有相应的规则和规定，这部分的人误诱发因素主要来自规则、规定本身的好坏，如是否适应突发事件的变化情况、表述是否清晰、要求的工作量是否合适等。

（2）L-S 界面描述行车调度员与人机界面、系统、设备等软硬件间的兼容关系，这部分人误诱发因素主要来自行车调度员与人机界面设计、系统操作流程、通信设备清晰度、设备稳定性等方面的相互适应问题。

（3）L-E 界面包括的环境是指除了运营状况以外的一切对行车调度员工作产生影响的环境，主要是描述行车调度员与所在的调度中心环境、突发事件状况之间的影响关系，如调度中心的温度、噪音等物理条件、突发事件处理时间长短等。为了突出运营状况对人误影响的重要性，将其单独列为一项系统元素在 L-C 界面考虑。

（4）L-L 界面描述行车调度员与突发事件处理的其他工作人员的合作关系，这些工作人员包括系统内部的其他行车调度员，还包括电力调度、车站行车值班员、司机等系统外工作人员，虽然行车调度员与系统外人员的沟通都需要通过电话、电台等硬件设备，但沟通内容质量、命令是否被正确理解、配合默契程度等 L-S 界面外的因素也同样重要，因此也需要在本界面被考虑。

（5）L-C 界面主要描述行车调度员对运营线固有的特征（如车站、道岔分布状况）和突发事件当时的动态运营状况（如客流量、列车间隔）的熟悉和适应程度，人误诱发因素主要来自线路复杂程度等元素、运营状况的随机性等对调度策略制定难度的影响。

（6）L-M 界面主要描述行车调度员与组织管理之间的关系，Reason 提出组织的潜在错误是操作者失误的贡献因素的概念，地铁运营管理者的人误如若没有被及时发现、控制，就会转化成管理制度、规则、程序等缺陷，从而成为行车调度员人误诱发因素。

随后王洁以 Jae W. Kim 的全集合包括的人误诱发因素和建立的行车调度员人误诱发因素识别模型为基础，对某地铁各线路有经验的行车调度员及管理人员进行结构性访谈，剔除与行车调度员工作无关的因素，然后增加行车调度系统特有的因素，并重新分类到 L、L-T 界面、L-S 界面、L-E 界面、L-L 界面、L-C 界面和 L-M 界面七个方面，形成行车调度系统人误诱发因素备选库，如表 1-11 所示。

表 1-11　行车调度系统人误诱发因素备选库

主要分类	具体的人误诱发因素	
L	认知状态	暂时的认知状态
	• 注意力	• 对当前动作的记忆
	• 理解力	• 对现状诊断的结果
	• 技术水平	• 感觉到的重要性
	• 知识	• 感觉到的后果性
	• 经验	• 行车调度员的期望
	• 培训情况	• 对诊断结果的自信度
	• 对线路和设备熟悉度	• 对前期动作历史事件记忆
	生理状态	心理状态
	• 年龄	• 情绪/感觉
	• 说话的清晰度/使用标准语言	• 困惑/迷惘
	• 疲劳/疼痛	• 任务的责任
	• 身体不适	• 对后果/失误感到担忧
	个人的	社会的

续表

主要分类	具体的人误诱发因素	
L	• 态度	• 地位
	• 斗志/积极性	• 角色/责任
	• 勇于冒险	• 道德规范
	• 自大/自信	• 家人或者其他人的态度
	• 责任感	
	• 喜欢寻求刺激	
	• 领导能力	
	• 善于交际	
	• 性格	
	• 预感	
L-T 界面	程序	
	• 实用性	• 用语的规范度
	• 形式/类型	• 决策准则
	• 质量	• 逻辑结构
	• 详细水平	• 逻辑情况的数目
	• 解释的充足程度	• 同时进行的任务数
	• 步骤数目	• 警告/警示的充足性
	• 完成程序要用的时间	• 指令和用语的清晰度
	任务类型	任务属性/需求
	• 人机交互类型	• 需要信息的数目
	• 对认知水平的要求	• 需要记忆的信息的数目
	• 动态的/固定的步骤	• 信息负荷
		• 任务难度
		• 任务的新奇性
		• 任务的后果
		• 任务出现的频繁程度
		• 与熟悉任务的差异程度
		• 需要同时进行的任务数目
		• 并发活动和打断
		• 别人对任务的打断
		• 培训与实际情况的差异
		• 辅助性工具的必要性

续表

主要分类	具体的人误诱发因素	
L-T 界面		• 必要工具的适宜性
		• 多种感官需求
		• 认知要求
		• 生理需求
		• 运算能力的要求
		• 预测能力的要求
		• 反馈的类型和要求
		• 规程外参考其他材料的程度
		• 通信的要求
		• 记录的要求
		• 团队合作的要求
		• 高层决策的必要性
L-S 界面	指示器/控制器	面板/屏幕布局
	• 实用性	• 可达性
	• 可靠性	• 可见性
	• 信号的可区分度	• 编码/标签
	• 属性	• 兼容性
	• 感觉的类型	• 布置情形
	• 控制-显示关系	• 面板的复杂性
	• 定位	支持系统
	• 标签	• 实用性/充分性
	• 位置	• 要求功能的可用性
	• 存在的失效仪器	
	• 存在的失效指示器	
	• 不能动的仪器	
	• 信号/线索的不一致性	
	软件设备	硬件设备
	• 系统的复杂性	• 通信设备信号不清晰
	• 系统组成的成分	• 通信设备信号收不到
	• 连接组件的数目	
	• 可靠性	
	• 冗余	

续表

主要分类	具体的人误诱发因素	
L-S 界面	• 自动化水平	
	• 系统配置	
	• 不能动/失效的组件	
	• 部件操作的变化情况	
	• 重要输入的可用性	
	物理特征	操作特征
	• 信息的改变率	• 意外状况
	• 信息的变化趋势	• 重复先前的任务
	• 信息显示的值	• 操作时间的充裕性
	• 动态变化的信息数目	• 时间压力
	• 信息不稳定的状态	• 操作阶段
		• 应急处理反应阶段
L-E 界面	物理约束	时间方面
	• 温度/湿度/压力/照明	• 时间段（白天/晚上）
	• 通信方面的干涉	• 值班时间长度
	• 噪音	• 投入到突发事件中的时间
	• 空气质量	• 生物节律的影响
	• 部件的易接近性	
	• 秩序与清洁	
L-L 界面	团队相关因素	团队通信相关因素
	• 工作职责定义的清晰性	• 结构化的指导/信息发布
	• 责任/通讯线的清晰性	• 标准化的指导/信息发布
	• 分布式工作负荷的充足性	• 标准的通信结构/网络
	• 团队内部/之间合作	• 命令/信息发布的媒介
	• 团队凝聚力	• 命令/信息发布的协议/形式
	• 团队领导的权威性/能力	• 命令/信息发布程序
	• 现场工作人员的配合程度	• 发布者与接收者之间的协议
	• 现场工作人员的业务水平	
	• 临线调度员的协助处理	
	• 临线调度员的监督	
	• 临线调度员的策略建议	
L-C 界面	突发事件状况	线路复杂度

续表

主要分类	具体的人误诱发因素	
L-C 界面	• 客流量	• 道岔形式
	• 线上运营车辆数	• 道岔数目
	• 运营间隔	• 道岔故障率
	• 现场天气状况	• 车站之间距离
	• 不常见的突发事件	• 库线可存车量
	• 多个突发事件同时发生	• 折返形式
	• 事件发展的不确定性	• 信号的类型
	• 次生的突发事件	
	车辆状况	
	• 运营车辆的新旧度	• 运营车辆的故障率
L-M 界面	培训	管理与制度
	• 仿真的模拟培训器	• 工作（任务）组织
	• 仿真场景逼真度	• 工作/休息计划
	• 培训时间和频率	• 轮班制度
	• 训练项目之间的时间距离	• 轮班循环
		• 支持团队
		• 监督水平
		• 不适当/不充分的指导
		• 维护
		• 人力资源管理
		• 安全措施
		• 奖惩制度
		• 工作方法
		• 人员配备
		• 领导的参与程度

三、铁路智能化趋势下对关键岗位特质的影响

（一）铁路智能化发展趋势

微课 1.3.1 铁路智能化发展趋势

当前，以云计算、大数据、物联网、人工智能、5G 等信息技术为代表的新一轮科技革命方兴未艾，成为创新驱动发展的先导力量。信息技术与交通、新能源、新材料等交叉融合，新材料等交叉融合，正在引发以绿色、智能、泛在为特征的群体性技术突破，促进工业经济向信息经济转型，全

球铁路信息化进入全面覆盖、跨专业融合、加速创新、引领发展的新阶段。世界主要国家积极推进信息化与工业化融合，我国相继发布了“中国制造 2025”、“互联网+”行动计划、“促进大数据发展行动纲要”、“新一代人工智能发展规划”和“交通强国建设纲要”等多项政策，基于大数据、人工智能、5G 等新技术与铁路行业的深度融合构建智能高速铁路系统已成为引领铁路创新发展的重要方向。

近年来我国高速铁路从无到有，从跟随到引领，取得了世界瞩目的成就。由于我国高速铁路网规模大、分布广，跨越高寒、冻土、湿热、岩溶等不同地带，在建设和运营中面临许多复杂地质、气候、自然环境的考验，对高速铁路的安全性、可靠性、高效性、高品质服务等提出了新的要求。当前及未来一段时间，中国智能高速铁路发展的战略需求主要来源于运输效率提升、服务品质提升、安全水平提升、装备智能化提升和基础设施智能化提升等五个方面，如图 1-9 所示。

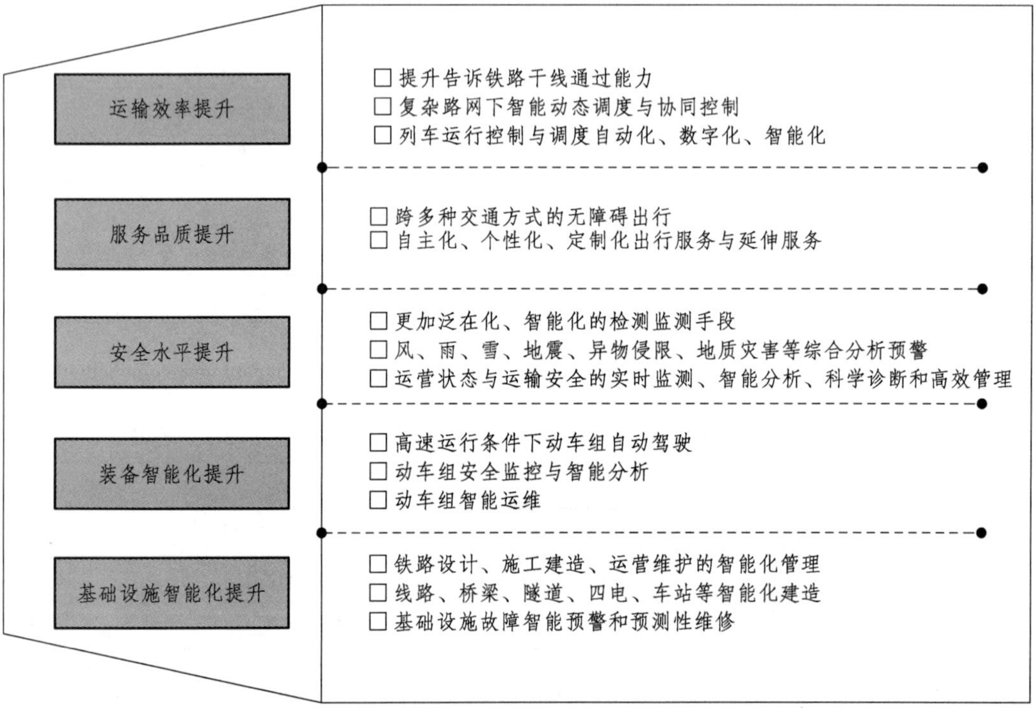

图 1-9　中国智能高速铁路发展的战略需求

根据 2020 年中国工程院重大咨询研究项目《智能高速铁路战略研究》对未来智能高速铁路蓝图的研究，未来的智能高速铁路蓝图是一个基于智能数据分析的信息空间和物理空间高度融合的复杂系统，即典型的信息物理融合系统（CPS）。信息物理融合系统通过集成先进的感知、计算、通信、控制等信息技术和自动控制技术，构建物理空间与信息空间中人、机、物、环境、信息等要素相互映射、适时交互、高效协同的复杂系统，实现系统内资源配置和运行的按需响应、快速迭代、动态优化。其本质就是构建一套信息（Cyber）空间与物理（Physical）空间之间基于数据自动流动的状态感知、实时分析、科学决策、精准执行的闭环赋能体系，解决生产制造、应用服务过程中的复杂性和不确定性问题，提高资源配置效率，实现资源优化。近年来信息物理融合系统得到了发达国家的高度重视，纷纷列入重点研究方向。德国工业 4.0、美国工业互联网、中国制造 2025 的两化深度融合战略，其共同点和核心愿景均是信息物理融合系统。

在智能高速铁路信息物理融合系统 CPS 中，C 是信息高速铁路网，P 是物理高速铁路网，智能高速铁路则是两个空间的深度融合。物理高速铁路网是由动车组、线路、桥梁、通信、供电等多个可见的物理实体构成的真实世界。信息高速铁路网是由物理实体对应的精确数字模型、基于数据的知识发现体系、自感知自认知自决策的能力输出体系组成的不可见的数字世界。两个空间相互连接、相互映射、相互操作、深度融合，通过信息高速铁路空间中对数据和知识的综合利用指导物理高速铁路空间的具体活动，最终形成一个相互迭代的闭环系统，可以有效地提高物理高速铁路空间中实体的服务质量。

物理高速铁路网中的实体收集来自真实世界的感知信息，并通过通信技术将它们发送到信息高速铁路网中的数字模型，如图 1-10 所示。由知识发现体系处理这些数据并将结果通过能力输出体系反馈到物理高速铁路网中。具体的反馈内容包括发送控制命令，对物理高速铁路网进行必要的优化完善或对系统参数进行重新配置。实现基于信息物理融合系统的智能高速铁路蓝图的三大关键属性分别是通信、计算、控制。物理高速铁路网中的实体和信息高速铁路网中的数字模型是一一对应并且相互通信的。实体具备数据收集、计算和数据传输能力，实时将物理高速铁路网中获取的信息传送给信息高速铁路网中的数字模型，通过将低成本计算放在物理高速铁路网中和将高成本计算放在信息高速铁路网中形成混合计算，实现智能高速铁路整体计算能力的高效利用通过改造数字模型，可以使物理实体更智能地理解问题和处理问题，最终达到全面感知所有物理实体的状态，实现实体和实体间、实体和模型间、模型和模型间的泛在互联，使每一个物理设备都具有计算、通信、精确控制、远程协调和自我管理等功能。通过信息空间和物理空间的融合处理，使得智能高速铁路整体系统具备主动学习和科学决策能力，实现高速铁路的全生命周期一体化和智能化管理。

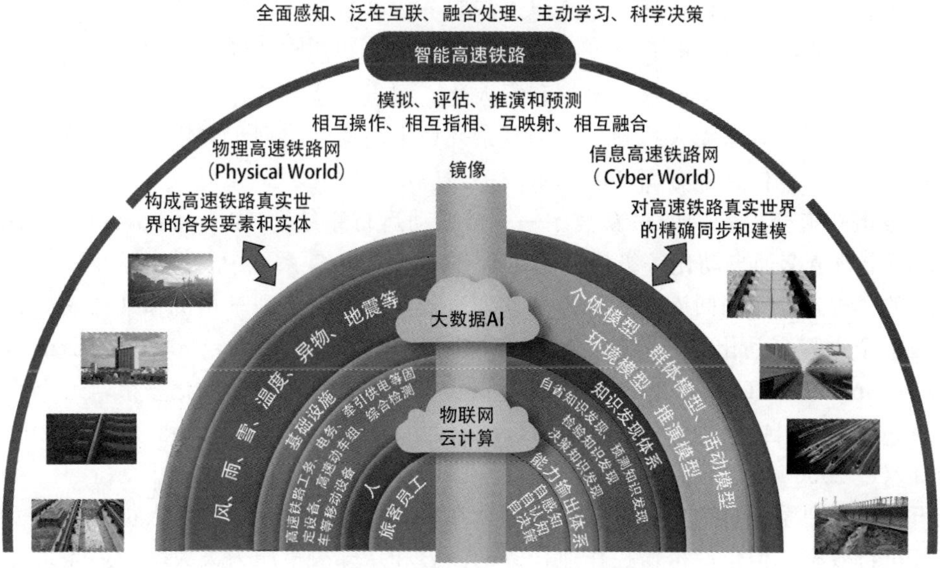

图 1-10　基于信息物理融合系统的智能高速铁路蓝图

基于物理高速铁路网和信息高速铁路网的融合互操作，未来的智能高速铁路将围绕全生命周期一体化管理构建智能建造、智能装备、智能运营、AI 平台等成套理论和技术体系，构建新一代高速铁路系统。

中国的智能高速铁路按照近期（2018—2020 年）、短期（2021—2025 年）、远期（2026—2035 年）三个阶段推进实施，如图 1-11 所示。

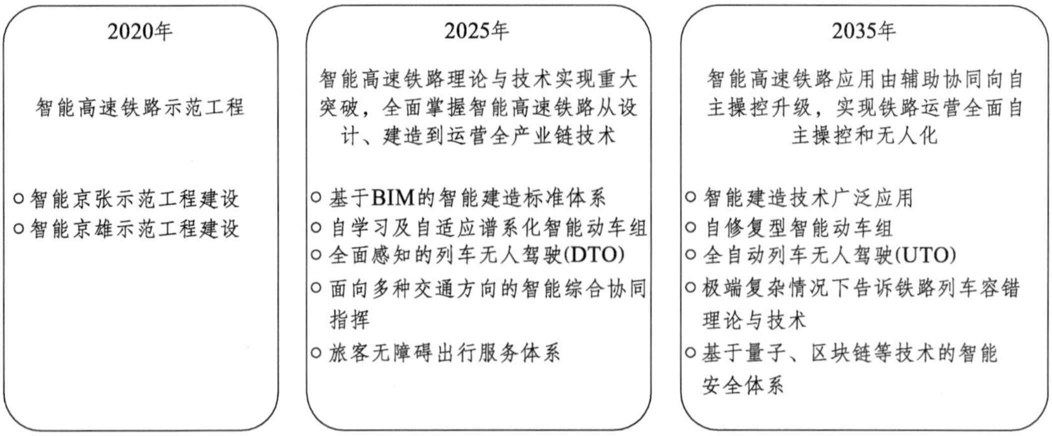

图 1-11　中国智能高速铁路阶段战略

（1）智能高速铁路创新示范阶段：2018—2020 年。重点打造智能高速铁路示范工程，以智能京张、智能京雄为依托，探索智能高速铁路建造、装备、运营三大板块智能化技术，智能高速铁路创新应用格局初步形成。

（2）智能高速铁路加速突破阶段：2021—2025 年。智能高速铁路理论与技术实现重大突破，全面掌握智能高速铁路从设计、建造到运营的全产业链技术。重点围绕基于 BIM 的智能建造标准体系、自学习及自适应谱系化智能动车组、全面感知的列车无人驾驶、面向多种交通方式的智能综合协同指挥、旅客无障碍出行服务体系等方面开展技术攻关与应用实践。

（3）智能高速铁路全面提升阶段：2026—2035 年。智能高速铁路应用由辅助协同向自主操控升级，实现铁路运营全面自主操控和无人化，重点围绕智能建造技术广泛应用、自修复型智能动车组全自动列车无人驾驶、极端复杂环境下高速铁路列车容错理论与技术、基于量子等技术的智能安全体系等方面开展技术攻关与应用实践。

作为城市轨道交通发展的最新技术——全自动运行系统（Fully Automatic Operation，FAO）是城市轨道交通自动化等级最高的运行环境。在 FAO 系统中，列车从早间上电、唤醒到正线服务、进站停车到回库、休眠等一系列过程完全不需要列车司机和乘务人员的参与，实现了列车全过程自动化和智能化的控制。国际公共交通联合会（Union Internationale des Transports Publics，UITP）在 2016 年的统计报告中指出，自首条自动化城市轨道交通线路实施以来的 30 年里，自动化城市轨道交通线路建设里程呈指数级增长，到 2025 年，世界范围内将会有超过 2300 km 的全自动城市轨道交通线路投入运营，如图 1-12 所示。

城市轨道交通系统自动化程度的提高尽管在很大程度上降低了系统人员的体力负荷并提升了任务执行效率，但也使得监控作业任务的内容和认知决策压力大大增加。当系统自动化水平达到 GOA3、GOA4 级时，控制中心调度团队远程监控作业任务完全取代了原来司机对列车的直接操纵，从而使其任务呈现出很多新变化，如时间压力下认知策略选择的不确定性、

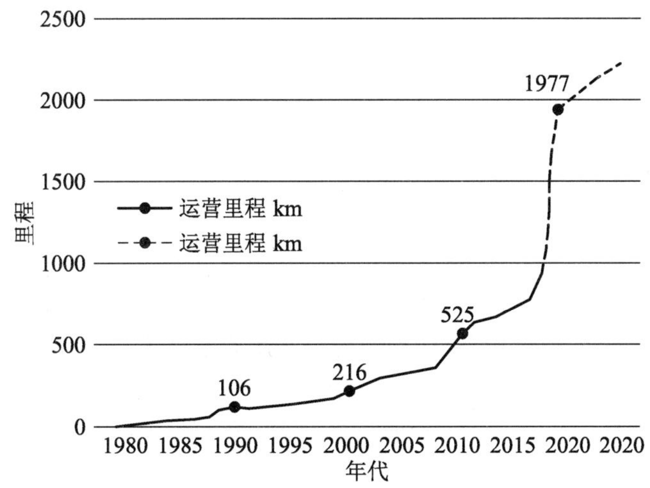

图 1-12　世界范围内 FAO 线路增长预测

交互界面管理难度的增加；系统的复杂性、耦合性以及内部行为的模糊性导致的团队成员的“自动化惊讶”（Automation Surprises）以及对自动化的过度依赖和极度排斥等。这些变化都会引起行车调度团队任务更高的复杂性，尤其面对自动化系统的信息动态变化、工作负荷分配不均时，更容易出现失误，进而对系统安全带来直接风险，甚至造成灾难性事故。

FAO 系统集中化发展的趋势使得系统中人的问题越来越突出，由于自动化系统间相互作用更加复杂、耦合更加紧密，使得大量的潜在危险集中在少数几个人身上，人的工作由过去以“操作”为主变为监视—决策—控制，人因失误发生的可能性，尤其是后果及影响变得更大了。

（二）关键岗位任务复杂性变化

微课 1.3.2　关键岗位任务复杂性变化

复杂社会技术系统“由共同交互执行若干任务的许多人和许多类型的设备组成”，该类系统包括了操作人员和多个交互实体，例如：操作人员所在的外部环境；由具有明确的目标和达到该目标标准要求下的物理的、技术的、组织的、管理的、社会和文化因素所组成的工作系统；操作人员和工作系统之间的作为媒介以保证人与系统交互的人工制品。

Wilson J R 等人将铁路系统从本质上看作大型的、复杂分布式的社会技术系统。因为它是一个开放的目的系统，受到技术、社会、经济、人口、政治及法律环境的影响，并反过来影响环境；系统中的人员必须协同合作使得系统正常运转；成功依靠其技术、社会和经济因素尽可能最优地处理变化和操作。相对于传统的制造工业的单一层面，铁路系统是现代的复杂性社会技术系统，具有多层的复杂性特征。

FAO 系统就是典型的复杂社会技术系统，系统运行的关键是保证安全和效率，为了达这一目标，行车调度团队通过综合监控系统实现对列车、信号、道岔、站台等设备的控制、行车调度团队与站控、维修、安全人员和之间的沟通和命令，以及与其他系统的联系与交互，以保证整个运输系统的正常运行。

为了描述社会技术系统的复杂性，Vicente K J 将社会技术系统复杂性的原因归结为 11 个维度，分别是① 大问题空间；② 社会性；③ 异构性观点；④ 分布式；⑤ 动态性；⑥ 潜在的高风险；⑦ 大量耦合的子系统；⑧ 自动化；⑨ 不确定性数据；⑩ 通过计算机进行交互；⑪ 扰动。

按照 Vicente K J 的社会技术系统复杂性维度，对 FAO 行车调度团队任务复杂性进行分析。

1. FAO 行车调度团队任务的大问题空间

随着系统自动化水平的提高，列车运行控制从原有的联锁级、点式 ATP+联锁、点式固定闭塞 ATP+ATO、CBTC 模式到 FAO 模式，必然增加行车调度团队控制的设备状态数量。行车调度团队任务向着更加集中的方向发展，原来靠司机监控的列车唤醒、人工发车、到站开关门、进库休眠等作业将进行综合监控，使得行车调度团队同时处理更多变量；同时随着地铁线路数量的增加，集中控制的程度不断提升，参与系统交互的人员数量将越来越多，相应的人因问题也会增加。综上，FAO 行车调度团队任务的问题空间随着技术和管理的变化不断增大，使得其本身变得复杂。

2. FAO 行车调度团队任务的社会性

列车的安全、高效运行涉及多个岗位的人员和角色：行车调度任务要求调度团队成员具备良好的团队情景意识并协同操作；面对事故和突发状况，一方面要求行调与乘客调、车辆调、车站人员等系统内人员之间有良好的沟通与合作，另一方面可能需要交通和政府部门予以配合。随着 FAO 技术应用，由于没有现场司机对列车的控制，为了保证快速及时地处理紧急情况，需要建立包括多个方面专家的多职能队伍参与决策和操作。

3. FAO 行车调度团队任务的异构性

FAO 行车调度团队任务要求来自不同技术背景的专业人员共同完成列车正常和异常操作，其中涉及行调、乘客调、车辆调、车站综控员等，不同的背景代表了潜在的矛盾，这在沟通的过程中体现得尤为明显。尤其是全自动运行中的多职能队伍由来自多个方面的专家组成，专业意见的冲突可能会增加应对突发场景的决策时间。

4. 分布的任务控制

行车调度团队不仅包括中心调度人员，还包括车站值班人员甚至车辆段调度人员。因而完成列车的调度任务不仅需要中心调度团队的参与，还需要与车站控制室工作人员和车辆段工作人员进行协同操作，而他们分别位于不同的空间位置，这必然带来沟通和操作的复杂性。尤其是出现大面积列车停运的情况时，保证大量分布的人员沟通的清晰和及时变得异常困难。

5. 任务处理相应的延迟

除了硬件本身的延迟外，远程监控对于列车状态的预测也必须考虑延迟。例如，列车扣车命令的发布不仅需要考虑目标列车当前的位置，预测列车进入预期区域的时刻，同时还需要预测前车和后车状态对目标列车的影响等，这要求调度团队对于列车运行的动态非常熟悉。

6. 潜在的事故风险

列车控制的事故后果极为严重，因而安全性是 FAO 行车调度团队任务复杂性考虑首要目标之一。尽管自动化水平的提高在很大程度上保证了列车可靠的运行间隔，但是由于系统包括人为的和技术的多个层面，难以完全杜绝事故的发生，如上海 10 号线追尾事故。同时由于 FAO 系统是安全苛求系统，一旦事故发生将造成巨大的生命财产损失。

7．FAO 行车调度团队任务的紧耦合和松耦合

FAO 行车调度团队任务使用综合监控系统既与通过电磁控制直接连接的轨道电路、信号机、计轴器、道岔控制等紧密耦合的计算机联锁等子系统进行交互，也与通过主干网获得列车状态、生成移动授权等功能的松耦合区域控制器等子系统进行交互，实现多级控制。同时，由于线路增加，车站和车辆段子系统的数量增加，难以预测和追踪所有节点引起的变化和扰动。FAO 子系统数量增加带来的复杂性导致变量之间的耦合的纠缠性，给行车调度团队的决策带来新的挑战。

8．系统的自动化

自动化水平的提高带来了运营效率的增加以及控制的精确性，在正常情况下提高了系统的安全和可靠。然而，自动化同时会使得调度团队产生自动化依赖和过度自信的情况，因而增加了处理突发情况的不确定性。同时，在列车故障时，经常遇到降级运行的情况，因而对调度团队应对突发情况的能力提出更高的要求。

9．任务数据的不确定性

由于 FAO 行车调度团队对列车进行远程监控，因而对于现场数据的获取只能通过变量状态或与乘客、站台人员进行沟通，这导致行车调度团队对于现场状况不确切的情景意识。尤其是在自动化失效的情景，只能通过原始的电话方式获得现场的理解，这必然增加了事故的可能性。在 FAO 情况下，如何保证行车调度团队对于自动化失效的补偿变得尤为明显。

10．使用综合监控系统作为媒介与列车交互

FAO 行车调度团队通过综合监控系统作为媒介与列车进行交互，在这种情况下与列车安全运行相关的系统特征无法直接被人的感知系统无辅助地获得，并且“让调度人员像在自然系统中使用感知系统收集信息是不可能的”。因而，综合监控系统成为唯一的窗口为行车调度团队提供工作域的表征，这将会带来对现场场景的复杂认知需求。

11．系统扰动

由于传统的系统设计方法基于预期的和常发的状况，无法有效处理不可预测的事件，尤其是屏蔽门故障、轨道坠物等小概率事件一旦发生，作为系统的扰动有可能导致事故的发生。这要求调度人员立即响应并有可能即兴发挥去处理这些事件，保证人员的安全。传统的系统设计更多的是凭经验和借鉴国外的系统，而这些方法往往是和设备依赖、事件依赖和心理不相关的，因而难以适应无法预知的变化。

（三）全自动运行系统中的任务管理

微课 1.3.3　全自动运行系统中的任务管理

FAO 是一种全自动化的、高度集中控制的列车运行控制系统，具备列车自动唤醒启动和休眠、自动出入停车场、自动清洗、自动

行驶、自动停车、自动开/关车门等功能，并具有常规运行、降级运行和灾害工况等多重运行模式。全自动运行系统的目标是通过列车运行全过程的自动化，进一步减少人为因素对轨道交通效率和安全的影响，提高列车的平均运行速度（减少车辆段运行时间、折返时间）、缩短运营间隔、实现灵活的运输组织方式（由于没有了司乘人员的限制，可以根据客运需求及时调整行车计划），提升系统整体的效率（人员成本降低、节能）、改善服务质量（更准时、更安全）。它提高了系统的可靠性、可用性、可维修性和安全性等级，保障系统在全自动运行情况下的高安全、高可靠、高度自动化运行。

BS NE 62290-1 对地铁系统的不同自动化程度（Grades Of Automation，GOA）进行了详细定义。赵波波等人根据 BS EN 62290-2 标准对不同自动化程度下地铁系统的自动化比例进行了总结，如表 1-12 所示。

表 1-12　自动化程度下地铁系统的自动化比例

自动化程度	缩写	定义	自动化比例
人工驾驶模式	GOA1	列车司机监视前方轨道，一旦前方发生危险情况，立刻停车。司机根据轨旁信号或车载信号进行牵引和制动操作。信号系统监督列车的运行。这种监督可以在特定地点发生、以半连续（点式控制）或连续（列车自动超速防护，ATP）的方式，特别是对信号和列车速度的监督。司机负责操纵列车安全驶离车站以及开关门	14.1%
半自动驾驶模式	GOA2	列车司机监视前方轨道，并在前方发生危险情况时紧急停车。系统监督列车运行，自动牵引和制动。司机负责操纵列车安全驶离车站，系统自动开关门	46.8%
无列车司机驾驶模式	GOA3	列车上没有专职司机。需要额外的措施（如设置乘务人员）应对突发事件	54.7%
无人监督驾驶模式	GOA4	列车上不再需要任何操作人员。列车安全驶离车站，包括开关门，由调度人员负责或可自动执行	90.6%

从定义来看，GOA3 和 GOA4 都属于全自动运行系统，但是 GOA4 的自动化程度最高，完全取消车上乘务人员，遇到突发情况由地铁系统和控制中心行车调度团队共同完成应急任务。

FAO 系统是城市轨道交通自动化等级最高的系统，不仅从功能结构上进行了升级，伴随着系统的变化还需要有一套适用于全自动运行的运营模式，从图 1-13 可以看出，FAO 系统安全运行涉及控制中心、列车、车站、轨旁以及车载设备等各个方面。

与有人驾驶系统（GOA1 和 GOA2）相比，FAO 系统行车调度任务的执行逻辑发生了根本性变化。如图 1-14 所示，在有人驾驶系统中，任务序列通过司机进行处理，正常情况可以直接处理的任务，不需要行调的介入；在突发情况下，例如列车故障，司机将现场一手资料汇报给行调，由行调根据运行情况下达调度命令，生成新的任务序列。

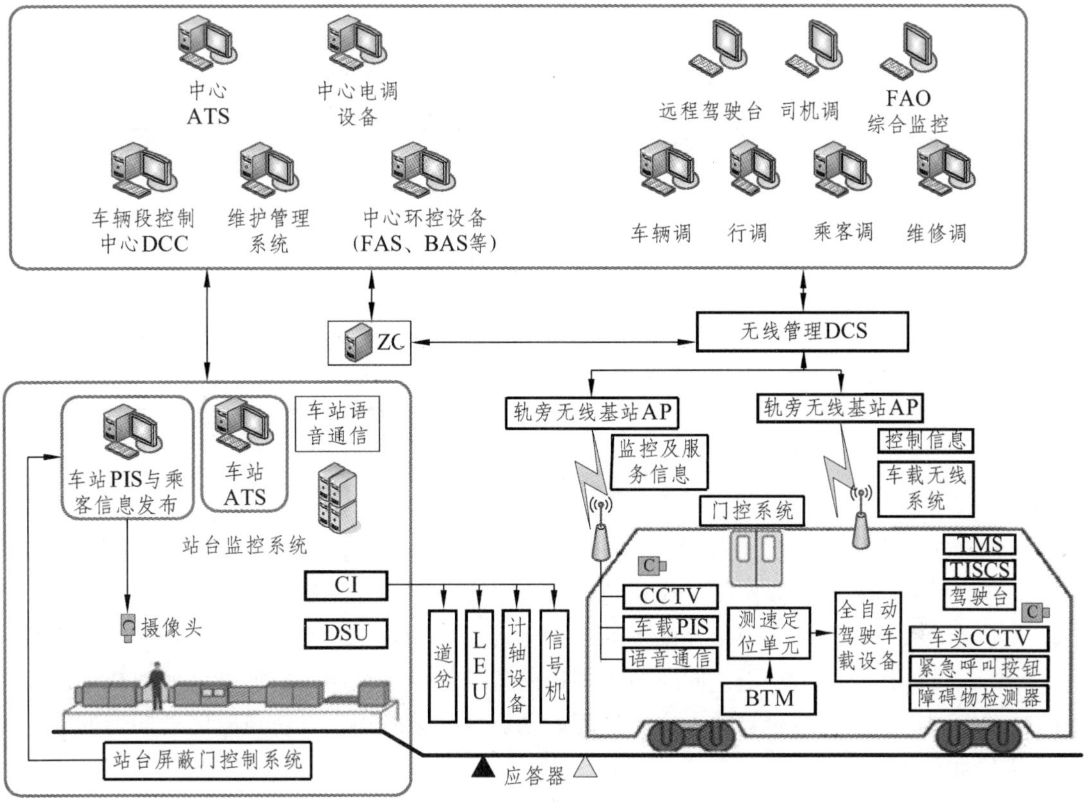

图 1-13　FAO 系统结构

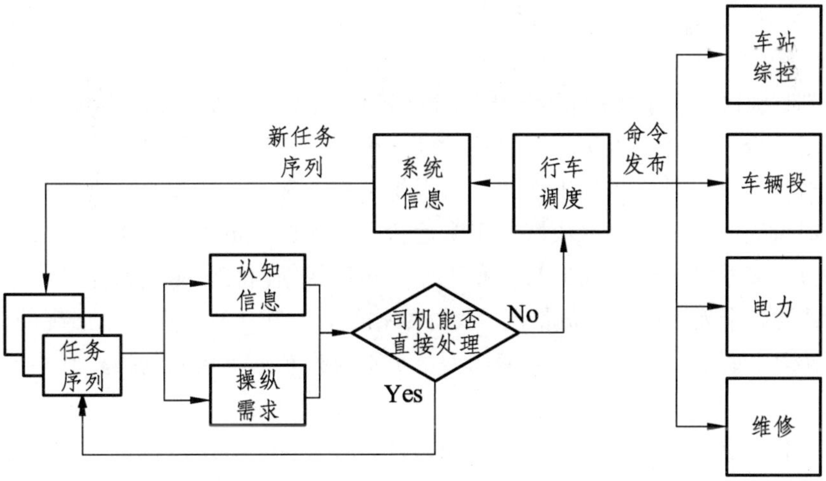

图 1-14　有人驾驶系统任务执行逻辑

在 FAO 系统中，如图 1-15 所示，没有司机在现场，行调、乘客调和车辆调通过综合监控系统时刻监控系统状态，正常情况下系统全自动运行；异常情况下，不同岗位根据职责范围内的处理需求收集现场信息，从而形成任务序列，该任务序列需要行车调度团队成员共同参与完成。

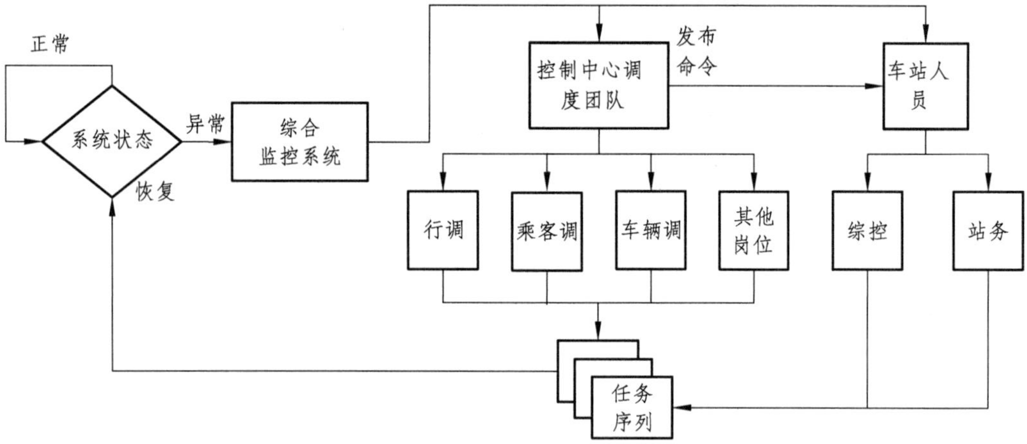

图 1-15　全自动驾驶系统任务执行逻辑

随着 GOA 等级的提高，系统的自动化比例越来越高，几乎 90% 以上的工作全部由系统完成，这似乎减轻了人员操作的工作负荷，然而事实并非如此。虽然在正常情况下，操作人员几乎不需要参与高等级自动化程度下的列车运行，如 GOA3、GOA4；但是在应急流程情况下，操作人员的任务并不轻松，同时由于司机岗位的任务被控制中心调度团队取代，团队任务的复杂性、沟通过程的频繁性、应急处理的动态性显著增加，系统风险随着职责的重新分配变得不确定。

FAO 行车调度团队主要由控制中心的行车调度员、乘客调度员、车辆调度员以及车站的工作人员组成。

其中，行车调度员主要负责日常行车调度及突发情况下的应急指挥；与电调、环调配合，共同完成运营组织工作，确保班组运营安全；指挥和协调行车各岗位的运作，组织实施各种行车工作计划，确保行车系统的正常运转及行车安全、正点；传达上级有关运营工作的指令，及时发布调度命令，布置、落实行车工作计划，确保行车工作顺利进行；组织正线调试车、工程车的开行、合理安排正线施工作业，监督施工作业和人员的安全；合理处置运营中的紧急事件，及时调整列车服务，尽快恢复正常运营。乘客调度员主要负责按照公司的票务政策和客流组织方案要求开展信息收集与发布工作；负责管辖内客流量实时监控，掌握客流变化情况，密切关注各个换乘站的客流情况，做好数据统计分析工作；在列车出现的突发情况时，指导和疏散乘客，保证人员安全。车辆调度员负责对列车远程控制的操作和指导司机进行故障排除工作。

车站的工作人员主要包括车站值班员和站台站务人员。车站值班员的任务包括：服从列车调度员统一指挥，严格执行规章制度和作业标准，搞好班组基础管理和建设；负责组织接发列车，组织（协调）调车作业，确保运输安全、正点、畅通；本地清客作业完成后，负责关闭车门和站台门；及时准确地填记本岗位相关记录、表格；配合行调完成突发情况的处理工作，做到站台安全监护工作，对现场作业、工作条件的改进有建议权。站台站务人员的任务包括：负责保证列车正常进站和站台发车工作，防止列车和站台屏蔽门夹人夹物；出现站台紧急情况时，疏散站台乘客和保障乘客安全。

全自动运行系统在信号系统处于正常情况时，设备自动运行无须人员干预，按照正常运营计划完成运营，各个岗位相关人员仅监护列车和车站台情况。若列车故障下由中心车辆调度人员先尝试远程处置，若车站设备故障的情况，车站值班员进行远程处理；若轨旁设备故障，在不影响运营的情况下，综合站务员先尝试远程处理。如列车故障远程无法处置，则安排司机和车辆技术人员现场处理；在车站内设备故障远程无法处理情况下，安排车站维护人员现场处理；若轨旁设备故障，综合站务员远程无法处理时，由中心行调评估是否影响运营，在不影响运营的情况下，安排相关维护人员在运营结束后进行处理故障

（四）全自动运行系统的职业特质挑战

尽管在轨道交通领域职业特质的研究还没有引起足够的重视，但是部分学者已经开始关注取消司机岗位之后可能对全自动系统带来的多方面影响。

国外方面，Karvonen H 等人使用核心任务分析方法结合赫尔辛基地铁发生的异常情况的统计数据的定量分析。分析了无人值守列车运行模式即 FAO 下，自动化的潜在挑战。获得的司机核心任务，如图 1-16 所示。文章认为全自动面临的主要挑战来自于四个方面：① 在轨道上驾驶列车；② 进站停车；③ 照顾乘客；④ 与系统中的其他角色进行交互，如表 1-13 所示。

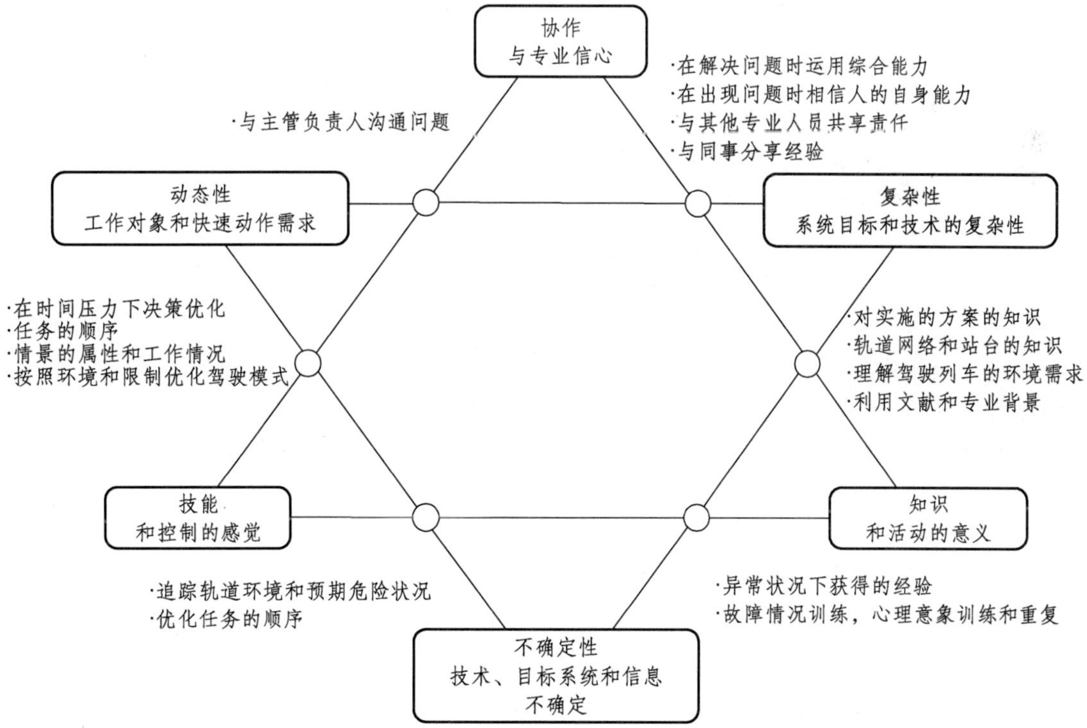

图 1-16　地铁列车司机核心任务

表 1-13　全自动面临的主要挑战

场景	全自动环境下取消司机面临的主要挑战
在轨道上驾驶列车	• 不管列车速度有多快，司机能够立刻对前方的潜在威胁做出反应，而系统中的其他角色都无法达到像司机如此快的反应速度
进站停车	• 预测来自特殊乘客群体（儿童、视力障碍的人以及醉汉等）的需求和问题； • 当列车车门出现夹人夹物，司机能够快速采取行动； • 列车上的司机能够通过响笛或警告对站台上乘客故意违章行为做出快速反应； • 可以及时并方便地对由于雪天、冰冻或异物卡住车门的情况进行处理
照顾乘客	• 如果自动化的列车在隧道中停运并且没有司机引导，那么在应急时间压力下的疏散会引发很多问题； • 在疏散情况下，司机熟悉地下隧道的每一处环境，并且能够果断、快速地引导乘客到最近的出口或紧急逃生通道； • 在自动化系统中，撤离事发地点需要通过调度中心或站控室将线路信息通知车厢内的乘客，这是非常耗时的
与系统中的	• 在 FAO 系统发生异常状况时，乘客需要自己远程联系调度员描述情况
其他角色进行交互	• 司机能够以标准化的流程进行信息的上传下达，一旦发生严重事故，司机是现场状况的主要信息来源，当没有司机在列车上时，控制中心就无法准确掌握现场状况； • 在当前的系统中，车载设备可能会出现虚假报警，司机能够快速判断并处理，如果是 FAO 系统会因为错误的警告信息而导致停车，引起不必要的系统停运； • 在司机交接班中的信息沟通在 FAO 环境下将不存在

Dadashi N 从认知任务分析角度对 SCADA 报警任务的认知行为进行了分析，目的是对英国铁路智能设施改进提供有效的理论支持。Dadashi N 构建了对于电力调度任务的工作域模型，并利用决策梯分析了电力调度处理报警任务的过程。

国内王洁等人针对地铁行车调度人误行为提出了结构化的调度任务分析方法。林枫在王洁等人研究的基础上利用时间 Petri 网对地铁行车调度班组应急响应过程进行了时间量化，并对调度任务流程中人因可靠性薄弱环节进行局部优化。赵波波使用熵度量建立了全自动运行系统中应急决策中的认知复杂性模型，并使用典型案例获得了不同自动化等级下同一场景认知复杂性度量值，结果表明从传统列车运行系统过渡到 FAO 系统中的 GOA3 等级，控制中心调度人员认知复杂性差异不大，但在 GOA4 等级下，其应急决策复杂性大大提高。原因可能是调度人员对应急决策的功能结构的理解及认知存在不确定性，增加了环境状态及过程判断的难度。

在本书中所对安全操作很重要的非技术技能的主要类别如下所示。它们并非旨在成为最终或全面的列表，而是从各种组织的 CRM 课程和职业特质列表中选择出来的类别。因此，这些类别及其组成元素只是铁路职业特质培养和评价的代表性组成部分。

- 情景意识，单元二
- 决策，单元三
- 团队与沟通，单元四

- 领导力，单元五
- 工作负荷与管理，单元六
- 职业特质综合培训与评估方法，单元七

单元小结

本单元首先回顾了职业特质相关理论研究和发展，结合非技术技能、心理特征和人格特点提出了职业特质概念，区分了职业特质与技术技能的关系并阐述了职业特质对运行安全的影响；然后针对列车运行过程中的人为因素进行了人为因素研究、人因安全模型和影响列车中的人为因素的介绍；最后针对铁路当前智能化发展趋势分析了职业特质的挑战。

练习与思考

（1）尖端安全的影响因素有哪些？是如何影响的？

（2）职业特质培养要遵循哪些原则？

（3）职业特质评价的重点是什么？

（4）铁路事故中人为因素的特点有哪些？

（5）中国智能高速铁路发展的战略需求来自哪几方面？

（6）简述中国智能高速铁路发展战略。

（7）全自动运行给运营带来的挑战有哪些？

单元二 情景意识

俄文对照 单元二

案例导入

微课 2.1 情景意识事故案例

一、情景意识事故案例

1988 年 6 月 27 日晚上，巴黎里昂站一列通勤列车在驶入巴黎里昂车站后撞向一辆停在站台上的列车，事故造成 56 人死亡，57 人受伤。这起事故是当时巴黎最严重的火车车祸，事故现场如图 2-1 所示。

图 2-1 巴黎市里昂车站列车相撞事故现场

事故过程：6 月 27 日，一列 370 吨的双编组（8 节车厢）Z5300 次列车从默伦经科贝伊埃松前往里昂车站，由于晚点，新城圣乔治以北的几个停靠站都临时取消。下午 6：36，经过绿园车站时，有一位女乘客拉下了车内的紧急制动扳手，列车被迫停下，该乘客随即下车离站。列车停下后司机丹尼尔·苏兰以无线电告知控制室延误情况，苏兰和列车长下车重新配置制动器。傍晚 7：02，苏兰修理好制动器后，火车重新启动开往巴黎，此时火车延误了 26 min。调度员要求驾驶员略过下一站直接驶向巴黎站。晚上 7：04，里昂站内的一辆通勤车由于列车长的迟到，迟迟没有发车停在第二月台。晚上 7：07，Z5300 次列车准备进入里昂站，此时速度为 95 km/h，车站前的黄色信号要求其减速，前方为一陡坡。当苏兰施加制动时，发现制动器几乎没有反应。苏兰立刻要求列车长去寻找手闸制动器，在此期间，苏兰一直在尝试刹车，但没有成功。晚上 7：07：30，苏兰用无线电对控制室发出警报，告知调度员列车刹车失灵并要求停下所有列车，并按下无线电警报信号按钮。信号员立刻将所有绿灯切换成红灯，附近的驾驶员均停下列车。苏兰将所有乘客疏散到后方车厢。晚上 7：08 分，Z5300 次来到通往车站的四度陡坡，并在陡坡上不断加速。晚上 7：08：30，在里昂站前 Z5300 次呼啸而过但并没有驶向本应停靠的 1 号站台，而是冲向 2 号站台停靠的列车。信号员立刻从车站的广播系统发出警报，让 2 号站台火车疏散乘客。2 号站台列车驾驶员听到警报后立马通过内部电话让乘客尽快下车，乘客争相下车。晚上 7：08：50，Z5300 次撞上 2 号站台停靠的列车。

二、事故分析

经官方事故调查小组给出鉴定结果为 Z5300 次的气动制动器失效。那么制动器为什么会失效？

事故调查小组给出的结论是：本应开启的气动制动器气阀的控制杆被关闭了，导致气动制动器失灵。经询问司机苏兰和列车长波维，发现气动制动器在紧急刹车前还是正常的，在下车乘客启动紧急刹车后，由于列车复位把手被卡住，苏兰曾攀附着气阀控制杆以便开启被卡住的复位把手。对此，对苏兰的体重能否使气阀控制杆关闭进行了技术鉴定，鉴定结果证实苏兰的体重足以导致气阀控制杆关闭。这证明了制动器输气管控制杆是在苏兰借力制动器输气管控制杆去开启把手时，无意中移动了气阀控制杆，关闭了气动制动器输气管控制杆。在关闭气动制动器输气管控制杆后，由于列车上的故障保险系统动作，列车失压被锁死。在列车被锁死后，苏兰没有根据标准程序召唤技师进行检查，而自以为这属于常见的情况，即气压过大。他和列车长波维把后面 7 节车厢的制动压缩空气全部放光，列车随后解除了锁死状态。事故调查小组对列车上的气动制动器故障保险系统进行了技术鉴定，鉴定结果显示，排除空气可使火车上的气动制动器故障保险系统解除。苏兰称在回到驾驶室以后，仪表盘上显示当前压力值为正常值。通过对 Z5300 列车仪表盘进行技术鉴定，得出仪表盘上的压力值此时仅代表驾驶室的制动压缩空气压，因为之前空气压缩制动阀的电路已被关闭，相当于后面 7 节车厢已经和车头隔绝开来。

三、事故中的情景意识丧失

苏兰在借力制动器输气管控制杆去开启复位把手时，无意中移动了气阀控制杆，关闭了气动制动器输气管控制杆，而他自己并不知道，此时对于列车的真实状态已经丧失了正确的情景意识。于是随后的一系列操作导致列车完全处于无制动力的状态下运行，最终酿成了悲剧。

由此可见，司机正确的情景意识对于列车运行这种实时动态变化的系统极其重要，这不是技术技能能够解决的问题。通常我们把这类错误统一称为人为失误，然而这显然过于笼统。该事故案例中，苏兰作为资深的列车司机，技能不可谓不优秀，后续所采取的“以无线电对控制室发出警报、将所有乘客疏散到后方车厢”都证明了其具备丰富的驾驶和应急经验。然而，当对所发生的情况失去了正确的理解和判断，事情只可能往更坏的方向发展。这就是情景意识的重要性。

四、情景意识事故思政启示

列车司机担负着全车人的生命和财产安全，驾驶过程中来不得半点马虎，从事故中可以看出，苏兰在列车被锁死之后对列车当前状态丧失了情景意识，作为一名司机此时应查明原因保证安全再运行，而不是像想当然地把它当作情况，和列车长波维把后面 7 节车厢的制动压缩空气全部放光，最终导致列车无法制动。

列车司机应提高自己的安全意识，当列车出现任何异常时，必须在确保安全的状态下才能行车。因此，保证全程正确的情景意识是对列车司机这种安全关键岗位的基本要求，也是列车司机在日常工作中需时刻提高的工作素养。

相关知识

微课 2.2　人的记忆系统

一、人的记忆系统

人通过知觉从外界获得信息，然后在记忆中贮存下来。由此，人得以积累知识并加以运用。这些贮存的信息即使对于知觉本身也是十分重要的。记忆在人的整个心理活动中处于突出的地位。不仅是知觉，从认知到情绪、情感以至个性都离不开记忆的参与。记忆将人的心理活动的过去、现在和未来连成一个整体，使心理发展、知识积累和个性形成得以实现。自 19 世纪末，著名德国学者艾宾浩斯开创记忆研究以来，现代心理学在这一方面已取得不少有价值的研究成果。

从 19 世纪末到 20 世纪 50 年代，心理学对记忆的研究是沿着艾宾浩斯的研究方向进行的，虽然涉及记忆活动的不同环节不同方面，但所研究的都是那种可以容纳大量材料，并可保持很长时期的记忆，如人能记得并背诵很久以前学会的一首诗。这就是现在所说的长时记忆（Long-Term Memory）。在这几十年间，心理学只知道这一种记忆，或者说，把记忆看成是某种单一的东西。第二次世界大战以后，由于工程技术的需要，在信息论等新兴学科的影响下，心理学家开始重视另一种记忆现象，即那种只容纳有限的几个项目并保持短暂的记忆，如翻看笔记本上的某个电话号码后立即打电话。这就是后来所说的短时记忆（Short-Term Memory）。随着认知心理学兴起，短时记忆研究在 19 世纪 50 年代中期蓬勃发展起来。大量的初期研究结果表明，短时记忆在信息的容量、编码、保持和作用等许多方面都与长时记忆不同。因此，出现一个新的看法，认为记忆不是一个单一的东西，不只存在一种长时记忆，而是存在着长时记忆和短时记忆两种记忆。由此提出了两种记忆说（Dual Memory Theory）。此外，又提出了其他种类的记忆，其中所谓的感觉记忆（Sensory Memory），即那种保持感觉信息极其短暂的记忆（又称瞬时记忆），同样引人注目，并为大家承认。而长时记忆后来也不再被看作是单一的，有人进一步将它区分为语义记忆（Semantic Memory）和情景记忆（Episodic Memory）。这也体现出同样的分析观点。短时记忆和两种记忆说的提出，以及感觉记忆的确定，对 19 世纪末以来，心理学关于记忆的传统观点产生了猛烈的冲击，引出了记忆结构问题。它是当前记忆研究的一个核心问题。

人类的大脑就像一台复杂的信息处理机器。虽然经常被比作电脑，但有些任务电脑可以做得更有效率，例如快速计算；而有些任务，大脑是更好的处理器，例如从经验中学习。由于在任何时候环境中都有太多的信息可供大脑处理，人类会有选择地关注某些事情。这种选择部分是由环境诱发的，例如，突然的噪音或光线变化会引起注意，当然我们也会受到以往经验的引导。储存在记忆中的信息将注意力导向环境中的我们认为有意义或者重要的某些线索。这种选择性注意过程本质上构成了情境意识的基础。

自从一百多年前心理学出现以来，人们就系统地研究了记忆系统。对记忆容量和功能的研究产生了一个公认的认知架构模型——大脑存储和信息处理系统的结构。本质上，存在三个相互关联的系统：感觉记忆、短期或工作记忆和长期记忆，如图 2-2 所示为阿特金森和希夫林提出的记忆信息三级加工模型。

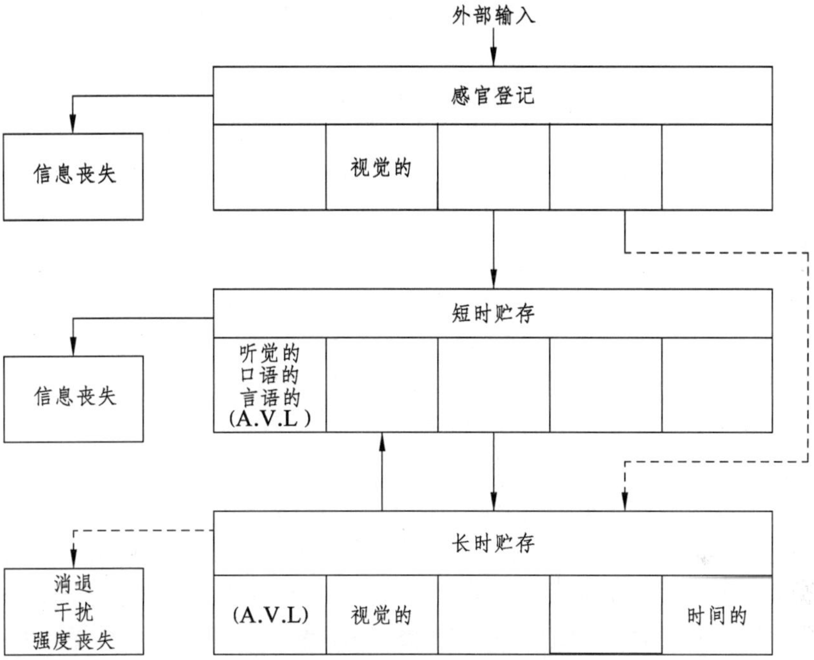

图 2-2　记忆信息三级加工模型

（一）感觉记忆

人类很早就察觉到了“视觉存留”的现象，例如，在黑暗的环境下挥舞火把，达到一定速度后，火把不再是离散的亮点，而变成了一个完整的亮圈。这表明某个具体空间位置的刺激消失后，视觉仍能够短暂维持该刺激，因而得以与后续呈现的刺激构成完整的视觉体验。人类在日常生活中，每一时刻都在感受外部物理世界带来的丰富视觉信息，但当闭上眼睛仔细回想上一刻所见的事物时，能够准确回忆起来的却只占相当少的一部分，这种即时的信息丰富感和较差的回忆效果之间的差异说明了人类记忆的初始部分会迅速消退的特点。以上的日常体验均被认为是感觉记忆的表现形式，前者偏向于视觉层面的暂留，而后者则更强调信息层面的暂留。最初，人们将早期阶段的记忆统称为即时记忆，测量发现其记忆广度极其有限，与人们的主观感受相悖——人们认为自己看到了几乎所有需要记忆的项目。1960 年，施佩林发展出部分报告法之后，终于证实了在信息加工的初始阶段，存在一个容量巨大、消退极快的记忆模块，称之为感觉记忆。近年来，有研究者用客观绩效和主观自信评分相结合的方式，再次证明了这种初始阶段丰富信息感的存在是准确的内省，并非人类意识中的错觉。

感觉记忆在很短的时间内保存传入的信息：标志性记忆保留视觉图像约 0.5 s，而对于声音信号，回声存储持续约 2 s。我们很少意识到这些瞬态存储，但当视觉刺激被移除后图像短暂地持续存在的现象，就是感觉记忆。我们似乎对这些存储几乎没有意识控制；然而，持久效应提供了额外的时间来处理传入的信息。

施佩林利用他创造的部分报告法所做的实验对确认感觉记忆起了极为重要的作用。他先在一个实验中，用速示器给被试看一张有 9 个字母的卡片，分上、中、下 3 行，每行 3 个字母，如图 2-3 所示。卡片的呈现时间为 50 ms。然后被试要立即将全部记住的字母报出来。结果发现，被试一般只能报出四五个字母，即约占所呈现的字母数的 50%。在这样简单的作业中，怎么会出现这么低的回忆成绩呢？ 是被试没有看清更多的字母还是看到后又忘记了呢？施佩林认为，被试看到的字母要多于报告出来的。照他的看法，在字母卡片呈现完毕后，被试有全部字母的鲜明的视觉图像，但是这些字母不能一下子全部报告出来，当被试报告第 4 个或第 5 个字母时，其余字母的图像就完全衰退或消失了，因而不能被报告出来。可以看出，上述实验与通常的记忆实验一样，都要求被试将记住的东西全部报告出来或者把尽可能多的东西报告出来。这种做法可称为全部报告法（Whole Report）。施佩林为了查明究竟是被试没有看清字母还是看到后又忘记了，创造了一种新的方法，称为部分报告法（Partial Report）这个方法与全部报告法不同，它只要求被试将记住的东西的一部分报告出来，而不是报告全部。施佩林利用部分报告法所做的实验与前述实验的区别在于，他给图 2-3 字母卡片中的 3 行字母的每行都配以声音信号，给上一行字母配以高音，中间一行配以中音，下面一行配以低音，事先将这种配对告诉被试。要求他们在字母卡片呈现后，若出现高音，就应报告与之配对的上一行字母，其他信号同理。但是，每次呈现哪一个声音信号是按随机方式安排的，被试事先并不知道。实验时刺激卡片的呈现时间为 50 ms，然后立即呈现一个声音信号。在这种情况下，被试几乎每次都能正确地报告出任何一行的 3 个字母，回忆率约达 100%。虽然每次被试只需报告某个声音信号指定的那一行字母，但由于这个声音信号是在字母卡片呈现后随机呈现的，被试事先并不知道要出现哪个声音，因此可以根据对一行字母的回忆来判断对整个卡片上的字母的记忆情况。这种推论类似学校的考试，从学生对几个试题的回答来对他们的总体知识做出近似的估价。这样，既然任何一行的字母差不多都能全部报告出来，那么他们必定在记忆中保持了全部 3 行字母。由此可以判定，被试在看过包含 9 个字母的卡片后，约可记住八九个字母，回忆率要高出全部报告法约一倍。这种部分报告法的实验结果表明，在全部报告法的实验中，被试看到的或能记住的字母确实要多于报告出来的，只是其中一部分后来在被试报告其他字母时迅速遗忘了。施佩林由此提出，存在着一种感觉记忆，它有相当大的容量，信息保持时间极其短暂，很快就会消失。这些实验为感觉记忆的存在提供了有力的证据。同时，部分报告法的精巧设计也备受瞩目。

C	F	X
P	I	A
N	F	S

图 2-3　实验卡片

（二）工作记忆

对情景意识更重要的是第二阶段的记忆存储，它早先被称为短期记忆，目前通常被称为工作记忆。工作记忆本质上包含自觉的意识，它是一个容量有限的存储空间（类似于计算机上的工作空间）。心理学家基于随机数字的备忘录列表提出短期记忆容量大约包含 7 条信息。

如果数字被分成有意义的单位（如熟悉的日期或电话号码），更长的列表可以被回忆起来。神经科学后来证实工作记忆的平均容量接近 3 ~ 5 个有意义的项目。

在从事安全关键任务时，保持工作记忆中的信息尤为重要。然而，工作记忆不仅存储容量有限，而且很脆弱。要在工作记忆中记住信息（例如，记住一串数字），需要重复、心理排练或其他某种高度集中精神的方法；否则，记忆痕迹会迅速模糊，直至被遗忘。

每个人都有一定的认知能力来接收新信息并保持精神上的意识（数量会根据情况而变化）。工作记忆存储可以比作一个容器的容量，如一个烧杯。当前的信息负荷可以由液体来表示：当烧杯未满时，人仍然可以注意到传入的信息（更多的液体）。图 2-4 中所示的图片有时被用来比喻情景意识训练。当容器装满时，除非移除或替换一些现有的内容，否则就不能添加新的内容。对列车司机来说，理想的心理状态是工作记忆中有一些备用容量，以防他们必须应付的信息负荷突然上升。

图 2-4　工作记忆存储

当工作记忆即将达到最大容量时，必须进行任务分配，以便集中注意力并保持在最重要的信息上。例如，一位高铁司机曾描述在暴雨和时间压力下进站停车时的现象："每一个外界信息、每一个列车信息都成为关注的对象，移动的距离是似乎是按厘米计算，就连设备的运行声音也被这种景象掩盖了，就好像听觉部分是视觉的"。这位高铁司机在将注意力集中在进站停车的视觉图像上时，同步减少对背景噪音的关注，试图通过最小化无关的听觉信息来保护工作记忆能力。由于认知超负荷，高铁司机可能会经历所谓的失语症，只专注于一个特定过程。

如果一个列车司机（或者是机械师、调度员等运行团队成员）在一个任务中经历了一系列的步骤，那么他们就是在使用他们的工作记忆存储来保存信息。比如列车速度与限速，需要大量使用工作记忆。当一个人从事这类认知活动时，他可能会忘记已经完成了哪些步骤。实际上，分散注意力所包含的新信息会抹去工作记忆存储的材料。知道何时以及如何在工作记忆中保存信息是保持情景意识的一个关键方面。

有时，使用工作记忆来保存关于未来行动的信息是必要的。这就是所谓的前瞻性记忆（例如，在遭遇列车火灾时记得在与控制中心调度员报告情况之后穿戴好防护工具，并随时报告疏散情况；主刀医生在对接受胃癌根治性切除术的病人进行手术时因病人有胆囊结石而记得切除胆囊）。在一项针对医科学生的模拟研究中，73 人中有 26% 的学生没有考虑到以后做某事的意图。有了高级自动化的信号系统，列车驾驶任务（如到站开关门）变得更加容易，这些程序和动作都很容易从长期记忆中提取出来。因此，这将释放工作记忆来处理其他任务，比如与遇到困难的乘客沟通或与控制中心报告。

（三）长时记忆

长时记忆是一个真正的信息库。它有巨大的容量，可长期保持信息。从两种记忆说或多存贮说来看，短时记忆中的信息通过复述或精细复述而进入长时记忆。记忆系统加工的信息归根到底要在长时记忆中贮存。长时记忆存贮着我们关于世界的一切知识，为我们的一切活动提供必要的知识基础，使我们能够识别各种模式，进行学习，运用语言，进行推理和解决问题等。短时记忆直接与从感觉系统输入的当前信息打交道。长时记忆则将现在的信息保持下来供将来使用，或将过去贮存的信息用于现在。它把人的活动的过去、现在和未来连成一个整体，在人的整个心理活动中，占据特别重要的地位。

长时记忆要涉及各种各样的事物。它既贮存历史事件、个人经历和周围情景，也贮存语词、概念、公式和规则等。这些信息具有不同的性质，分属不同的类型。1972 年，加拿大心理学家托尔文在其和唐纳森共同主编的《记忆的组织》（*Organization of Memory*）一书中，依照所贮存的信息类型，将长时记忆分为两种：情景记忆和语义记忆。情景记忆接收和贮存关于个人的特定时间的情景或事件，以及这些事件的时间-空间联系的信息；语义记忆是运用语言所必需的记忆，它是一个心理词库，是一个人所掌握的有关字词或其他语言符号、其意义和指代物、它们之间的联系，以及有关规则、公式和操纵这些符号、概念和关系的算法的有组织知识。语义记忆是对语词、概念、规则和定律等抽象事物的记忆，如对语词的意义和语法规则、化学公式、物理定律、乘法规则以及各种科学概念的记忆。

除托尔文将长时记忆分为情景记忆和语义记忆以外，1975 年，佩威奥从信息编码的角度将长时记忆分为两个系统，即表象系统和言语系统。表象系统以表象代码来贮存关于具体的客体和事件的信息。言语系统以言语代码来贮存言语信息。这两个系统既彼此独立又互相联系。这个观点称作两种编码说或双重编码说。关于长时记忆的信息编码问题一直存在着争论。争论的焦点在于是否承认语义代码以外还存在表象代码。比较而言，托尔文提出的两种长时记忆在心理学中产生更大的影响，促使许多心理学家去研究语义记忆。主要的语义记忆模型有层次网络模型、激活扩散模型、集理论模型、特征比较模型、HAM 模型和 ELIONR 模型，如表 2-1 所示。

二、情景意识模型

微课 2.3　情景意识模型

当前，使用最广泛的情景意识定义是人因工程专家恩兹利（Endsley）于 1995 年提出的，她认为情景意识是“在特定的时间和空间内对环境中各种要素的知觉，对其意义的理解，及预测它们随后的状态”。图 2-5 代表了一种被广泛接受的情景意识模型。情景意识包括三个水平的状态：水平 1，即知觉环境中的元素；水平 2，即理解当前的情境；及水平 3，即预测未来的状态。高水平情景意识的获得有赖于低水平情景意识的达成。与此相对应，情境意识错误也有三类：不能正确地知觉情境；不能正确地理解情境；不能正确地预测情境变化。恩兹利将这种分类用于研究飞行事故，研究发现：71% 的飞行事故涉及人为差错，其中 81% 的事故涉及情境意识错误。

恩兹利采用信息加工模型来描述和解释情景意识，如图 2-6 所示。情景意识涉及的信息加工机制包含短时感觉贮存、图式和注意等概念。模型中注意与工作记忆是制约操作者获取、解释环境信息以形成情境意识的关键因素，操作者的心理模型和目标指向行为是克服这两个限制的重要机制。在获取情境意识的过程中，自上而下的加工同自下而上的加工不断地协力作用。信息加工模型将得到注意、工作记忆和长时记忆支持的情境意识保持过程与情境意识本身进行了区分，恩兹利认为情景意识的操作性定义不应包含任何涉及获得情景意识的过程，应该测量的只是这些过程的结果（如操作者是否理解了事件），如列车司机意识到危险环境的方式并不重要，情景意识的测量应仅仅评估司机是否意识到该环境。

表 2-1　语义记忆模型举例

序号	模型名称	含义	模型示意
1	层次网络模型	语义记忆的基本单元是概念，每个概念具有一定的特征。这些特征实际上也是概念，不过它们是说明另一些概念的。有关概念按逻辑的上下级关系组织起来，构成一个有层次的网络系统	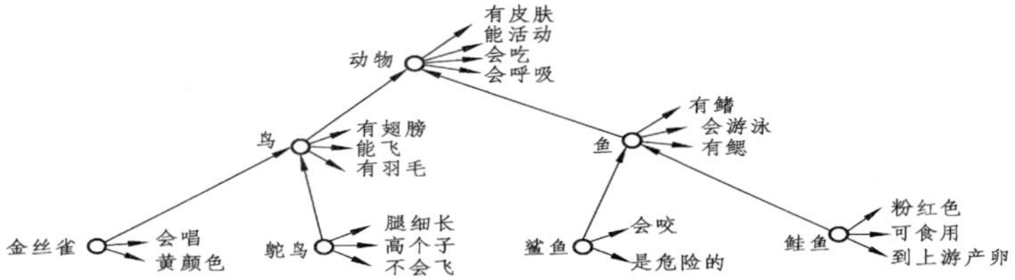
2	激活扩散模型	以语义联系或语义相似性将概念组织起来方框为网络的结点，代表一个概念。概念之间的连线表示它们的联系，连线的长短表示联系的紧密程度，连线越短，表明联系越紧密，两个概念有越多的共同特征；或者两个结点之间通过其共同特征有越多的连线，则两个概念的联系越紧密	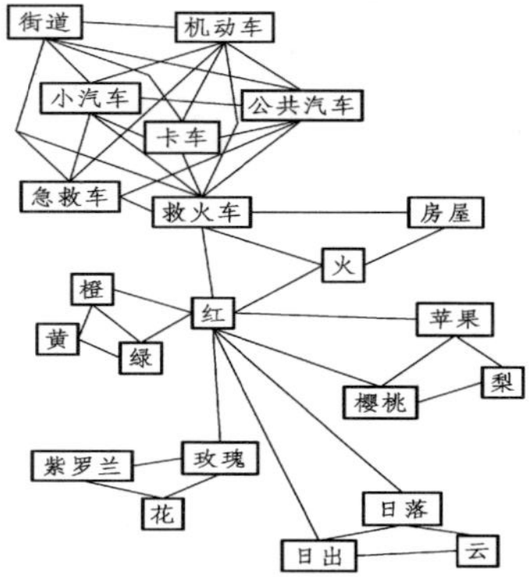
3	集理论模型	基本的语义单元仍为概念。每个概念都由一集（set）信息或要素来表征。这些信息集可分样例集和属性集或特征集	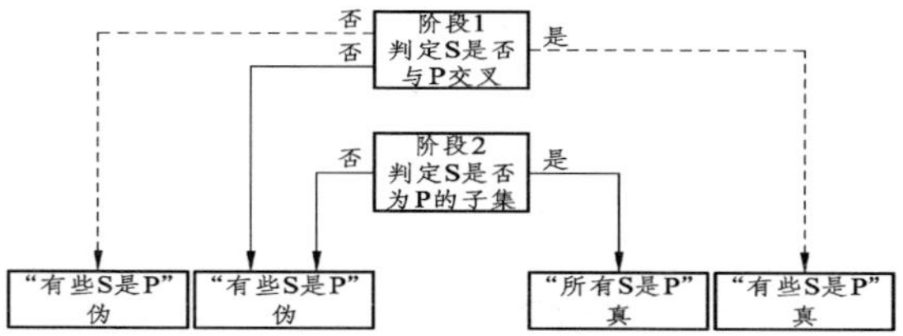
4	特征比较模型	特征比较模型则将一个概念的诸语义特征分成两类。一类为定义性特征，即定义一个概念所必需的特征。另一类为特异性特征它们对定义一个概念并不必要，但也有一定的描述功能	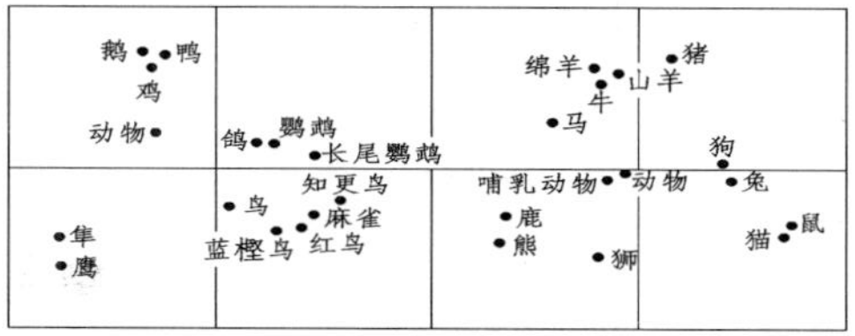

序号	模型名称	含义	模型示意
5	HAM 模型	基本的表征单元是将概念连起来的命题，而不是单个的概念本身。命题是抽象的表征，在形式上类似句子。依照这个模型，一个命题是由一小集联想构成的，每个联想则将两个概念结合在一起或联系起来	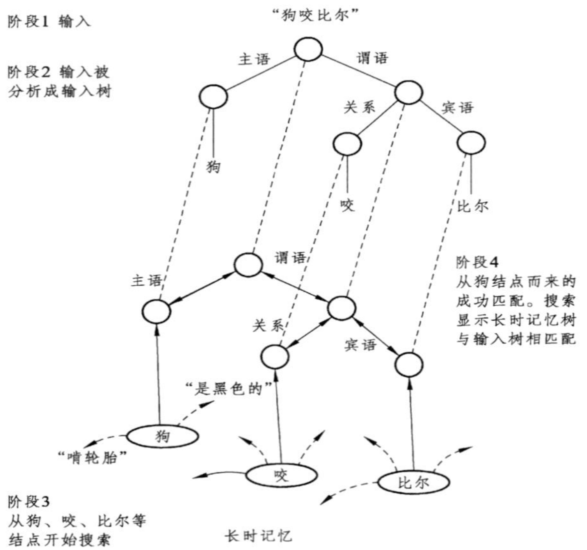
6	ELIONR 模型	这个模型同样是网络模型，由结点和连线组成。结点代表概念、事件等，连线表示两者之间的意义联系。依照这个模型，长时记忆中贮存 3 类信息，即概念、事件和情景	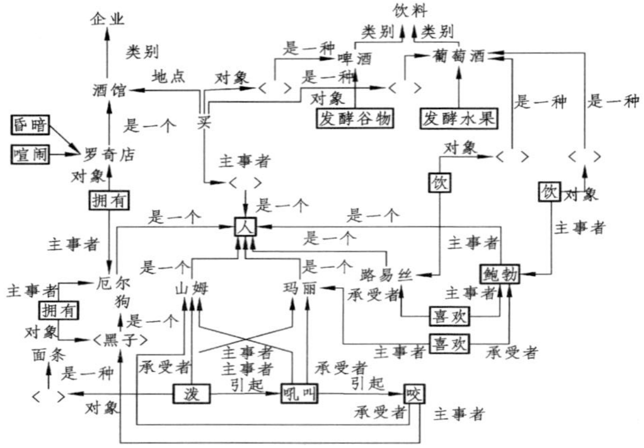

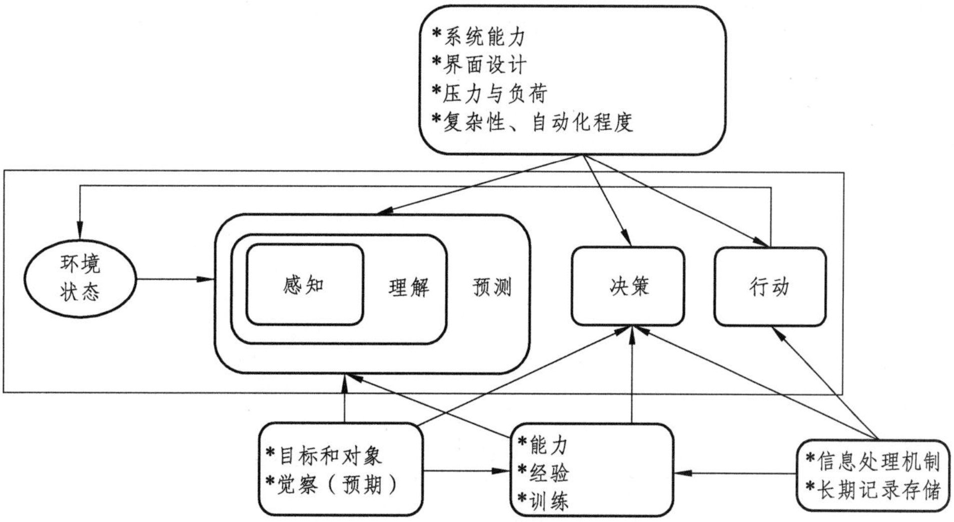

图 2-5　恩兹利情景意识模型

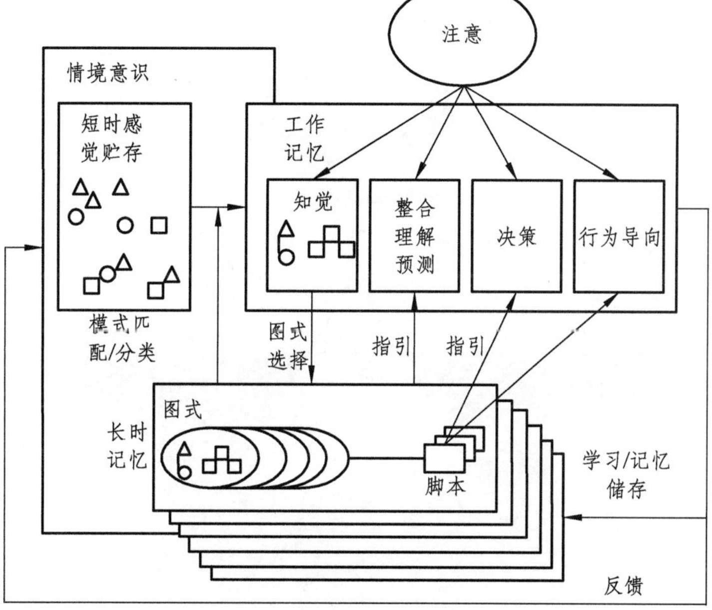

图 2-6　信息加工模型

（一）个体情景意识与团队情景意识

个体情景意识模型的研究发展主要经历了如下阶段：1995 年，恩兹利提出了情景意识模型，将感知过程分为当前态势元素察觉、当前态势理解和未来态势预测三个认知阶段；1995 年，史密斯和汉考克提出感知循环模型，认为情景意识是通过人与所处环境交互作用而存在的；别德内依和迈斯特于 1999 年提出用活动理论模型描述情景意识，模型包括定向阶段、执行阶段和评价阶段，该理论提出了由八个主功能块组成的朝向行为函数模型，是一种交互式、认知、子（次）系统方法，作为一个信息处理方法，它与传统的认知心理方法不同，不是对感知、记忆、思维和行为执行的具体处理，而是依赖于任务的性质和个体的目的进行的处理。

其中，恩兹利的三层模型和别德内依和迈斯特提出的交互式子系统强调结果（也就是操作者大脑中的情境认知的合成状态），而史密斯和汉考克提出的感知循环则强调过程（也就是操作者获取情境认知的行动）。恩兹利提出的三级情景意识模型由于其对景意识模的直观、简单描述，而应用广泛。情景意识模型研究的发展过程如图 2-7 所示。

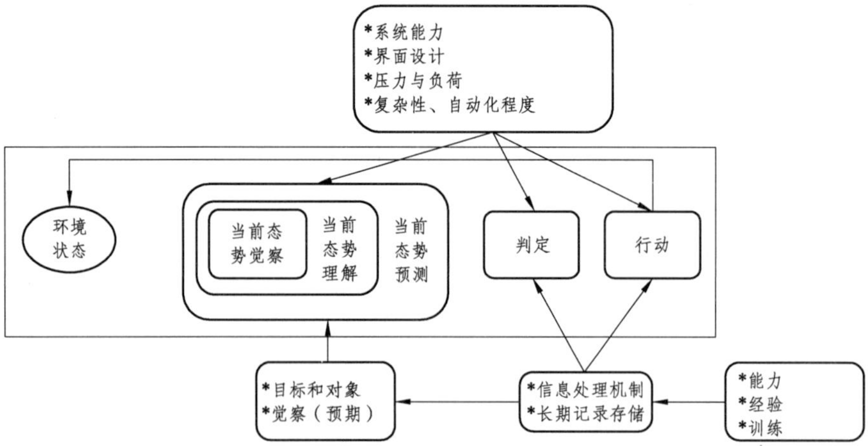

（a）

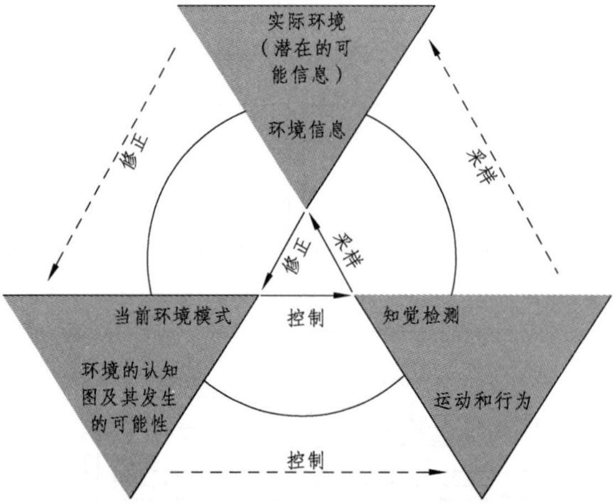

（b）

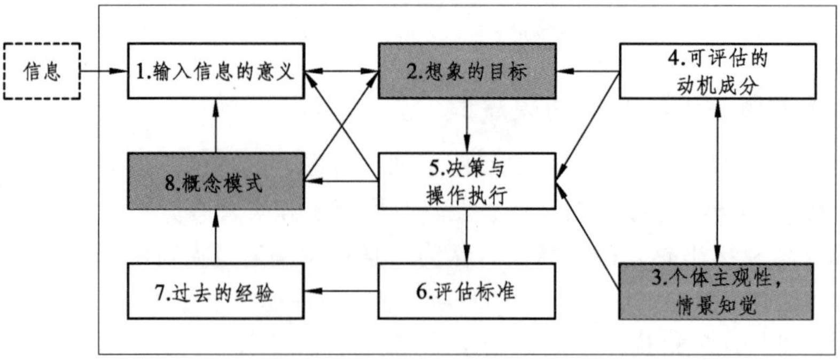

（c）

图 2-7 情景意识发展过程

当然，情景意识并非只是个体对特殊场景的认知和理解。尤其是团队协作完成复杂任务时，团队成员的个体情景意识显然无法全面代表团队的情景意识，那么如果以个体情景意识为依据来分析事故发生的原因显然行不通。随着科学技术的快速发展，系统工作任务和工作流程变得越来越烦琐，团队协作成为任务执行的必选项，团队情景意识（Team Situation Awareness，TSA）的研究也成为必然趋势。近年来，学者们提出了基于分布式认知理论的分布式情景意识概念（DSA），将复杂协作系统作为研究对象，重点关注系统各部分之间的相互作用和相互关系，而不孤立研究各组成部分。例如，地铁行车团队是典型的人-机协作团队，由司机、行调、乘客调、综控员、智能设备等共同组成，其具有团队系统的复杂性、适应性等特点，团队中的人和智能体（设备）共同构成“联合认知系统”，通过系统单元的协调实现情势认知、判断、理解和预测。地铁行车团队情景意识示意图如图 2-8 所示。

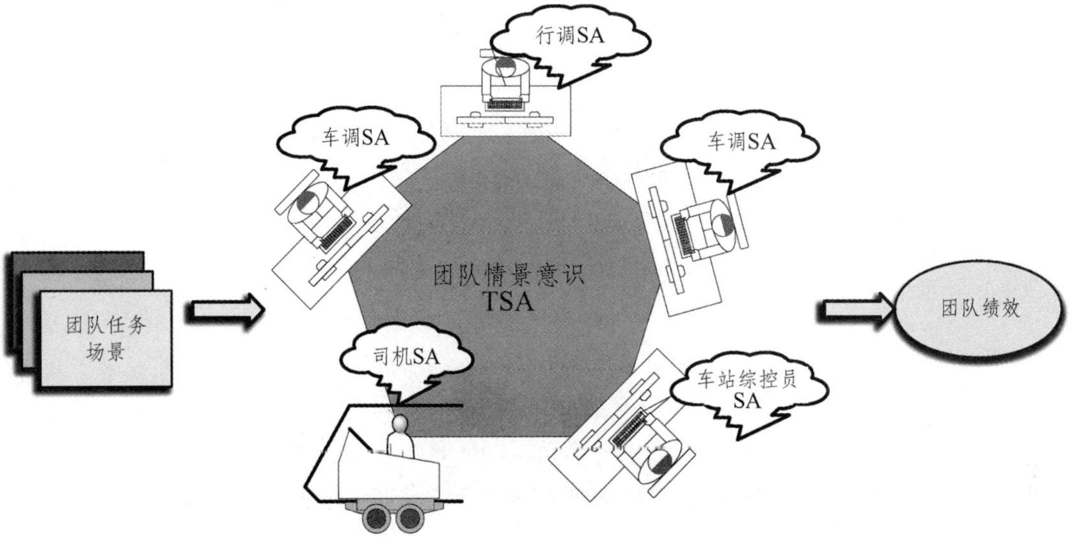

图 2-8　行车团队情景意识示意图

（二）信息收集

影响情景意识的第一个要素是信息收集。以医疗领域为例，在手术室的术前阶段，使用检查表和任务前简报有助于确保基本信息（如患者身份、部位标记和流程）的定位和共享。一旦手术开始，需要注意：① 视觉信息，比如手术区域，以了解解剖结构；② 仪器的位置；③ 监测屏幕、出血量和助理/护士行为；④ 听觉信息，如警报、与麻醉师之间的对话，以及设备的声音；⑤ 触觉信息，检查组织的强度，搏动的水平或缝线的张力；⑥ 动觉和嗅觉信息，例如突然闻到粪便味表明无意中肠损伤。从本质上讲，外科医生有机会从手术现场和手术室环境中不断收集信息，以监测病人的状态、手术过程和团队的表现。外科医生是否能接收到所有这些信息，取决于他或她的警惕性、背景噪声（干扰）以及与手术团队其他成员的关系和理解。根据任务的不同，外科医生可能经常需要与其他团队成员沟通。

在手术非技术技能评估系统（NOTSS，Non-Technical Skills for Surgeons）中，给出了情景意识中信息搜集良好或糟糕的行为例子，如表 2-2 所示。

表 2-2　情景意识信息搜集行为举例

好的行为	差的行为
进行术前病人记录的检查，包括调查和同意	迟到或被反复叫到
确保所有相关 / 调查（例如：影像）已被回顾并可用	直到最后一刻才要求结果还是根本不要求
就麻醉计划或病人与麻醉师保持联系	不考虑手术室工作人员的意见
在启动前优化操作条件，例如：移动工作台，灯光，视频设备，清晰识别解剖/病理	不听麻醉师的话
监测持续的出血量	未能审核团队收集的信息
向麻醉师询问最新情况	在操作过程中要求从病人记录中读取信息，因为在操作开始前尚未读取这些信息

注意小线索（微弱信号）和识别异常是信息收集阶段非常重要的一部分。有很多原因导致列车司机在驾驶过程中不能掌握所有需要的信息，例如：

（1）信息无法获得。

（2）重要的线索很难发现。

（3）未能注意到存在的信息。

（4）误解的数据。

在信息收集阶段有许多问题的例子，如注意力狭窄（有时称为隧道视觉、知觉定格或注视错误）。这种情况发生在注意力过于集中于某一方面而忽略了其他显著的或重要的线索。例如，在高速列车驾驶时，随着速度的增加，司机的注意范围越来越狭窄，导致在注意力范围之外的信号、轨道、车站等外界信息可能被忽略。北京交通大学的郭北苑等人研究发现，随着列车运行速度的增加，被试出现了典型的“隧道视觉”现象，如图 2-9 所示。司机专注于特定目标，只注意环境中的一个或几个突出点，而忽略其他景象。为了避免遗漏列车运行状况的重要信息，随着列车速度的逐渐增加，驾驶员的视野越来越窄。因此，相对速度是影响驾驶员动态视觉特性的最重要因素。对于汽车驾驶员来说，汽车行驶速度相对较慢，往往有多余的视觉能力去观察周围环境，因此在道路交通研究中隧道视觉效应很难观察到。

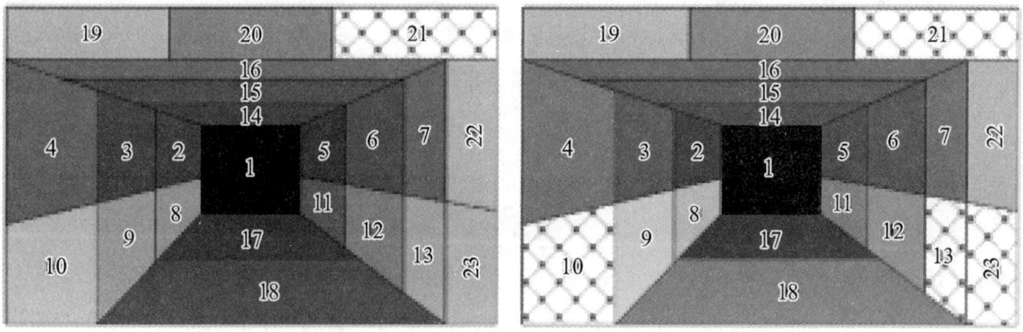

（a）$v = 20$ km/h　　（b）$v = 80$ km/h

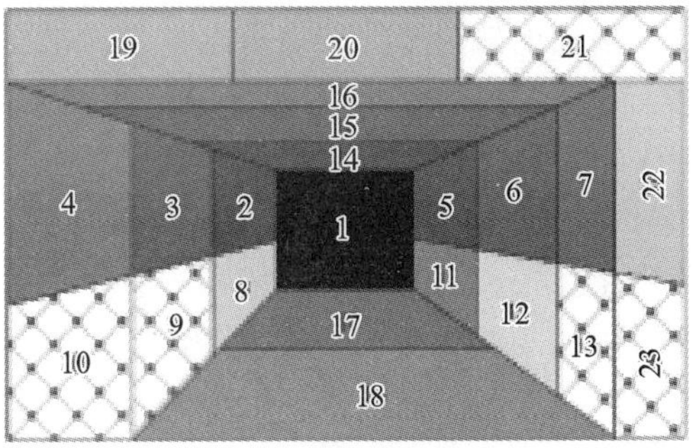

（c）v = 150 km/h

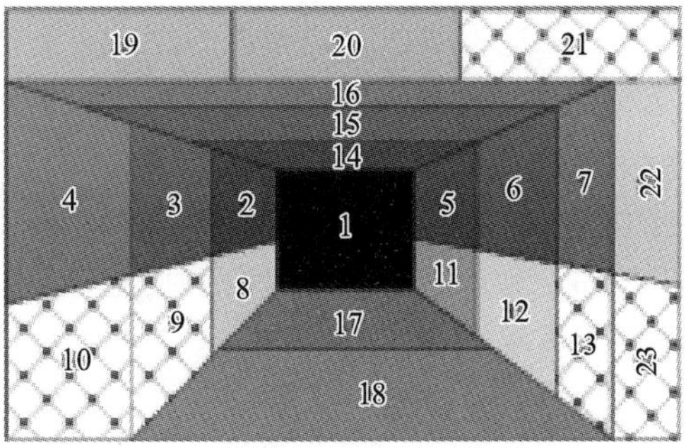

（d）v = 200 km/h

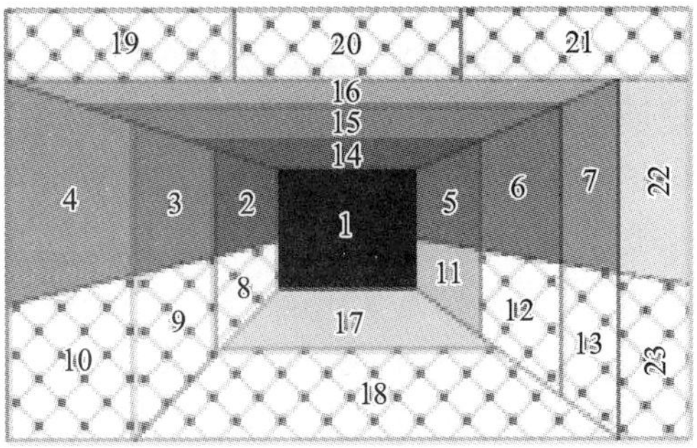

（e）v = 250 km/h

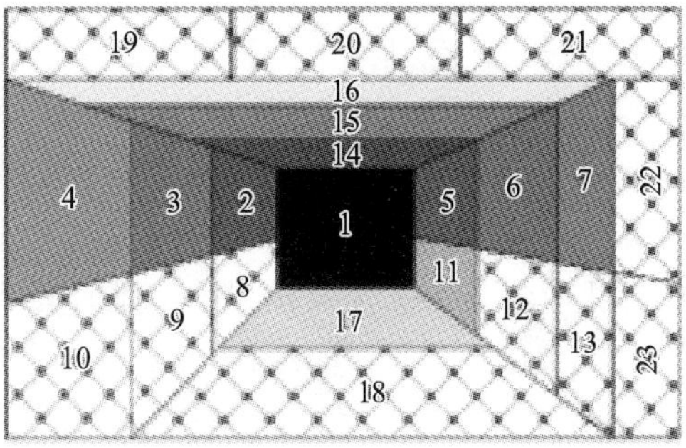

（f）v = 280 km/h

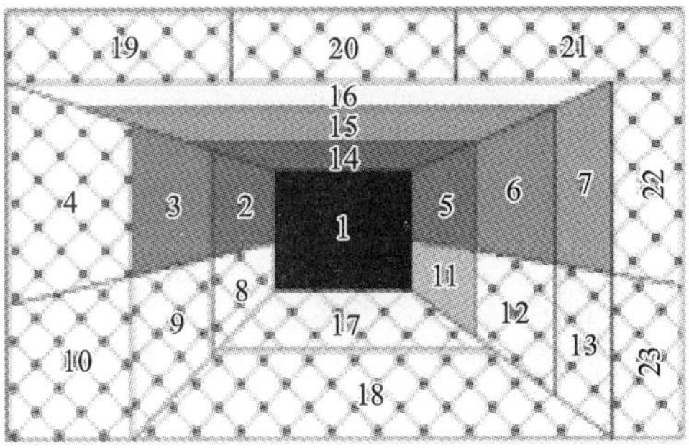

（g）v = 320 km/h

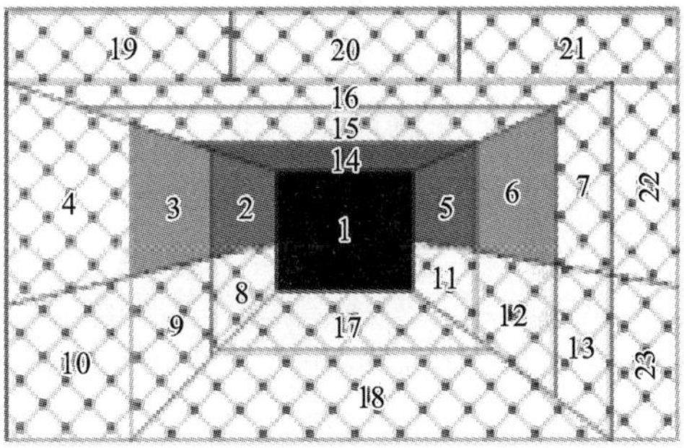

（h）v = 350 km/h

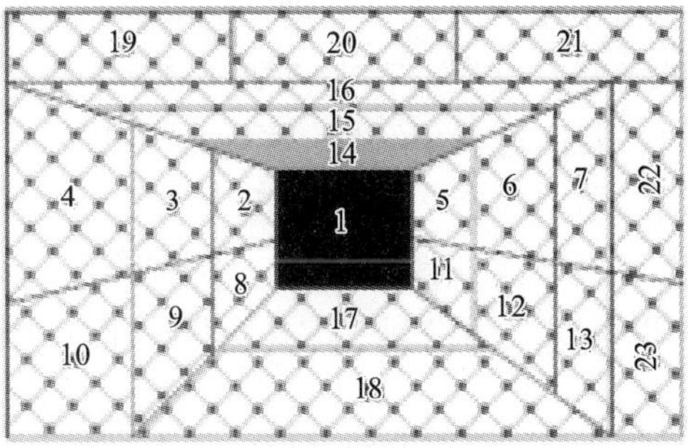

（i）v = 400 km/h

图 2-9　高铁司机视野随速度变化趋势

当列车的速度增加时，司机的注意力更集中在前面的轨道上。仪表信息容易被忽视，隧道视觉现象会导致司机错过车内仪器提供的重要信息。在未来，使用平视显示器（Head-Up Display）可能是一个合适的解决方案，因为 HUD 可以在任何时候将必要的信息放在驾驶员的视野中。

人类知觉和记忆系统之间的不匹配非常容易发生。一种是与动态环境相关的注意力缺失造成的变化盲视（change blindness），即指视觉场景中的某些变化无法被观察者注意到的心理现象。心理学家丹尼尔·西蒙斯通过一系列有趣的研究证明了这一点。在他的一个实验中，一个行人在街上被一个陌生人拦住问路。在行人指示方向的同时，一些工人拿着一块巨大的木板走在这两个人之间，以使指路人在短时间内看不见陌生人。令人惊讶的是，在指路的人中，有一半没有注意到这个陌生人已经被换了一个人。同样的效果也适用于听觉刺激，这被称为“无意失聪”。即当人们集中精神做事时，会对外界一般的声音充耳不闻，之所以会这样，是因为大脑中的视觉细胞和听觉细胞会争夺有限的大脑空间，有时大脑会因此忽略或取消优先级更高的关键信息。我们通常会对自己当前的意识状态进行某种程度的自我监控，或者至少会在停止收集与手头任务相关的信息时有所察觉。如果你一直在读某一本书，突然意识到你并没有领会最后三段中的任何一段，这不仅表明你的思想游离了，而且还激活了这种监控功能。“走神”指一个人的思想从手头的工作中游离出来，转向与手头工作毫不相干的内心想法、幻想、感觉或其他冥思。这是一种分散注意力的形式，但注意力会转移到内心的想法上，而不是转移到不同的外部刺激上。对于那些需要长期警惕监控的工作，比如控制中心调度员，有明显的安全隐患。随着信号系统自动化水平的提升，列车司机从原来的手动操纵任务转变为监控，长时间的无聊可能会引发“走神”，这是极度危险的。

（三）信息理解

情景意识的第二阶段，是对当前情况的理解。例如，对外科医生来说，必须处理传入的信息，以了解正在发生什么，并判断收集到的线索的重要性。当外科医生正在手术操作，突然注意到手术台末端强烈的活动，麻醉师要求药物和止血、循环护士被叫来帮忙以及麻醉监测器发出新的声音，这些线索可能让外科医生判断发生了麻醉问题。然而，经验也可能会让他重新评估在外科手术中发生了什么可能导致麻醉师周围的慌乱活动，如不被注意的失血或气胸。线索组合的解释是基于储存在长期记忆中的关于信息的模式意味着什么和在各方面表示的知识。例如，若高速列车发生“紧急制动 UB 不缓解”，动车组自动施加紧急制动停车。导致不缓解的原因有很多，司机和机械师需要通过收集足够的信息来判断真正的原因：停车后，司机通过 HMI 屏（安全环路）界面确认 UB 紧急制动环路断开；司机将司控器手柄置 B7 位，若报出诊断代码 50AC 或 ATP，显示屏提示 ATP 触发紧急制动，则汇报调度处理。

人类擅长模式匹配。所以，对于一个专家来说，这个过程几乎是下意识的。但我们对信息的解释也很容易被先验信息、背景和其他因素扭曲。在驾驶室内，经验丰富的司机识别和理解来自轨道、车载设备、乘客行为等方面的信息流，通过现象判断发生各种情况的原因。这种分类和理解的过程是由心理模型促进的，即记忆中储存的知识结构、特征线索及其意义的特定组合。

下面的例子展示了外科医生和麻醉师如何结合各种线索来识别问题，也就是做出诊断。

当病人脱离心肺搭桥手术时，给予鱼精蛋白以逆转肝素的抗凝作用。如果患者迅速出现低血压和心动过速，经验丰富的外科医生和麻醉师将立即识别出发生了对鱼精蛋白的不良/过敏反应，并采取适当的措施。反应迟缓与高死亡率相关，早期识别和治疗对良好结果至关重要。

表 2-3 在左侧列出的行为，表明外科医生从现有信息中很好地理解了正在发生的事情。而右边列出的行动表明对当前形势的理解是不适当的。

表 2-3　情景意识中信息理解行为举例

好的行为	差的行为
根据以前调查所得的资料和手术结果采取行动； 看 CT 扫描并指出相关区域； 反映和讨论信息的意义	忽略或忽略重要的结果； 没有明显标志； 问一些表现出缺乏理解的问题； 丢弃不“符合要求”的结果

心理模型产生对特定情况特征的预期。有了熟悉任务的心理模式存储，情况不需要与之前的事件完全匹配就可以被识别，但它需要提供足够的特征来将其分类到类型中。新手（如副司机）的思维模式更少也更不丰富。他们必须花费更多的时间和精力，通过有意识的系统分析和比较可能的解释来理解线索的模式。实践者在面对新情况时，必须通过大量的脑力活动来解释情况（这是一个工作记忆负荷很大的过程）。

如前所述，心理模型使人员：① 将注意力引导到关键线索上，② 形成对未来状态的预期；③ 在已识别的情境类型和典型动作之间迅速建立联系。

友军误射事故有力地说明了预期对感知的影响。1994 年，在伊拉克北部，两架美国 F-15 战斗机错误地击落了两架载有 26 名维和人员的黑鹰直升机。他们认为只有敌机会出现在他们巡逻的区域。毫无疑问，F-15 的飞行员预期在他们的目光扫视的范围中看到的是敌机。一名飞行员说，“当我看到飞机的时候，我毫不怀疑那是伊拉克飞机。所以，当我进行视觉识别时，我压根没有想到会是黑鹰。”

对于给定任务或情境的心理模型不仅来自经验，也来自先前的信息。例如，出乘之前的安全预想，就是一种职前简报，旨在确保司机对当天的出乘计划有完全了解，明确哪里是风险，如何最小化风险和可能需要的任何系统支持，如图 2-10 所示为列车司机进行安全预想的场景。当然，如果简报不准确，那么错误的心理模型可能被激活或创建。

另一个风险是，虽然已经建立了一个心理模型，但是在面对与它不一致的信息时没有及时进行回顾或修正。在这种情况下，只接受与既有心理模型一致的新信息，而丢弃与主动思维模式不一致的信息，就有确认偏差的危险。当既有心理模型与在当前情况不匹配，但输入的信息仍被大脑解释为“兼容”时，歪曲事实就会发生。因此，有必要根据任何新信息定期回顾既有的心理模型，实时更新并在必要时修改模型。

图 2-10　列车司机安全预想场景

2010 年，墨西哥湾“深水地平线”（Deepwater Horizon）钻井平台发生灾难性井喷事故，导致 11 名员工死亡并引起大规模石油泄漏。事发时，钻井队正在进行负压测试，以确认油井安全性，但他们对一系列异常读数感到困惑。这时，其中一位钻井工人自信满满地说：“这就是‘膀胱效应’。”因此，这些异常数据并未引起重视。事故调查显示，所谓“膀胱效应”纯属无稽之谈，然而这种解释似乎为钻井队提供了一个貌似合理的心理模型，他们用这个效应解释读数的合理性。

当一种对情况的解释导致了不希望的结果和/或大量的额外工作时，确认偏差更有可能发生。例如，在医疗领域，外科医生在评估肠切除术后的吻合术时①，可能会忽略诸如张力和颜色暗等信息，而这两种信息意味着吻合处应该取下重做。在一个漫长而艰巨的手术操作结束后，这不是一个容易做出的决定。随着经验的积累，外科医生在多年的工作中获得了更多和更丰富的情境和任务的心理模型。在一个手术中，如果没有注意到他们的心理模型可能需要修改的微妙迹象，就会产生后果。

当无法理解情况发生时，可能有多种原因，例如：① 心理模型的缺失/不足；② 选择了错误的心理模型；③ 过度依赖模型中的默认值；④ 试图建立新模型时发生记忆错误。

了解操作情况的关键组成部分是对固有风险的估计，这是受经验影响的。例如，外科医生所认为的可能预示术中风险或威胁的信息来源包括① 患者方面：不寻常的解剖结构、脂肪的缺乏（或过量）、先前手术造成的粘连、患者病情的不确定性和意外发现、不准确的测试结果、时间压力、观察手术和腹腔镜手术相关可见性问题或意外失血等；② 手术环境方面：病人体位不合适、设备损坏或无法使用；③ 团队方面：沟通问题和不恰当的服从；④ 成员个人方面：缺乏经验的助手和冒险。而列车司机在应急疏散过程中的风险和威胁信息来源包括：车厢内乘客的情绪、车门是否正常、监控器画面清晰程度、临近站台安全情况、闭塞区间内是否有其他车辆、调度命令是否清晰等。如图 2-11 所示为一个地铁屏蔽门故障应急场景中的信息流网络。

---

① 吻合术是外科中的一个手术。吻合术的意思是将两个断端接起来，恢复连续生理结构。比如胃肠道吻合术。

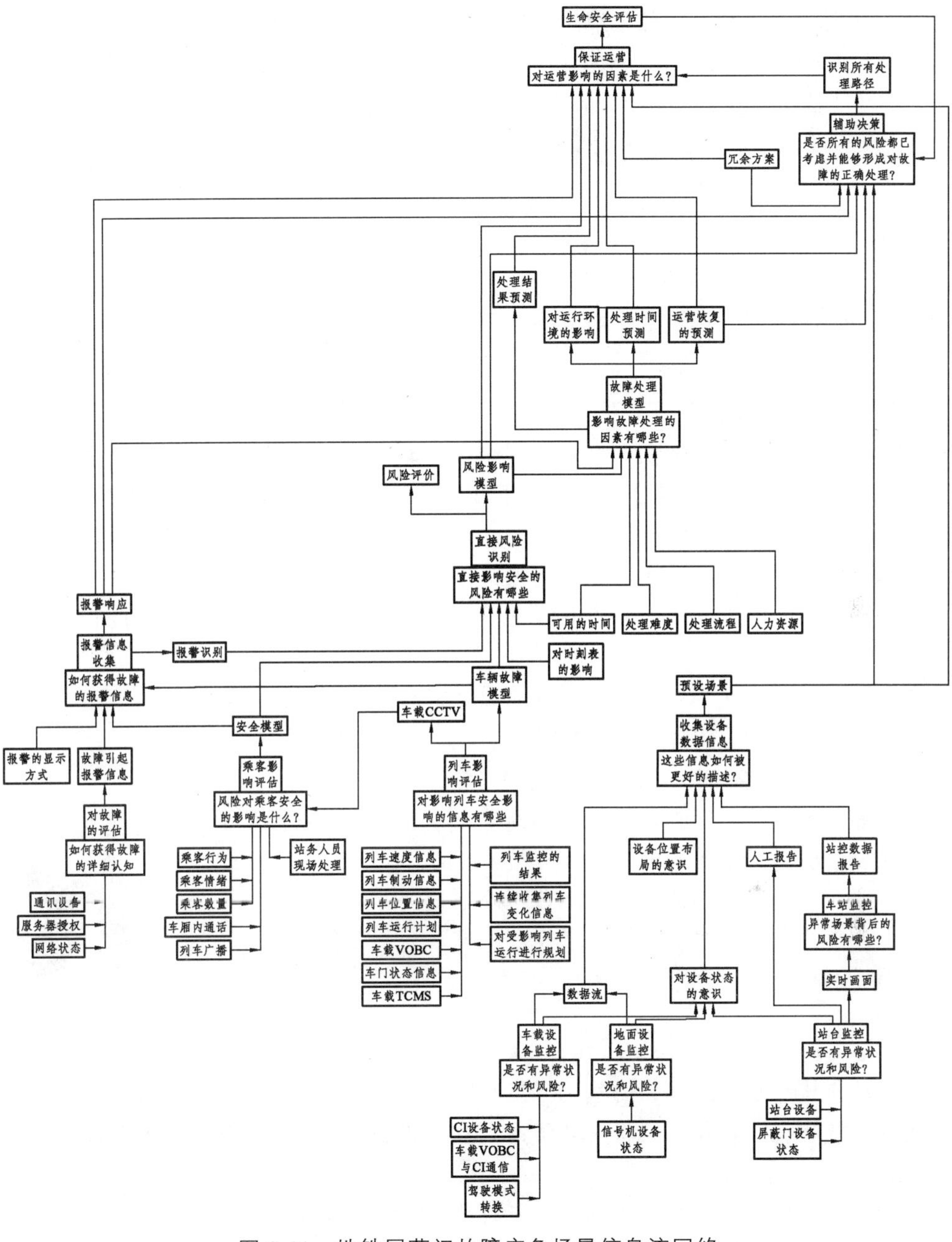

图 2-11　地铁屏蔽门故障应急场景信息流网络

（四）预测与计划未来状态

情景意识的第三个要素是对接下来可能发生的事情的预测和预期。对目前状况的了解，加上对以往列车驾驶的知识储备，使列车司机能够提前考虑在不久的将来情况可能如何发展。这可能是在出乘前意识到某区段的临时限速、今天有极端天气或者返程客流高峰等。这种情景感知的预期阶段被描述为对未来系统状态和行为的心理模拟，目的是消除意外。一方面，由此产生的期望可能会促进感知，因为它们可以使保持警惕和充分分配注意力变得更容易。另一方面，它们可能会忽视或误解意想不到的事情。在医疗领域，要明白如果某一解剖结构与附近其他结构的侵犯有关，如果继续解剖，就可能发生大出血或损伤。为了外科手术的安全执行，外科医生必须能够提前考虑当前的状况，并预测在做出某些决定后手术中可能发生的情况。表 2-4 给出了来自 NOTSS 的样本行为。

表 2-4　情景意识中预测未来状态行为举例

好的行为	差的行为
计划手术清单，考虑到手术或麻醉挑战可能造成的延误； 口头说明在以后的操作中可能需要什么设备； 显示有应急计划计划的证据； 引用关于预期临床事件的当代文献	过分自信的策略，不考虑可能出错的地方； 不讨论潜在的问题； 失血过多，然后告诉了麻醉师； 等待预测的问题出现后再做出响应； 操作超越经验水平

学员司机必须学会预测他们的行动的影响，考虑到驾驶过程中每个操作的后果和风险，并始终有一个后备计划。对学员来说，情况意识的失败可能是由于缺乏或不充分的心理模型，或者只是没有考虑到目前的情况。来自航空的常见警告信号可能表明个体甚至整个团队可能失去正确的形势意识，这也适用于列车驾驶：

（1）歧义：来自两个或多个来源的信息不一致（例如，DMI 的速度和速度表的速度不一样）。

（2）专注：过分专注于一件事（如空调温度），而忽略其他一切。

（3）缺乏所需的信息（如限速信息）。

（4）未能维持关键任务（如 DSD 按钮）。

（5）未能在预期的时间到达过程中的预期点（如未按计划行车）。

（6）未能解决差异：矛盾的数据和分歧。

（7）困惑：对形势的不确定（伴随着不确定感）。

微课 2.4　影响情景意识的因素

三、影响情景意识的因素

1．动作技能

司机的动作技能是情景意识的基础。没有适宜水平的驾驶动作技能就谈不上情景意识。没有驾驶动作技能意味着我们就将会处于司机室内的忙乱状态，也就谈不上对周围情景进行全面的认识。

下面的案例清楚地说明了列车动作技能对情景意识的重要性。

列车过分相后，闭合主断时应确认网压和控制电压的显示，各辅机工作是否正常，HXD_{2B}型电力机车过分相后控制电压不稳定，有时控制电压过高，但这是临时现象，说明机车蓄电池充电装置工作不稳定，所以在操纵中为了防止发生辅助变流器或电机隔离故障发生，通过分相闭合主断后，如果条件允许不宜马上提手柄进级，待控制电压显示值回落后再进级。进级时要根据当时的运行速度施加牵引力，不能越级，防止因牵引力骤增造成冲动。

2．驾驶经验和训练水平

有研究表明，驾驶经验丰富的列车司机情景意识较高。经验丰富的列车司机与驾驶经验少的列车司机相比较，在一些简单的驾驶场景中没有明显的区别，但是在复杂的天气条件，或在工作负荷很高的情景中，经验丰富的列车司机能够保持较高的情景意识。

经验与训练水平有着紧密的联系，训练使列车司机能较为容易地完善自身的知识系统和身体动作技能，同时也是构建其经验和扩展经验数据库的最有效途径。事实上，列车司机所面对的许多问题都是在其上车之前解决的。模拟训练能够使列车司机安全重建日常行车中很少遇到的场景，这可以使其在不需承担任何风险的前提下增加经验数据库中的内容。这样，当列车司机真正面临紧急处境时，就能从经验数据库中提取相应的文件，并做出正确的反应。

一个训练有素的团队应该形成一整套复杂的习惯式的行为方式，这些习惯是完成驾驶任务所必需的。但是，在某些情景中，这些固定的行为模式反而会成为威胁团队情景意识的因素，而且它们总是在我们还没有意识到的时候就发生了，从而干扰我们的正确判断。这种情况一般发生在团队所熟悉的车站、线路或程序中，因为很熟悉所以会根据经验对未来产生强烈的期望，而这种期望会降低我们对当前情景变化的警觉，从而降低情景意识。

3．健康与态度

许多身体上和情绪上的因素都会制约列车司机到达和维持较高的情景意识水平。身体和情绪状态会直接影响列车司机对周围环境事件的知觉和对相应事件的解释。疾病或个人问题可以削弱其能力，使其生理和心理都不能满足特定驾驶环境的需要。反之，良好的情绪与身体健康状况是列车司机构建和激发较高情景意识的因素。

态度也同样会直接影响团队的情景意识。良好的职业态度使团队成员能够以更积极的方式集中精力于需要解决的问题上。良好的列车安全职业态度已成为每个行车团队成员保障列车运行安全所必须具备的个性特点。

健康与态度具有一定的稳定性，同时每天也会动态变化，可能昨天的身体及情绪状态非常良好，适合驾驶，而今天的状态却非常差。在航空领域，通常使用 I'MSAFE 检查单，该检查单是机组人员在飞行前识别自己的身体和心理状态是否适合飞行的有效工具。I'MSAFE 分别是以下单词的首字母：

I—illness，疾病，是否患病；

M—medication，药物，是否服用过对飞行工作有害的药物；

S—stress，应激，应激状态是否处于中等范围内，是否过高或者过低；

A—alcohol，酒精，是否饮用过含有酒精的饮料，时间间隔上是否符合飞行标准；

F—fatigue，疲劳，是否感到身体非常疲劳；

E—emotion 或 eating，情绪或饮食，情绪状态是否良好，是否食用了对飞行不利的食物。

在铁路领域，通常只检查睡眠时间和是否饮酒，这是远远不够的。

4．团队资源管理能力

所有影响情景意识的因素都必须以系统的方式加以整合才能发挥其作用，资源管理便是整合这些要素的有效工具。如果没有有效的团队资源管理能力，就不能将各种要素和信息加以整合，从而会破坏团队情景意识。以航空为例，以下案例的分析说明了团队资源管理能力对情景意识的重要性，也说明了情景意识不仅仅是飞行员的事情。

2007 年 11 月 17 日，一架维珍蓝航空公司 B737-700 客机执行从澳大利亚库伦加塔黄金海岸机场至墨尔本的飞行任务。机上载有 145 名旅客和 6 名机组人员，从库伦加塔起飞爬升至 31 800 ft 高度时，客舱压力急剧下降。客舱主管紧急实施了客舱失压的紧急程序，机组人员戴上氧气面罩并实施紧急下降，最终飞机改航布里斯班并安全着陆。

这是一起看似偶然的事故征候，但是根据澳大利亚运输委员会（ATSB）的最终调查报告，这次事件在机组资源管理及其他诸多方面都存在着一定问题。

微课 2.5 训练与评价情景意识

四、训练与评价情景意识

（一）情景意识提高训练

一项针对航空公司飞行员的研究表明，适当的教学材料可以提高他们的情景意识技能。这类训练通常侧重于学习最有信息量的线索和模式识别，以建立更丰富的心理模型和练习技巧来有效收集信息（如扫视仪表）或多任务处理或保护情况意识。检查表、简报或其他认知辅助的使用也可以作为训练的一部分。

情景意识的主要目的是提高知识和自我意识的水平。可以使用模拟器或任务训练器来练习操作时的情景意识的建立和保持。模拟器可以操控信息线索数量、场景变化、工作负荷和引起分散注意力的条件。通常采用的是冻结法，即暂停场景，被试被要求提供他们目前对场景的理解以及他们对场景将如何展开的预期。

常用的训练方法包括：

（1）做好简报：安全预想就是其中一种形式，这是为了让列车司机和团队的其他成员在出乘之前了解当次行车的概况和风险。在医疗领域，在术前阶段，手术团队采取特定的行动来收集和共享整个团队的信息。在清单检查开始时，使用术前简报会，可以让整个团队互相介绍（以便了解技能组合、经验等）、讨论所需的特定设备，识别潜在的困难。

（2）计划和准备：司机可以在出乘之前花时间思考整个行车的计划，提前在心中形成宏观预想，同时做好应对可能的突发状况的准备。

（3）保证身体和精神健康：对当天的身体状况进行自我评估，可采用一些简单的测试题目判断是否思路清晰，把精神集中于即将执行的驾驶任务。

（4）尽量减少分心和干扰：航空领域采用“驾驶舱静默”来应对飞行过程中的关键阶段。这同样适用于铁路行业，禁止列车司机在列车运行的关键阶段（静态测试、动态测试、出库、进站停车、出库等阶段）执行非必要的任务或其他活动。在这些阶段，任何团队人员的谈话都只能是关于列车运行的。

（5）自我监控：注意到自己正在用错误的心理模型是很难的。需要定期更新自己的心理模式，即将情景的心理模式与现实世界的线索和他人的解释进行比较。要对注意力分散或走神的线索保持警惕，至少要知道可能发生这种情况的条件。

（6）鼓励大声报告；在日常训练中，团队在处理复杂场景任务时，相互之间可能难以了解真实的想法，团队情景意识就无法达成一致，成员可以在操作的时候边做边大声报告自己当前所想，这是形成良好团队情景意识路径之一。

（7）时间管理：通过早期计划、准备和抵抗强加的时间压力来避免匆忙处事。一项对 31 起航空事故的研究发现，在其中 55%的事故中，飞行员都落后于计划。匆忙地在短时间内完成任务不利于良好的情况意识，提前时间管理有助于做好充分的心理准备。

（二）情景意识评价方法

目前，情景意识的评价大体可以分为四大类：生理测量、记忆探查、作业绩效评价和主观评价。

1．生理测量

从目前的研究来看，最关键的问题是尚不清楚生理测量能否直接触及包含情境意识的高水平的认知过程。比如，P300 和其他脑电测量技术可以说明信息是否已认知登记，但是只能说明环境中的某些元素是否被知觉和加工，至于这些信息是否已经正确登记，或当事人在多大程度上理解了这些信息，则无法通过生理测量反映出来。同样，眼动测量也无法说明处于边缘视觉的哪些元素已被观测到，或当事者是否已经加工了他所看到的对象。

尽管不能直接触及，有学者认为还是可以借助脑电图（EEG）、眨眼和心脏活动、事件相关电位（ERP）、瞬时心率或皮电活动（EDA）等生理指标，对操作者的情境意识水平进行适当的推断。Vidulich 等则进行了探索性的研究。在其实验中，12 名被试参加模拟的空对地战斗飞行任务，任务过程中记录脑电活动与眨眼情况。实验提供两种类型的显示：一种显示有助于被试获得保持良好的情境意识；而另一种则不利于情境意识的保持。结果显示，在低水平的情境意识下，被试斯塔波的活动水平较高，阿尔法波的活动水平较低。在低水平的情境意识下，眨眼时程最短，而眨眼的频率最高。在困难条件下，被试需要综合不同来源的信息，而在另一种条件下，信息比较容易知觉到。但是不清楚这些心理、生理测量测量的是情境意识还是工作负荷，或说明的是这两者之间的交互。

最近的研究显示，情景意识任务相关反应时与任务前静息绝对阿尔法前额不对称之间存在很强的关联，任务前静息绝对阿尔法前额不对称神经机制显著影响情景意识任务。如图 2-12 所示，视觉皮层和枕颞区活动的存在证明了情景意识第一级（知觉）的实现是合理的，初级和高级视觉处理区域参与其中。运动区、楔前叶、额下回、中回和上回以及后扣带回的显著激活说明了它们在形成情景意识第 2 级（理解）和第 3 级（决策）所需的高级认知中的作用。

2．记忆探查

记忆探查最为符合恩兹利关于情境意识的定义，此方法要求操作者报告记忆中的内容，如让飞行员回忆飞行状态，藉此评估其情境意识。由于数据的搜集方法与情景意识的大多数理论相一致，这种测量的构念效度较高。根据测量时间点的不同，恩兹利将该测量技术可以分为三个亚类。

回溯测量在任务完成后进行，让参与者回忆特定的事件或描述在实验情景或模拟中所作的决策。恩兹利认为如果参与者有充裕的时间来回答问题，这种测量是有用的，但她也警告，只有在任务完成后立即进行才能获取可靠的情境意识测量。同时测量在任务过程中进行，对情境意识进行实时评估，有两种形式，一种是口语报告，但干扰性太强；另一种是在任务情境中设置评定者，该评定者与操作者讨论任务，这样评定者能够确定参与者是否意识到与任务相关的各种信息。这种测量可能会导致被试出现“舞台效应”，也可能会因评定者的言语和非言语线索而产生系统偏见。冻结测量技术介于回溯测量和同时测量之间，这种方法是在任务间隙向被试提问。模拟任务通常在随机确定的时间点停止，所有与任务相关的信息都被清除（如屏幕空白）。在冻结期，让被试回答与任务有关的问题。恩兹利认为这种测量很有用，

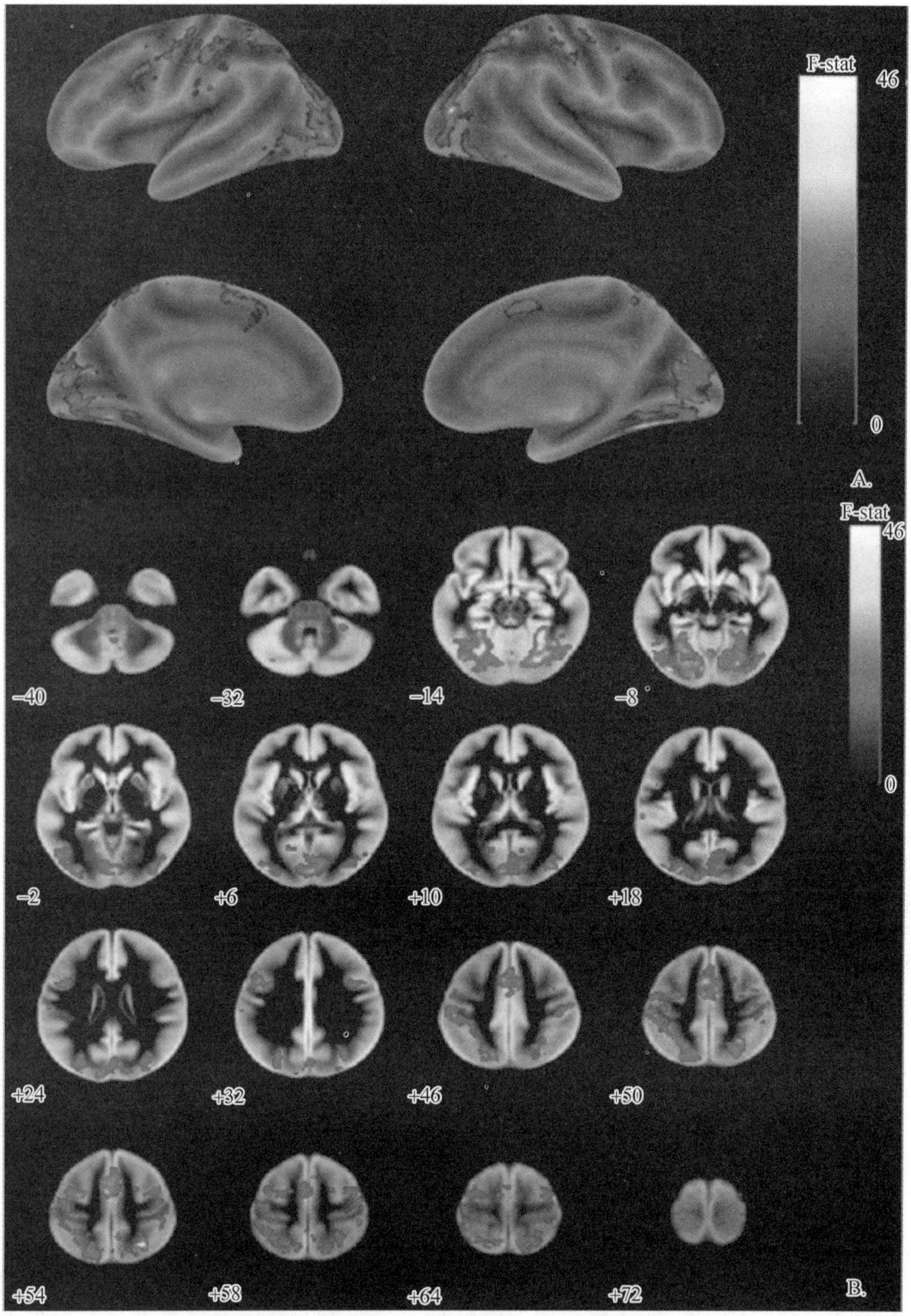

图 2-12　情景意识的认知神经机理研究

因为它解决了回溯测量受时间困扰的问题，也消除了同时测量法干扰的问题。目前广泛使用的情景意识全面评估技术（Situation Awareness Global Assessment Technique，SAGAT）就属于计算机化的冻结技术。冻结法需要在一个任务序列中多次进行冻结并实施问卷，图 2-13 为北京交通大学白少鹏进行行车调度团队情景意识实验时实施的 SAGAT，以及情景意识问卷。

列车正常运营	列车发生故障	填写情景意识问卷I	进行扣车操作	填写情景意识问卷II	进行扣车操作	填写NASA-TLX量表	实验结束
≈1min	≈20s	≈1min Freeze	≈1min	≈1min Freeze	≈1min	≈30s	

10、行调A相互情景意识问卷Ⅰ（简单任务）

1. 下列哪些车辆发生故障？ A104　B 105　C 106　D107　E 以上都不是	
2. 下列哪些列车属于待扣车次？ A 100　B 101　C 102　D 103　E 以上都不是	
3. 哪些列车会进入区间段运营（自动折返的列车）？ A 100　B 101　C 102　D103　E 以上都不是	
4. 队友负责区域内，待扣列车的数量是多少？	
5. 此时，队友负责区域内，为了最短时间扣停所有车辆，下列哪辆车需要优先扣停？ A 101　B 102　C 104　D107　E 以上都不是	

11、行调A个人情景意识问卷Ⅱ（简单任务）

1. 当前自己负责区域内，有多少车站停有列车？（回答数量）	
2. 自己已扣列车的数量？	
3. 为了在最短的时间扣停所有车辆，现在应该优先对哪辆列车进行扣车？（回答车次号）	
4. 为了在最短的时间扣停所有车辆，在完成问题 3 选定的列车扣车操作之后，你还会对哪辆车进行扣车？（回答车次号）	
5. 在自己负责扣停的车辆中，队友帮助自己扣了多少辆列车？	
6. 自己负责扣停车辆汇总，还有多少辆列车待扣？	

图 2-13　行车调度团队情景意识实验过程及情景意识问卷

记忆探查测量的客观性和预测效度方面存在争论，恩兹利认为记忆测量是客观的，因为所搜集的数据可以与真实状态进行客观比较。但是对此也有争论，因为数据的获取是通过自陈报告，一方面可能受到操作者的偏见或先入为主概念的污染，另一方面可能会因为工作记忆局限的问题导致回忆错误，故该测量是主观的。由于实际的任务环境复杂且具有动态变化的特性，而实验研究所采用的标准化模型距此有不小的差距，外显测量存在预测效度的问题。

3．基于作业绩效的评价

这种评价方法属于间接测量，利用任务表现来推测操作者的情景意识水平，如通过计算飞机偏离预定航向的值来评估情景意识。该方法的优点是客观、无干扰，且易于使用。研究表明高情景意识可能是良好绩效的必要条件，但不是充分条件。因此，作业绩效测量的最大问题是其可能并不能真正反映操作者的情景意识水平。

恩兹利将作业绩效测量分为三种类型。整体测量法仅关注任务的整体绩效，因而存在诊断性和敏感性的问题。外部任务测量一般采用除去或改变显示器上的信息的方法，然后记录被试在多长时间后才对信息的除去或改变出现反应。这种测量干扰性太强，再者即使意识到信息的变化，也不一定会马上表现出来。嵌任务测量通过评估次任务的表现来衡量情景意识，缺点是某方面情景意识高可能会导致另一方面情景意识低，因而为实施者提供的仅是部分与情景意识相关的信息。

4．主观评价

主观评价基于操作者或观察者的意见来测量情景意识，主观评价法的优点是易于使用、成本也比较低，也比较实用，可用于模拟情境，也可用于实际的任务环境。主观评定有三种类型：自我直接评价、自我比较评价和观察者评价。自我直接评价就是让被试评定自己的情景意识，比如在量表上评定自己体验到的情境意识。自我比较评价要求参加者对不同的设计进行配对，让被试主观地评价体验到的情景意识，如比较不同的座舱设计。观察者评价，即要求无偏见且中立的观察者观察被试的操作，评定操作者的情景意识水平。这是在目前的CRM和非技术技能中常用的方法。

单元小结

本单元通过典型铁路事故说明情景意识在行车安全中的重要性。随后，介绍了与情景意识直接相关的人的记忆系统知识；然后详细说明了个体情景意识和团队情景相关模型；接着介绍了影响情景意识好坏的因素；最后说明了训练与评价情景意识的主要方法。

练习与思考

（1）说明人脑记忆信息三级加工模型。

（2）阐述恩兹利情景意识模型原理。

（3）影响情景意识的主要因素有哪些？

（4）如何使用“冻结”法评价情景意识？

（5）请尝试在模拟驾驶训练中进行情景意识的自我报告。

单元三　决　策

俄文对照 单元三

案例导入

微课 3.1　决策与失误案例

一、决策失误案例

2011 年 9 月 27 日 14：10，上海地铁 10 号线新天地站设备故障，交通大学至南京东路上下行采用电话闭塞方式，列车限速运行。期间（14：51）列车豫园至老西门下行区间两列车不慎发生追尾。14：51，虹桥路站至天潼路站 9 站路段实施临时封站措施，其余两端采取小交路方式保持运营，启动公交配套应急预案，公安、武警等赶赴现场协助疏散。2011 年 9 月 27 日 20：38，两列事故列车内 500 多名乘客全部撤离车站，经统计，约有伤员 40 余名，大部分为轻微伤乘客，未发现重伤。受伤乘客均受到及时的医护处理。事故救援现场如图 3-1 所示。

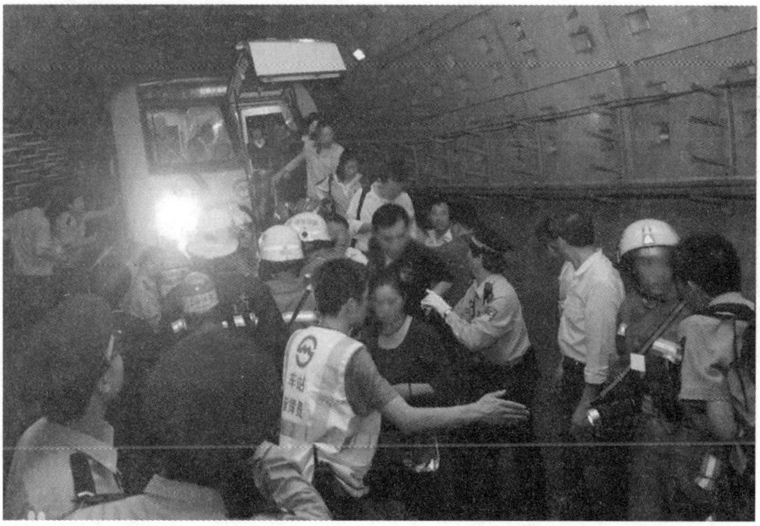

图 3-1　上海地铁 10 号线追尾事故救援现场

二、事故分析

事故过程：

14：10　新天地站设备故障，之后交通大学至南京东路上下行列车限速运行；

14：51　在豫园至老西门下行区间发生追尾事故；

14：00—14：10　信号系统故障 列车自动停车；

14：10—14：30　后车间断运行 前车停留原地；

14：30—14：51　追尾事故发生。

事故过程示意图如图 3-2 所示。

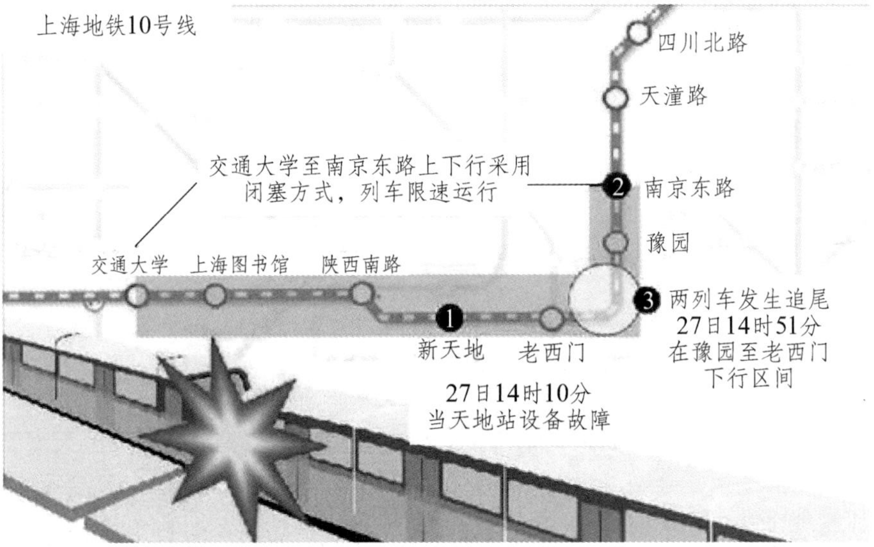

图 3-2　事故过程示意图

经事故调查组查明，在未进行风险识别、未采取有针对性防范措施的情况下，申通集团维保中心供电公司签发了不停电作业的工作票，并经上海地铁第一运营有限公司同意，9 月 27 日 13：58，上海自动化仪表股份有限公司电工在进行地铁 10 号线新天地车站电缆孔洞封堵作业时，造成供电缺失，导致 10 号线新天地集中站信号失电，造成中央调度列车自动监控红光带、区间线路区域内车站列车自动监控面板黑屏。地铁运营由自动系统向人工控制系统转换。

此时，1016 号列车在豫园站下行出站后显示无速度码，司机即向 10 号线调度控制中心报告，行车调度员命令 1016 号列车以手动限速（RMF）方式向老西门站运行。14 时，1016 号列车在豫园站至老西门站区间遇红灯停车，行车调度员命令停车待命。14：01，行车调度员开始进行列车定位。14：08，行车调度员未严格执行调度规定，违规发布调度命令。

14：35，1005 号列车从豫园站发车。14：37，1005 号列车以 54 km/h 的速度行进到豫园站至老西门站区间弯道时，发现前方有列车（1016 号）停留，随即采取制动措施，但由于惯性仍以 35 km/h 的速度与 1016 号列车发生追尾碰撞。

经事故调查组认定，事故的直接原因是：地铁行车调度员在未准确定位故障区间内全部列车位置的情况下，违规发布电话闭塞命令；接车站值班员在未严格确认区间线路是否空闲的情况下，违规同意发车站的电话闭塞要求，导致地铁 10 号线 1005 号列车与 1016 号列车发生追尾碰撞。

依照有关规定，12 名事故责任人受到严肃处理：给予申通集团地铁 10 号线调度控制中心运营副调度员施某留用察看一年、调离调度工作岗位处分；给予 10 号线调度控制中心调度长汤某、10 号线调度控制中心副经理（主持工作）阔某、申通集团总调度所副主任朱某行政撤职处分；给予申通集团运管中心副总经理兼总调度所主任戴某行政记大过处分；给予地铁运营一公司老西门站值班员贝某、地铁运营一公司总经理朱某、申通集团维保中心供电公司副总经理沈某、申通集团维保中心供电公司总经理王某行政记过处分。申通集团副总裁兼运营中心总经理邵某对事故负有主要领导责任，给予行政降级处分。申通集团总裁俞某、申通集团董事长应某对事故负有重要领导责任，给予行政记大过处分。

三、事故中的关键决策

根据事故分析可以发现，当改用电话闭塞行车之后，司机完全根据调度命令进行行车，调度的决策直接影响线路安全运行。然而，在未准确定位列车位置情况下，调度员对 1005 号列车下达错误命令，直接导致了两车追尾。由此可见，调度员在未充分掌握现场情况的条件下的决策失误是造成事故的重要原因之一。

四、决策事故课程思政启示

决策是关系到事故处理结果的关键技能。在决策之前一定要根据现场实际情况选择有效的决策方法。调度的决策好坏取决于日常对应急情况的处理经验，日常训练不到位，对于潜在事故没有心理准备，临时的决策必然出现问题。这个事故案例警示列车运行中的每一个决策者，将功夫下到平时，对安全事故有忧患意识，没有遇到过不代表不会发生，要充分运用模拟训练系统对所有极端情况进行假设和推演，平时即战时。

决策失误并不鲜见，2021 年郑州地铁 5 号线“7.20”重大事故中，不能不说没有决策失误的因素，然而对极端天气的应对不足才是导致关键决策失误的根本原因。

相关知识

一、运行中的决策模型

微课 3.2　运行中的决策模型

决策是指人员从多种可能性中作出选择的过程，简单的定义就是做决定。例如，考虑最优的结果，行车调度需要选择一个明确的行车指挥方案。

一般来说，决策有广义决策和狭义决策。

1．广义决策

把决策理解为一个过程。因为人们对行动方案的确定，往往经过提出问题、搜集资料、确定目标、拟订方案、分析评价，最后选定等一系列环节。方案选定后，还要检查、监督决策的执行或实施情况，以便偏差出现时，能及时纠正，忽视任何一个环节都可能会影响决策的效果。

2．狭义决策

基于某些标准从数种不同的可能方案中选出一个最优方案，也就是把决策仅仅理解为对行动方案的最后选择，即人们常说的“拍板”。更狭义的决策，仅指在不确定条件下的方案选择。按决策问题所处的条件不同，决策可以分为确定型决策和不确定型决策两大类。不确定型决策又可分为风险型决策和非风险型决策。有人认为，只有那些要担风险从而靠决策者个人的态度和决心来选择方案的才是决策。CRM 中的决策属于狭义上的决策。最初看来，决策好像是某一个人的事情，司机毕竟是最后的权威并对列车运行的决策负责。然而，CRM 强调的团队决策是一个群体的加工过程，在司机室内中有许多硬件、软件以及可用的人力资源，包括车上乘务员、控制中心调度员、车站站务员、随车机械师和各种各样的信息源。决策者如果不依赖从其他成员和从司机室外其他人员输入的信息，是不能做出好的决策的。

20 世纪 60 年代后期，随着认知心理学的发展，H. A. 西蒙提出了启发式判断理论。按照该理论，我们不是通过复杂的统计演算，而是通过简捷的直觉判断作为最终决策基础。直觉并不是天生的灵感，而是以认识和经验为基础的信息加工结果，它是人简化问题以求取最佳决策的机制。判断是决策的前提，决策则是以判断为基础并导向行动的中介环节。因此，列车司机的决策是指在判断的基础上从众多的可选方案中选择唯一方案并导向行动的过程。列车操纵所需的大量信息来自视觉、听觉、触觉等感官。每一种感觉通道都有可能输入错误的信息，从而使司机做出错误的判断和决策。另一方面， 即使各种感觉通道输入的信息是正确的，在分析、加工和处理信息的过程中，大脑也可能会因使用错误的或质量低劣的过去经验使司机的判断和决策失误。因此，在职业特质中，决策是一项基本技能。

当司机在进行列车操纵时，情况意识和决策的连续轮转在任务执行过程中交织在一起。这个过程包括监控、注意和评估线索以评估情况；根据目前的计划来判断进展；如果有必要，做出决定，实施并考虑行动过程是否合适。一个任务决策过程如图 3-3 所示。

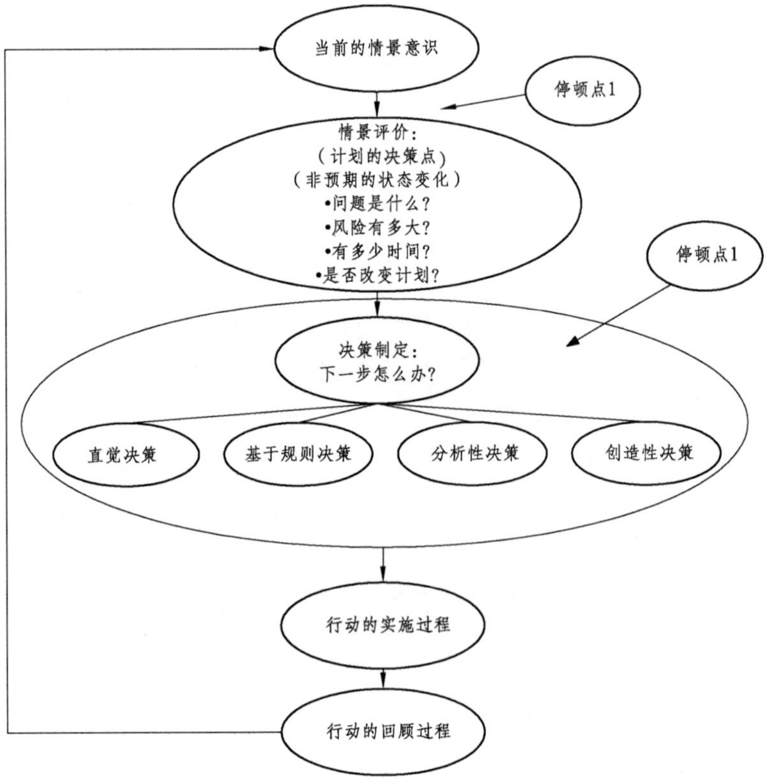

图 3-3　任务决策过程

它展示了一个三个阶段的过程：一旦到达决策点或任务环境发生更改就开始执行这个过程。在那一刻，人通常在精神上停顿来做以下事情：

（1）评估情况：现状或问题是什么？这对我的计划有什么影响？风险等级是多少？我还有多少时间？

（2）用决策方法来决定行动方针：我现在该做什么？

（3）检查结果：这个行动过程是否有效？

该模型强调了情景意识阶段的重要性。在情况评估过程中，列车司机对可用时间和风险程度的估计是决定决策方法类型的关键。当时间不多、风险高时，列车司机会使用更快的决策策略，比如应用已知规则或直觉；当有更多的时间（甚至是可变风险）时，他们可能会选择一种较慢但更严格的选择方法来系统地比较和评估不同的行动方案（如分析性决策）。

从本质上说，选择决策方法是为了满足情况的需要。如果有足够的时间，可以考虑对各种选择进行系统比较；但如果事件是时间紧迫的，如突然的紧急制动，那么就必须执行快速反应（至少控制事件，如果有必要的话，争取时间思考）。反馈回路强调了这个过程的周期性：司机需要在驾驶过程中保持对情况的认识，当发现任何关键的变化时，他们必须花时间重新评估情况，如果有必要，从一种决策模式切换到另一种决策模式。

需要指出的是，在紧急状态下，团队决策涉及列车与乘客的安全，要求做出风险型决策，对于这种决策行为的思想方法，司机应着重考虑以下几个方面：

（1）考虑到所有的可能性，选择最有希望的方案行动。

（2）准备好必要的应变方案，以便在可能的不测事变发生时得以应付自如。

（3）运用各种主客观条件，尽量化险为夷。至少要考虑到司机、列车、环境因素和可用时间四个基本要素，通过交流提高情景意识水平，使风险型决策转化为确定型决策；

（4）留有余地，要有最后的保险手段。

决策过程可分为以下 5 个步骤：

（1）识别和鉴定问题。是否存在需要行动的问题。

（2）收集信息来评估所处的情境。这一步骤要求确定需要什么信息，谁有这种信息，以及这种信息是否被其他成员设法证实。

（3）确定和评估选择的解决办法。这一步骤包括对选择和确定所有方案的优点和风险，并选出最佳选择对象。

（4）实施决策。这一步骤包括执行决策，并对人员进行的活动提供反馈。

（5）复查决策的结果。这一步骤包括评估决策的结果，如结果不是预想的，则修订决策。

有些决策，尤其是在时间压力下作出的决策，往往是凭经验作出的。这时，很少有时间去收集所有可用的信息，或去评估可选择的解决办法，而是要求靠直觉作出决策。这是基于本能反应，更特殊的可能是基于过去的经验和训练。当然，紧急情况是相对少见的，大多数情况允许充足的时间来作出更慎重或有分析的决策。这时的决策要严格遵循以上概括的 5 个步骤，分析决策的形成，应用决策者合作的资源，并进行更有依据的决策。

决策的模型包括情景评价、判断时间与风险、DECIDE 模型和 5 种危险态度。

（一）情景评价

如图 3-3 所示，决策过程的第一步是情景评估、收集线索并建立正在发生的事情的心理模型。这种情境评估步骤是系统地考察任务环境的心理过程，它是一种比持续的情境意识更积极的评估状态。情景评估的发生有两种情况。第一种，通常是个体自己在认识到一个新问题或需要作出决定的状态变化时启动的对当前状况的一种理解；也可能是由于意识到之前计划不起作用而将其激活。另一种，情景评估是由他人引起的，例如，调度员接收了司机的现场情况报告之后，必须根据所给的情况报告迅速做出评估，对正在发生的情况生成基于他人信息的现场意识。这对认知能力要求很高，尤其是列车运营是动态变化的，信息若不能实时更新，像行车团队这样的分布式团队难以做出绝对正确的决策，而往往只能根据情况做出相对最佳的决策。

在这两种情况下，执行计划有预先指定的决策点，在这些决策点将停顿，并对最佳行动方案进行评估。随着决策者在处理任务方面的经验越来越丰富，他们会建立一个记忆库，其中包括典型的任务处理过程、应急下的处理过程、被证明有效的行为等。随着专业知识的发展，这些信息会以图式或心理模型的形式储存，在决策过程中可以从记忆中快速匹配模式从而促进情况评估过程。有时，完整的评估难以获得或者找不到匹配的模式，决策者仍然必须根据现有的信息和估计的风险做出决定。这种情况下，后果无法判断，但危险信号很明显，需要立刻“拍板儿”。例如，直升机飞行员发现飞机毫无征兆地剧烈震动，无法判断原因，但知道这是一个危险的信号，做出决策的时间可能非常有限，决策失误的风险可能非常高，正确的反应应是立刻着陆。

如果情景评估错误，那么很可能产生的决策和采取的行动是次优或危险的。例如，单元二案例中的苏兰和列车长对列车制动系统的评估完全错误，采取的继续行车的决策最终酿成惨剧。手术中也有类似的决策错误，由于生理反应的滞后性，手术团队还采取补救措施的时间。而对于动态运行的系统来说，决策失误的后果往往是致命的，因为硬件系统输入/输出的延时非常短，几乎没有补救的机会。以高速列车为例，当目视发现轨道上的危险而采取紧急停车已然为时已晚。

（二）判断时间与风险

经验丰富的现场人员比新手的决策更准确，新手在面对突发状况时产生的焦虑会增加采取行动的紧迫感。例如，在遇到问题时，经验丰富的现场人员通常对学员说：“停下，别乱动！”这表明在采取行动之前通常有时间考虑。当然，经验丰富的现场人员知道更多的策略，并使用这些策略争取更多的处理时间。

在医疗领域的一项研究中，学者对腹腔镜手术中决策转换问题进行调查。他们采访了 20 个普通外科医生，要求他们观看腹腔镜胆囊切除术的案例和术中医生自我报告的录像带，提供一个连续的评估。在三个时间点录像被暂停，医生被问及手术步骤，例如，它应该被转换成开放式手术吗？他们还对每个点的操作舒适度进行了评估。结果显示了情况评估在外科医生决策中判断舒适度、评估风险、预测结果的重要性：

判断手术的安全是一项持续不断的活动。在每个步骤中对识别的信心和潜在的伤害进行判断。这类持续的、动态的决策反映了事实和风险评估的复杂混合，通常医疗决策文献中把诊断作为一个独立事件来关注。风险评估是外科医生术中思考的重要组成部分。一位眼科手术医生说：“我想那是我在冒着什么风险，如果我的手离开可能会引起并发症，但总的来说，这比冒着刺伤玻璃体的风险进去，然后把玻璃体吸出来要好。”

列车运行是高速动态变化的，列车驾驶的决策也是连续评估的过程，在课堂教学中，不要等到运行中问题出现的时刻再对学生进行决策的训练，可以让学生在操作中连续的报告自己的决策，老师记录全过程之后进行练后点评。

（三）DECIDE 模型

DECIDE 模型用于飞行员决策，由 Benner 于 1975 年提出，后来该模型逐步发展成为 CRM 训练中飞行员决策过程中的判断工具，是飞行员觉察、识别、诊断问题，确定可用方案并进行风险评估的过程。

D：Detect，察觉，是指飞行员察觉异常情况的过程，与飞行员的注意警觉性和搜寻能力有关，与飞行经验和知识密切相关。

E：Estimate，估计，飞行员对异常情况进行分析和评价，确定它的来源和对飞行的危害。

C：Choose，选择，飞行员从众多可选方案中选出最佳解决方案。

I：Identify，鉴别，对所选方案进行风险分析，确定这一方案是否能有效改变异常情况，确保飞行安全。

D：Do，执行，飞行员执行最佳方案，机组人员相互监视完成。

E：Evaluate，评价，飞行员对行动实施的效果进行监视，做出评价。

飞行员决策的 DECIDE 模型是描述飞行员判断和决策过程的理论框架，利用 DECIDE 进行分析，可以使飞行员更容易地作出最有效的最佳方案。同时也可作为训练飞行员判断和决策能力的工具和技术。该模型可以被列车司机、调度员等岗位借鉴。

（四）五种危险态度

目前，在大量研究的基础上，航空心理学家已识别出 5 种影响飞行员判断的危险态度，对铁路安全行车有借鉴意义。

1．反权威态度

这种态度存在于不喜欢任何人告诉他做什么的人身上。他们也许经常对自己说：“我不需要遵守条例”或“不用你告诉我做什么和怎么做”。由于机长和副驾驶地位高，经验丰富，他们都有可能产生这样的态度。

2．冲动性态度

经常感到时间紧迫，需要立刻做某事的人往往具有这种态度。他们也许会对自己说：“赶快行动起来，现在就得做某事”。产生这种态度的飞行员往往是过分夸大了处境的严重性，即可能由不良认知方式引起，同时也可能与他个性中的急躁性格有关。

3．侥幸心理态度

认为事故只会发生在别人身上、自己运气总是很好的人容易产生这种态度。他们也许会对自己说：“我的运气一向很好，这次也不例外，发生在别人身上的事故不一定就会发生在自己身上”，或者“车到山前必有路，到时候再说”，与其平常做事不积极的态度也有关系。

4．炫耀态度

总是试图显示自己如何能干、如何优秀的人往往具有这种态度。他们也许会经常想：“我会做给你看，我能做到”。这种态度一般是由飞行员对自己能力的不合理评价、对飞行条例的认识不足、过分相信自己的能力并喜欢在别人面前炫耀所引起。

5．屈从态度

感到无法控制自己命运的人往往持有这种态度。他们也许会对自己说：“有什么用，一切都是命运决定的，一切努力都是白费的”。产生这种态度的原因一方面是由于当事者性格懦弱，另一方面则可能与他经常遭受挫折的生活经历有关，形成了一种消极的态度。认为这就是上天给安排的命运，一切顺其自然，听从命运的安排。

术守喜和马来文认为对抗危险态度的措施是逆向思维。他们提出，当飞行员产生危险态度，且已经意识到时，应通过努力，转换认知角度，对抗5种危险态度，如表3-1所示：

表3-1　5种危险态度及对抗措施

有害态度	心理表现	预防和矫正方法
反权威态度	固执心理	别人的建议也许是合理的； 规范和条例通常是正确的（血的教训换来的）
冲动性态度	侥幸心理	事故有可能发生在任何人身上
侥幸心理态度	冲动心理	不要过于冲动，要三思而后行
炫耀态度	炫耀心理	无谓的冒险是愚蠢的
屈从态度	自卑心理	我不是无助的，我能改变现状

二、决策方法

微课3.3　决策方法

有经验的决策者使用4种主要的决策方法：

（1）直觉：识别启动/快速自动选择单一选项。

（2）基于规则：按照规则和相关操作标准。

（3）分析：深思熟虑的选择。

（4）创造性：设计新的行动方案。

表3-2列出了四种决策方法使用的例子。

表3-2　4种决策方法使用案例

决策方法	使用时的语言描述
直觉式决策	“当时时间太紧张了，根本没有时间思考。车厢已经起了浓烟，我立刻停车，本来想再走一段距离停在车站，来不及了，下意识就‘撂非常’了”
基于规则决策	“按了停放制动缓解之后，列车没反应，我又试了一次，还是不行，那肯定是控制硬件故障了，按照规定我通知随车机械师去处理”
分析性决策	“当时有三种方案可以选择，但是由于是早高峰，我就让清客了”
创造性决策	“没人见过这种情况，手册里也没有，我分析了一下，跟中心说了我的想法”

（一）直觉式决策

直觉式决策也可以被称为直觉或认知驱动的决策，通常是下意识作出的。在心理学研究中，它被称为“系统 1”[①]或卡内曼（2002 年诺贝尔奖获得者）快速思考。直觉式决策的基础是从记忆中快速检索与刚刚认识的情境相关的行动过程。因此，解决这类情况的回忆反应被储存在以前相同类型的类似情况的情景记忆中。情境线索与先前记忆的模式或原型相匹配。它可以是回忆一个规则或者只是回忆在以前遇到这种情况时使用或观察到的技术。在这种情况下，选择行动方案很可能是一个自动的过程，几乎不需要有意识的深思熟虑（也很少使用工作记忆）。决策者在快速做出决定时使用了快速而简单的经验法则。

认知驱动决策一词来源于对经验丰富的专业人士做出关键决策的实地研究。学者克莱因研究消防指挥官是如何在危险的、时间紧迫的事件中比较不同的行动方案时发现，消防指挥官实际上并不总是进行比较，而是不做选择、不考虑备选方案。因为他们认为自己的行为和反应是建立在以往经验的基础上的。消防指挥官总是在制定、监测和修改计划，以满足各种情况的需要。他们很少对比两种选择。寻找最佳选项对他们来说似乎只会让火场失控，拖延更长的时间，从而失去对局势的控制。

克莱因意识到，这种类型人员（飞行员、高铁司机以及赛车手等）的决策过程更多地依赖于情况评估/分类，他们认识到当前类型之后则快速回忆一个适当的行动过程来处理它。指挥官们没有优化，也就是说，他们没有努力寻找最优的解决方案；相反，他们的目的是找到一个令人满意的解决办法来控制局势。他们会在心理上检查所回忆的行动过程的可行性，通过想象如何执行它，并思考是否有任何重要的事情可能出错。如果他们预见到问题，就可能修改计划。只有他们自己觉得行不通，他们才会考虑另一种方法。基本认知驱动决策模型包含两种变体：① 当情况需要更多的努力来诊断；② 决策者对回忆的行动过程不太确定，需要更多的时间来想象它。一项研究让普通外科医生和眼科医生回忆了一个富有挑战性的病例并回答了关键决策的问题，结果发现一半的人描述了直觉式决策。首先，是评估当前情况并看它是否是熟悉的类型；然后，如果它被识别为模式与记忆相匹配，就可以从过去的经验中回忆起一个反应。尽管这可能不是最优解决方案，但在当时的情况下是一种可行的、令人满意的行动方案。

直觉决策通特别适用于需要立即采取行动的事件。这种快速决策在其他有风险的领域也需要，例如，警察决定是否向嫌疑人开枪；或飞行员在紧急情况下决定是否拒绝空管员的建议。哈德逊河迫降事件[②]就是一个例子。

---

① 卡内曼认为人们的大脑有两套思维体系，分别叫系统 1、系统 2。系统 1 是快系统，无意识地根据记忆、经验、情感等对眼前的现状迅速做出反应；系统 2 是慢系统，有意识地通过注意力来分析和解决问题，并做出决定。

② 全美航空 1549 号班机是一班从纽约拉瓜迪亚机场到北卡罗来纳州的夏洛特，再飞往西雅图的每日航班。在 2009 年 1 月 15 日那天起飞后 1 min 左右，机长向机场塔台报告，指飞机上两具引擎都撞上鸟而失去动力，要求立即折返机场。机场方面随即指示 1549 号班机立即折返，但沙林博格机长发现不能掉头折返机场，于是准备安排客机飞往新泽西的泰特伯勒机场作紧急降落；但其后机长又发现当时飞机的高度及下降速率，无法让客机安全降落于泰特伯勒机场。于是，机长决定避开人烟稠密地区，冒险让客机紧急降落在贯穿纽约市的哈德逊河上。拉瓜迪亚塔台在机长告知即将降落哈德逊河 23 s 后失去与班机联系。飞机飞进哈德逊河河道上空，并以滑翔方式缓缓下降。飞机机尾首先触水，其后以机腹接触水面滑行，飞机左侧的一号引擎于水面滑行期间脱落沉入河底。最后，飞机于曼克顿附近停止滑行，机身大致保持完整。

空中交通管制员问：1549，如果我们能给你，你想试试 13 跑道吗？拉瓜迪亚机场给我们提供了一条最短路径可以到达的跑道。

“我们不能。”我回答。我们可能会在哈德逊河迫降。我很快就凭直觉知道，哈德逊河可能是我们唯一的选择，所以我明确地表达了这一点。

——机长沙林博格（Chesley Sullenberger）回忆

（二）基于规则的决策

在一些工作环境中，如工业控制室，广泛使用基于规则的决策：这些规则将在装备制造商或相关专家编写的标准操作程序手册中加以说明。基于规则的决策涉及识别遇到的情况，并在指导手册中记住或查找过程，以找到要遵循的步骤。这种方法在列车驾驶任务的故障处理中经常使用，基于规则的决策需要比直觉方法更有意识地努力。决策者必须主动搜索他的记忆，以检索学到的匹配规则的情况（如果 x，做 y）。或者，像在一些工业试验设置中一样，需要找到并阅读程序手册或检查表，以找到适当的响应。（如果需要在事后证明你的决定是正确的，使用书面程序会很有帮助。）

瑞典学者拉斯姆森提出的决策梯是最常被采用的基于规则的决策方法，如图 3-4 所示。

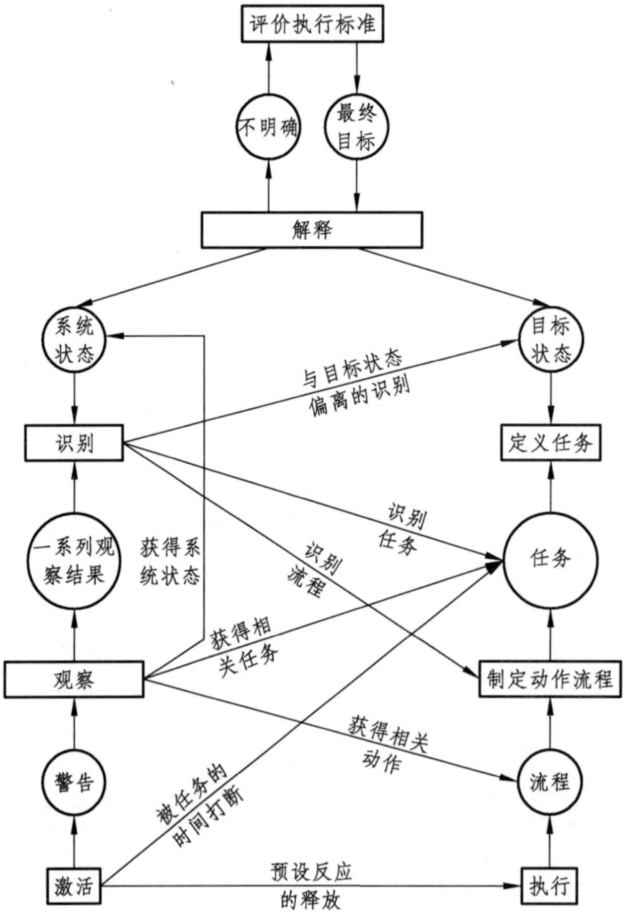

图 3-4　决策梯模型

通过分析火电厂工作人员的口述数据，拉斯姆森发现专家和新手采用不同的信息处理路径，相对于传统的规范化线性序列，他提出脑力任务的处理过程特征（即发现最初的线索到系统最终的操控之间的步骤序列）可以被识别并作为新手必须遵守的步骤，而经过学习和训练后，其处理过程是基本序列的分流和跳跃。决策梯可以实现对这类过程的建模。

决策梯包括两种不同类型的节点，矩形表示信息处理活动、圆表示信息处理之后获得的知识状态。决策梯的左侧表示当前观察到的系统的状态，决策梯的右侧表示为达到系统目标状态的任务和流程的计划和执行。工作人员信息处理过程的基本路径加粗表示，通常用于启发式或基于规则时捷径不可行的情况，例如，调度人员处理不熟悉的任务或新手执行具体的操作时。而有经验的工作人员在执行熟悉的任务时很少按照决策梯的基本线性序列进行，会跳过大部分决策过程。包括 4 种捷径：分流（处理活动与知识状态连接，例如观察与任务直接相连）、跳跃（两个知识状态的连接，如系统的状态与任务执行的知识直接相连）、活动到活动（如激活与执行的直接相连，表示预设反应的释放）和知识状态到活动（如根据系统状态直接执行）。不同的情景通常需要决策梯不同的开始点，不仅可以从右侧开始还可以不以执行为结束。

（三）分析性决策

在时间压力较小的情况下，通常可以采用分析性决策。与直觉或基于规则的决策一样，必须首先确定情况/问题的类型，然后才能开始这个过程。然后，根据记忆或询问其他团队成员和同事，产生可能的行动方案。这些备选方案与它们的组成特征同时进行比较，以确定哪一个最适合满足情况的需要。理想情况下，应该确定选项的所有相关特性，并根据它们与情景需求的匹配程度进行加权。

概率论和其他数学工具（决策树、多属性决策理论和贝叶斯模型）可以帮助做出最优的选择。这些工具经常用于运营的计划阶段，选项的详细比较需要相当多的时间、精力（集中）以及关于情景特性和每个选项的关键信息的可用性。由于所有可能的方案都要仔细评估，所以达到最优解的概率提高了。对备选方案进行严格的分析需要同时比较大量的信息，在运行过程中这通常是不可行的。在实践中，大多数决策者使用启发式（捷径/经验法则）来比较选项。然而，这些选择受到一系列决策偏差的影响：选择最熟悉的，选择最近考虑的，选择第一个想到的。

举个军事方面的例子，一位海军指挥官描述了在前往冲突地区的途中，他如何应对一旦对敌交战，他可能不得不做出决定的情况。那时他几乎没有时间思考，只能在直觉的基础上，通过分析和思考在到达冲突地区时可应用的应对偶发事件的行动来维持战略和计划。当然在分析性决策中，仍然有可能选择错误的方案。

（四）创造性决策

最后要描述的方法称为创造性决策。在这种情况下，必须在现场制定新的行动方案，因为情况不同寻常，而且不知道合适的应对措施。这种方法似乎很少在危险的、时间敏感的环境中使用，因为它需要相当大的认知努力来为一个不熟悉的情况设计一个新的行动方案。这也意味着行动方针没有经过有关情况的检验，从而有一定程度的风险。航空公司的飞行员很少以这种方式做决定，尽管有一些明显的例外，如前面提到的在哈德逊河迫降的例子，以及四川航空 3U8633 航班备降成都事件①。

在医疗领域，手术中创造性决策是困难的，并且可能会有重大的风险，因为它的定义是在没有准备和仔细考虑的情况下进行的。在一种情况下，为改善病人结果而进行的创新可能构成危险的迁移；在另一种情况下，可能威胁到病人的安全。

（五）决策方法的比较与模式切换

综上所述，4 种决策方法的不同之处列于表 3-3，可将其解释为优点和局限性。

表 3-3　四种决策方法的比较

决策方法	优点	局限性
直觉式决策	✓ 速度快 ✓ 几乎不需要有意识的思考 ✓ 能提供一个令人满意的、可行的选择 ✓ 在日常情况下有用 ✓ 合理抗压力	✓ 需要经验 ✓ 可能出现误判的情况 ✓ 确认偏误风险 ✓ 不太可能使用最优解决方案 ✓ 可能难以证明
基于规则决策	✓ 如果掌握了规则，速度快 ✓ 给出了由专家确定的行动方案 ✓ 很容易证明为”按规定程序” ✓ 不需要理解每一步的原因 ✓ 适合初学者	✓ 如果需要参考手册，可能会很耗时 ✓ 适当的程序/手册可能很难找到 ✓ 可能选择了错误的程序 ✓ 规则可能过时/不准确 ✓ 可能导致技能延迟 ✓ 可能不明白每一步的原因
分析性决策	✓ 充分比较不同的行动方案 ✓ 更有可能产生最优解决方案 ✓ 可以应用决策工具 ✓ 容易证明	✓ 需要时间 ✓ 依靠工作记忆进行意识处理 ✓ 不适合嘈杂、分散注意力的环境 ✓ 会受到压力的影响 ✓ 可能会导致认知超载，让决策者陷入困境
创造性决策	✓ 为不熟悉的问题提供解决方案 ✓ 可以发明一个新的解决方案 ✓ 应该增加对问题的认识	✓ 耗费时间 ✓ 未经测试解决方案 ✓ 噪音和分心都很困难 ✓ 压力下变得困难 ✓ 可能难以证明

在这 4 种方法中，有证据表明，在进行运行中决策时，列车司机倾向于主要使用直觉和基于规则的决策模式。但在一个流程中，常常需要在不同的决策模式之间切换。关键是要将适当的认知活动与特定的任务相匹配，尤其是从更直观、自动的思维模式向更努力的分析思维模式的心理转变。下面的例子说明了这是如何发生的：

会诊医师：“出血点在哪里？你能看到吗？那可不行，如果你看不见整个出血点，我们就没法缝合了，对吧？如果你看不见，我们得把夹子夹上。再来一个血管钳。”

① 2018 年 5 月 14 日，四川航空公司 3U8633 航班在成都区域巡航阶段，驾驶舱右座前挡风玻璃破裂脱落，机组实施紧急下降。瞬间失压一度将副驾驶吸出机外，所幸他系了安全带，在驾驶舱失压，气温迅速降到零下 40 多摄氏度（监测显示，当时飞机飞行高度为 32000 英尺，气温应该为零下 40 度左右）、仪器多数失灵的情况下，机长刘传健凭着过硬的飞行技术和良好的心理素质，在民航各保障单位密切配合下，机组正确处置，飞机于 2018 年 5 月 14 日 07:46 分安全备降成都双流机场，所有乘客平安落地，有序下机并得到妥善安排。

专科医师：“我想我能看到。”

会诊医师：“如果你看不见它，你要怎么把移植物放在上面？”

学者莫尔顿对外科医生在执行手术时的思维进行了一系列研究。她将注意力集中在快速直觉模式和更费力的分析模式上，后者需要对情境信息和备选行动方案进行更有意识的处理。让她感兴趣的是外科医生如何从一种模式切换到另一种模式的问题，尤其是当他们从直觉模式转向分析的模式时，速度变慢了。通过对 28 名不同专业的外科医生的采访和对 5 名保健外科医生 29 个病例的观察，她发现了从快速直觉模式到更努力状态的四种转变。第一种是最极端的情况——停止。外科医生会向同事寻求帮助，从病人档案中查找报告或复查影像学资料。外科医生经常使用“重组”和“重新评估”这样的词汇来描述这些时刻，反映出与这一关键转变的不确定性。在第二种类型的转移中，莫尔顿称之为控制分散注意力，外科医生继续进行手术，但在注意到关键线索时开始管理任务环境。在第三种转换行为中，注意力更集中，外科医生不再控制背景，而是开始以一种更专注的方式专注于任务。第四类被描述为“漂移”，表示外科医生没有在适当的时候跳出自动模式，从而导致手术错误或险些失手。这可能是由于某种程度的自满，特别是对于一个熟悉的程序。

NOTSS 系统的决策指标中描述了“考虑选项”的行为好坏，“考虑选项”指的是为解决问题而产生可供选择的可能性或行动方案，它包括评估危险，权衡潜在选择的威胁和好处，如表 3-4 所示。在许多情况下，有经验的决策者能够在考虑单一选择的情况下，以自动的方式快速做出决定。对于更意想不到或挑战性的情况，决策者应该讨论问题是什么，以及正在考虑的一种或多种选择。在不适当的情况下，直觉的或基于规则的决定可能不得不在没有事先协商的情况下非常迅速地形成。在这种情况下，可以在行动执行后向相关团队成员解释，以保持对手头任务的共同理解。

表 3-4　NOTSS 系统的决策指标中“考虑选项”的行为好坏

好的行为	差的行为
识别并阐明问题； 与相关团队成员就选择、利弊进行平衡的讨论； 征求其他同事的意见	没有选择权的讨论； 不征求其他团队成员的意见； 忽略了指导方针

NOTSS 系统的决策的第二个指标是“选择和沟通选项”，选择和沟通选项是指选择一个问题的解决方案，并将所选择的选项通知所有相关人员。它侧重于共享信息，而不是像单独工作一样行事，好的行为和差的行为如表 3-5 所示。

表 3-5　NOTSS 系统的决策指标中”选择和沟通选项”的行为好坏

好的行为	差的行为
做出决定并清楚地传达出来； 制定并沟通“B 计划”	未将手术计划告知团队； 如果计划受到质疑，是否具有侵略性/反应迟钝 停止讨论其他方案； 只做自己认为最好的，或者放弃操作； 选择不当操作导致严重后果

最后一个要素是“实施和审查决策”，实施和审查决定是指采取所选择的行动方案，并根据情况的变化不断审查其适用性，它涉及表现出灵活性，并在必要时改变计划，以应付不断变化的情况，确保实现目标，如表 3-6 所示。既然选定了特定的行动方针，就应该加以执行。也许令人惊讶的是，最后一个必要的步骤有时会被忽略，特别是在苛刻的条件下。由于注意力分散、认知负荷过大而导致健忘或随着压力的增加而精神僵化。

表 3-6　NOTSS 系统的决策指标中“实施和审查决策”的行为好坏

好的行为	差的行为
实施决策； 汇报进展情况； 根据情况的变化或问题发生时重新考虑计划； 意识到“A 计划”不起作用，然后改”B 计划”； 如有需要，呼叫协助	未能执行决策； 反复犯同样的错误； 不审查行动的影响； 面对可预见的糟糕结果，或有证据表明有更好的替代方案时，继续执行“A 计划”； 由于感知到时间的限制而变得草率或匆忙

航空领域的研究已经证明，计划延续错误可能是由于审查过程中的失败造成的。当放弃当前的行动计划变得越来越困难时，就会出现这种情况，即使条件已经改变，风险水平已经增加，而另一种行动计划现在可能更合适。面对不断增加的风险，坚持采取行动的一个根本原因是，一旦计划开始改变，很可能会增加认知负荷和压力。NASA 对航空公司飞行员进行了计划延续效应的研究表明，即使在航路条件（如恶劣天气）显示风险增加的情况下，仍可以保持对原计划的坚持（如在预定目的地着陆）。放弃第一个计划并制定一个新的计划将是最佳的决定。一项模拟研究表明，飞行员离他们的目标越近，他们改变行动计划的可能性就越小。任务环境可以影响决策过程，例如，当情况“强烈”时，增加了“目标诱惑”——“飞行员倾向于继续飞行，尽管有证据表明这是轻率的”。学者麦克伦南等人描述火灾事故指挥官似乎受到沉没成本效应[1]和过度乐观偏见影响的情况（例如继续将人员投入非常危险的环境中）。这些因素，加上成功完成任务的高动机，也可能影响决策过程中对风险感知或风险容忍度的判断。

三、训练与评价决策能力

微课 3.4　训练与评价决策能力

（一）决策训练

在医疗领域，外科医生要接受长时间的培训。在培训中，他们要学习如何对越来越有挑战性的病例进行手术，并学习磨炼他们的判断技能。然而，他们通常很少接受心理过程或决策方法方面的正式训练。澳大利亚皇家外科医生学院推出了一门为期 1 天的临床决策课程，涵盖决策阶段、认知过程和压力下的临床决策。如图 3-5 ~ 图 3-7 所示。

在一些操作环境中，实践者被训练一个分析决策的一般过程或程序。汉莎航空和法航的飞行员学习了 FOR-DEC（事实、选择、风险和利益、决策、执行、检查），特别是在处理不正常或意外情况时。英国航空公司的飞行员也接受了类似的 DODAR 流程（诊断、选择、决策、分配任务、评估）。

① 沉没成本效应是指为了避免损失带来的负面情绪而沉溺于过去的付出中，选择了非理性的行为方式。

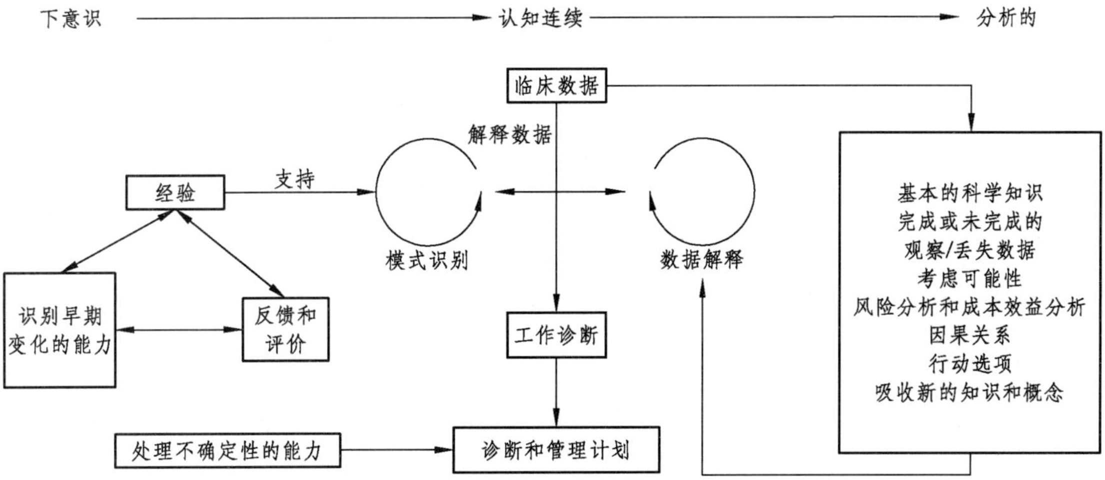

图 3-5　决策阶段训练框架

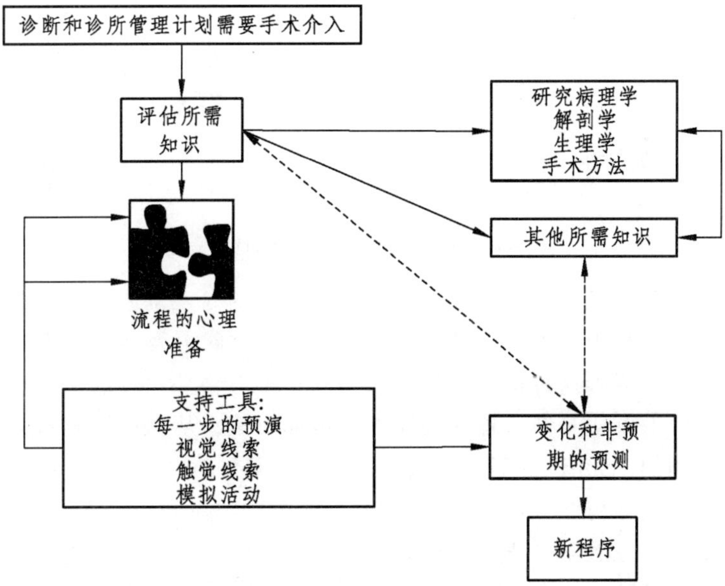

图 3-6　认知过程训练框架

另一种用于决策的通用培训采用去偏差方法。虽然自我意识和元认知可以提高决策质量，但认知偏差[①]已被描述为人类大脑的正常操作特征，这种类型的训练不是一项简单的任务。在医疗领域，常常通过对手术不良事件的分析和反思，提高对同样会使外科医生陷入常见决策陷阱的认识（例如，急于下结论、自满和缺乏沟通）。也采用从手术室/模拟器的结构化观察中获得事后汇报或进行个人反馈的方式。

① 认知偏差是人们在知觉自身、他人或外部环境时，常因自身或情境的原因使得知觉结果出现失真的现象。典型表现有显著性偏差、生动性偏差等。社会知觉中常见的刻板印象、晕轮效应等均为某种形式的知觉偏差。是个人知觉具有选择性的特征所致。

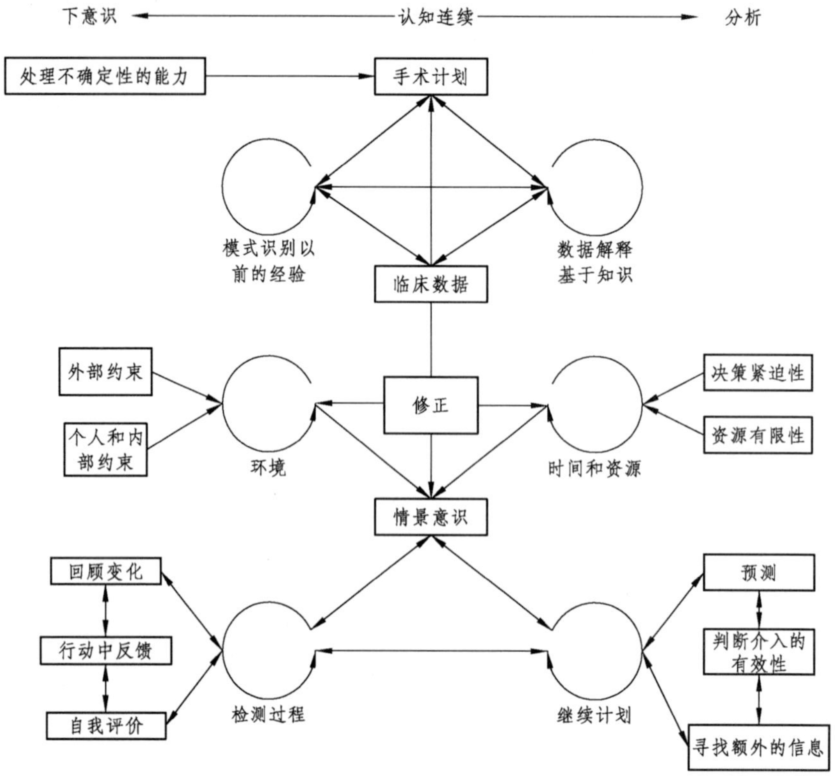

图 3-7　压力下的临床决策训练框架

在实际培训中，通常是由受训者首先观看更有经验的专家讲述所采取的步骤。然而，专家在进行操作时往往依赖于一种更自动化的决策模式，这时会发现很难解构他们的思维并向受训者传授决策步骤。遇到这种情况时，可采用的一种方法是通过认知任务分析来提取决策过程信息，使专家能够阐明复杂过程中的操作步骤和决策，从而提炼出一个框架，用以确定训练教学的要点。例如，Sullivan 等人拍摄了 3 位结肠外科医生专家进行结肠镜检查的过程，然后对他们进行认知任务访谈，创建了包含 26 步的程序清单和包含 16 步的认知需求表，如表 3-7 和表 3-8 所示。在教学过程中，将录像带的内容转换成程序检查表和认知需求表。他们发现，外科医生 A 描述了 50% 的操作步骤和 43% 的决策要点，外科医生 B 描述了 30% 的步骤和 25% 的决策要点，外科医生 C 描述了 26% 的步骤和 38% 的决策要点。这种认知任务分析方法可以提供一个框架，以确定关键的教学原则，提供关键决策点的指导以及如何最佳应对。这是铁路领域教师可以学习的方法。

专家演示的形式也适用于决策培训。邀请专家对操作视频进行讲解，并作为培训素材。国外的医疗领域，有研究记录了 18 名白内障手术专家手术视频案例。在每个案例的关键时刻，视频暂停。例如，在试图预切时，细胞核突然向后倾斜，表明存在相当大的带状透析。让学生写出临床决策。然后，两名专家给出建议，最后，视频继续显示结果。记录所有学生的回答，并讨论明显不同的决策原因。

另外，模拟器也可用于训练决策。例如，在决策游戏中，给学生提供一个模拟器环境的场景，学生在几分钟时间内陈述将采取什么行动。游戏提供了一种剧情的方式，对于新手来说非常有效，可以让他们从资深的实践者那里学习到决策技巧和经验性知识。

表 3-7　程序检查单

步骤	执行	执行错误	没有执行
1. 获得知情同意			
2. 确保设备运转正常			
3. 治疗病人			
4. 病人适当位置			
5. 职位范围能有效工作			
6. 检查肛周的区域			
7. 进行直肠指诊			
8. 润滑并将镜入直肠			
9. 通过直肠-乙状结肠交界处			
10. 通过脾脏弯曲			
11. 去掉 s 形中的循环			
12. 横结肠			
13. 通过肝曲			
14. 通过升结肠			
15. 识别直肠尾端			
16. 对回肠末端插管（可选）			
17. 当回到肛管时冲洗和抽吸			
18. 当离开肛管时检查结肠			
19. 当从肛管返回时吸出空气			
20. 移除息肉			
21. 确定直肠			
22. 执行翻转			
23. 识别肛管			
24. 视野向后推到第一个瓣膜前			
25. 逆时针旋转并锁定刻度盘			
26. 顺时针方向转动查看肛管			

表 3-8　认知需求表

步骤	执行	执行错误	没有执行
1. 确定病人是否有裂隙			
2. 判断病人是否有近梗阻性结直肠			
3. 考虑给胰高血糖素			
4. 确定肠道准备是否充分			
5. 决定如何通过范围			
6. 确定是否在通过范围时有困难			
7. 确定你需要收集任何活组织检查			
8. 确定病人需要冷陷阱还是热陷阱			
9. 确定你是否有矛盾的运动			
10. 确定在不造成伤害的情况下能推多少			
11. 确定病人是否能忍受手术			
12. 确定是否在通过脾脏弯曲时有困难			
13. 确定是否在通过升结肠时有困难			
14. 确定是否需要对回肠末端插管			
15. 识别具有挑战性的病人			
16. 确定一个成功的范围			

（二）决策评价方法

决策能力可以通过笔试、实践技能测试以及包括情景判断测试的访谈来评估。在国外的医疗领域，高级教员可以被要求对住院医师的术中决策能力进行总结性评估。模拟设备的引入有助于提供更多的术中决策技能的真实测试。在手术过程中观察外科医生的决策可以作为评估方法，由培训师撰写判断能力的报告。为协助这一进程，设计了非技术技能的行为评价系统 NOTSS。虽然无法直接观察到外科医生头部的认知过程，但参与 NOTSS 系统设计的外科医生提供了一些行为例子，他们可以用来判断外科医生的决策能力。

还有一些新技术用于国外外科医生的决策评估。外科医生可在手术室使用的新型可穿戴技术（如眼动仪或视野记录仪）提供了记录外科医生行为方面的手段，这可能有助于揭示潜在决策的认知过程。这些记录可以作为数据，支持后续的认知任务分析，正如消防指挥官决策的研究所显示的那样。在真正的火灾和救援过程中，消防员戴着装有头盔的摄像机，录像带后来被用于情况汇报，后来可作为训练材料。

在铁路领域，虽然司机室内安装有行车记录摄像头，可以作为司机决策分析和评价的数据，但是很多铁路局并没有引起足够的重视。

单元小结

本单元首先通过典型铁路事故说明决策在行车安全中的重要性。随后，介绍了与决策相关的情景评价、判断时间与风险、DECIDE 和 5 种危险态度模型；然后说明了直觉式决策、基于规则的决策、分析性决策、创造性决策 4 种决策方法；最后说明了决策训练与决策评价的主要方法。

练习与思考

（1）DECIDE 决策模型是什么？

（2）4 种决策方法的主要区别是什么？

（3）使用决策梯模型说明一个完整的调度决策过程。

（4）主要的决策训练方法有哪些？

（5）如何使用模拟培训系统提供决策水平？

单元四　沟通与团队

俄文对照　单元四

案例导入

微课 4.1　沟通事故案例

一、沟通事故案例

2018 年 10 月 21 日下午 4：50 左右，在台湾一列自树林开往台东的普悠玛 6432 次列车在宜兰发生脱轨事故，事故导致 18 人死亡、190 人受伤。出事的普悠玛共 8 节车厢，全部都脱轨，5 节车厢倾覆。其中 3 节车厢翻覆最严重，分别为 5、7、8 节车厢。而整列车的车厢因受到严重挤压，呈现 W 形，画面触目惊心。另外现场等候的旅客拍到疑似有铁轨插进车厢内。车厢从头到尾呈多个发夹弯型弯曲，从车头一路翻到车尾，车体被抛出铁轨外。据了解，这是台湾两年来第 7 次列车脱轨事故，也是最严重的一次。事故现场如图 4-1 所示。

图 4-1　普悠玛 6432 次列车事故现场

二、事故分析

一位乘坐普悠玛 6432 次列车的乘客描述了出事时的情形。据这名乘客回忆，当时他坐在列车的最后一节车厢。事故发生前，验票员正在给乘客验票。随后，列车突然紧急刹车。没多久，列车就熄火了。验票员告诉乘客，列车出现故障，稍等几分钟后列车会继续行驶。果然，没多久列车就重新启动了。启动以后，列车的每一次刹车都踩得非常重。“我时常坐火车，普悠玛也常坐，但是从来没有坐过那么晃的普悠玛。”随后，这名乘客就用手机软件查询了列车时速，发现列车当时的速度为 129 km/h。“平常我在坐其他火车的时候，速度通常保持在每小时 90 ~ 100 km/h。”接着没多久，列车就发生了事故。“那时候我自己有点心理准备，它一出事的时候，我就保护住自己的头。当时很多行李往下滑落，砸到一些乘客。”

乘客表示事故列车在发生事故前的停停走走现象，令其怀疑刹车系统出了故障，而这一消息也得到了台湾列车相关部门的证实。在事发之前，列车驾驶员曾多次向台铁汇报，刹车系统气压过低，会造成刹车问题。而乘客反应的列车走走停停也正是因为压力过低所导致的。据悉该列车司机驾龄五年，经验丰富，同时担任运转部副主任，驾驶技术毋庸置疑。并且在当日，并未查出司机有酒驾或疲劳驾驶的现象。但台铁方面也发现，该司机在事发前关闭了超速防护系统。台铁局长表示，这趟班车已经跑了 6 年了，才刚做完一次大保养，普悠玛列车是摆式列车，它的特性就是过弯的时候透过它的倾斜机制进行加速。该路段限速 65 km/h，但根据事后对当地事发地的视频查看，列车在转弯处时速高达 140 km，并且毫无减速的迹象。

25 日，列车在出轨前司机与调度员的通话记录被曝出，该段通话共 43 min，其中列车司机多次表示“动力会自动消失”。从列车司机与调度员之间的通话录音中了解到，在 21 日下午 4：05 左右，列车司机便已经向调度员反映“6432 列车有问题，有时候动力会自动消失，麻烦报告一下调度员”。而在列车出事前的几分钟，6432 次列车曾停靠在宜兰车站，列车从宜兰站开出 10 min 左右便发生了出轨事故。根据列车司机的通话记录显示，该趟列车的“工务人员已经在宜兰下车了”，而出事前，驾驶室内司机“旁边没有人”。

三、事故中的沟通

不能说司机与调度人员的沟通是导致事故的直接原因，但是 43 min 的通话记录仍无法获悉出轨的真正原因，至少说明在调度员与司机沟通的过程中某些信息是缺失的，无法获取当时的真实情况。由此可见，沟通对于列车运行安全至关重要。

四、沟通事故课程思政启示

沟通是在日常教学和培训过程中最容易忽视的环节。而铁路系统的沟通是关系到场景处理的关键信息交互手段。大量智能技术的应用导致系统极其复杂，没有人是所有设备的专家，设备故障导致现场需要确认的信息急剧增加，在有限的时间内将事实说清楚显得极其重要。这要求学生在日常训练中有共情意识，将自己设身处地地放置于案例环境，锻炼自己的沟通技能，同时要培养团队意识顾及他人，在生活中学会与人相处，这不仅仅是自身道德的修养，也是特定的职业要求。

相关知识

微课 4.2　信息交互

一、信息交互

沟通是指以令人愉快和易于理解的方式相互交换信息、思维及情感的过程。沟通中的信息传递必须借助于一定的符号系统才能实现，符号系统就是沟通中信息交互的工具。

符号系统可分为两类，即语言符号系统和非语言符号系统。运用语言符号系统进行的沟通称为言语沟通，而运用非语言符号系统进行的沟通称为非言语沟通。例如，口头语言和书面语言属于语言符号系统，利用这一符号系统进行的沟通称为言语沟通；面部表情、手势、体态变化等则属于非语言符号系统，即身体语言系统，利用这个符号系统进行的沟通则属于非言语沟通。有一些符号是大多数人所共同使用并为大多数人理解的，而有一些符号则只为特定的人群所熟悉，称为专业术语。对于专业术语必须进行仔细地考虑和谨慎地运用，以便在传输这些信息时能够被接收者理解并做出正确的反应。

从沟通的功能来说，沟通可分为工具性沟通和满足需要的沟通两类。工具性沟通的主要目的是为了沟通思想，传递信息。信息的传递者将自己的知识、经验以及对当前运行情况等信息告诉其他行车团队成员，达到影响其他成员的知觉、思维以及态度，进而改变其行为的目的。而满足需要的沟通则是为了表达感情，解除内心紧张，求得对方同情和理解。行车团队通过这种形式的沟通，可以确定和维持与其他车上成员以及控制中心调度员、车站人员等多方面的人际关系，发展交往双方的友情。这种形式的沟通主要在于满足个人精神上的需要，同时也可为工具性的沟通奠定基础。上述两种沟通都是行车团队所必需的。

关于团队沟通，在航空领域有研究表明：

（1）总的说来，沟通多的团队人员通常比沟通少的团队人员有更好的完成任务的倾向。

（2）当传递更多的有关运行状态的信息时，相关系统操作的差错较少。

（3）经常进行简述、质询和观察的机组人员出差错较少。

在铁路领域，信息的交互主要通过口头报告、命令进行，在处理应急任务场景时，信息传递变得非常复杂，如图 4-2 所示为区间火灾场景下的信息交互模型。

在医疗领域，团队工作和沟通的 NOTSS 类别中的第一个要素是信息交换。例如表 4-1 指的是外科医生和其他手术室成员之间的信息反馈或反应、想法和感受的交换。这些行为为动态的团队对正在发生的事件的了解提供了基础，允许形成关系，建立可预测的行为模式，并保持对任务的关注。

表 4-1　NOTSS 中信息交换行为举例

好的行为	差的行为
谈论手术的进展； 倾听团队成员的关切； 告诉对方，行动不会按计划进行	无法与他人沟通所关心的事情； 试图独自解决问题； 不听取团队成员的意见； 需要助手的帮助，但不清楚助手应该做什么

林加德等人报道了一项研究，他们训练观察人员记录 48 例手术过程中的沟通事件。共记录了 421 起沟通事件，其中 129 起为沟通失败事件。这些沟通失败可分成 4 种不同的失败类型（数字不等于 100%，因为一些事件涉及多个沟通失败）：

（1）时机失败（46%）：指在沟通的情景或环境中出现的问题，例如，外科医生可能会在某个确切时间要求使用一种意想不到的器械，而不是告诉护士这是他或她将来需要的东西。

（2）内容失败（36%）：指所传达的信息不充分或不准确，例如，未能确保团队的所有成员都知道患者的先前健康状况、过敏或药物。下面关于发音相似词的风险的例子中提供了一个在眼科手术中潜在误解的例子。

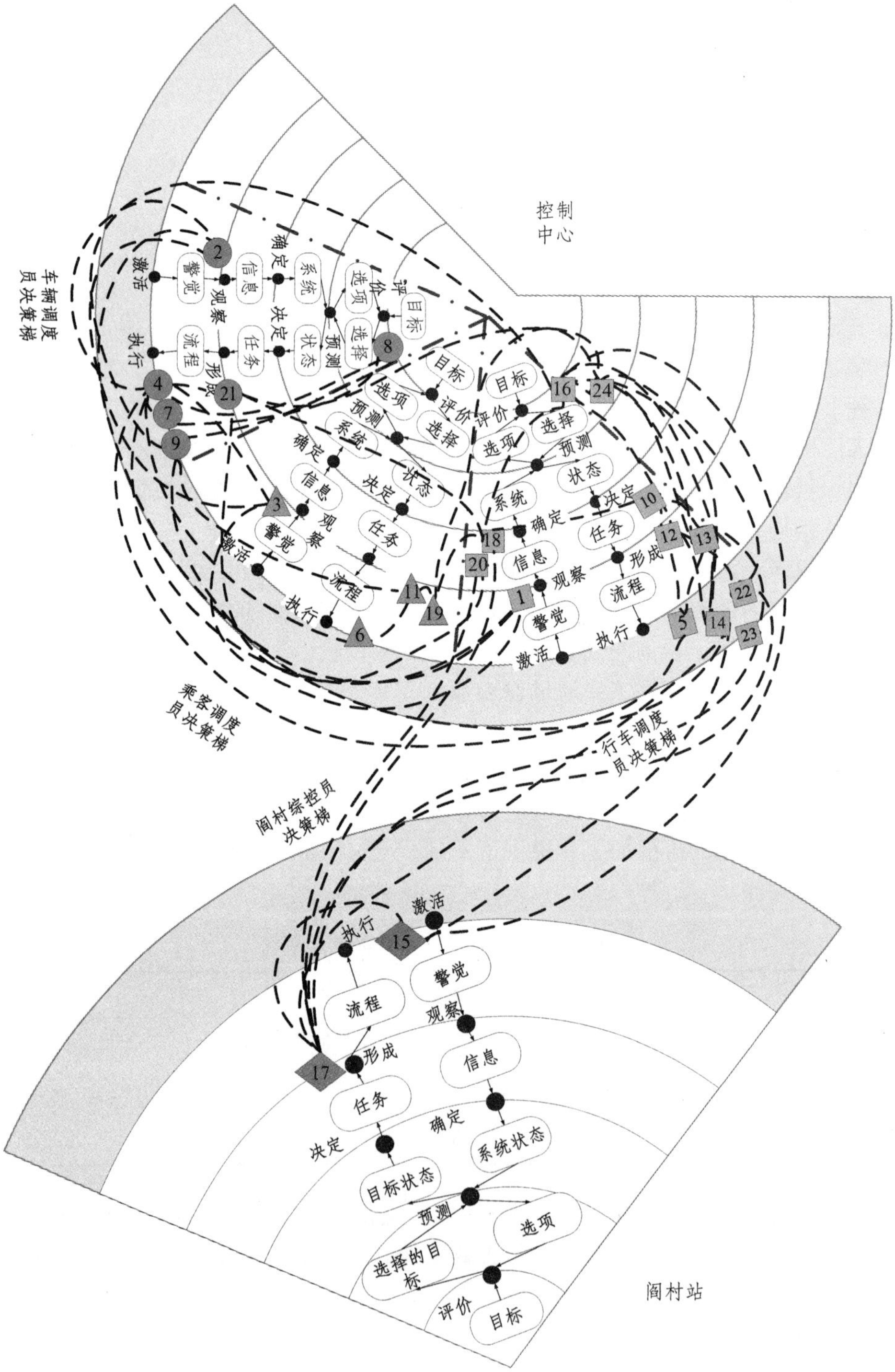

图 4-2　区间火灾场景下的信息交互模型

在眼科手术中，通常使用粘弹性材料来帮助使手术更容易和更安全。这种材料将脆弱的组织分开，避免了可能损害这些组织的接触。粘弹性材料有不同的类型，具有不同的性能和适应症，也有不同的品牌名称。外科医生经常使用“visco”这一术语，它是指所有类型的粘弹性材料的总称。然而，还有一种品牌叫“Viscoat”，它只在特殊情况下使用，如果使用不当，可能会导致一些潜在的混淆问题。

（3）听众失败（21%）：指参与交流的人员的组成存在差距。例如，外科医生和麻醉师可能决定重新安排病人的手术顺序，而不与护士长讨论。

（4）目的失败（24%）：沟通的目的不明确、未达到或不恰当，例如，两名手术室护士讨论外科医生是否需要一种不符合标准的特殊器械。谁也不知道，但没人问外科医生。

（一）清晰沟通的策略

下面列出了航空、医疗领域进行清晰沟通的策略：

（1）通过沟通飞行：一个很好的航空实践是，飞行员在执行任务时大声说出他正在做什么。这可以像报告方向改变一样简单（例如，右转航向 270）。阐明正在执行的任务，确保对正在做什么、正在考虑什么以及谁在做什么有清晰的理解。在外科手术中，当外科医生描述他或她正在做什么时，通过声音操作就简单了（例如，我已经将气管切开管放入了气管，我将用缝线固定它）。事实上，铁路领域日常的手指口呼更多的是说给自己听。

（2）闭环沟通：飞行员通常使用闭环沟通来确保任务完成，例如，当回应爬升和高度变化时，由空中交通管制提供。

空中交通管制：Shamrcok 273。右转航向 270，爬升到飞行高度 290，避开气流。

Shamrcok 273 飞行员：收到。右转航向 270，上升到飞行高度 290。

闭环沟通在铁路行业经常使用，司机、中心调度员、站控值班员对沟通命令进行复述，例如：

中心行调：五棵松分别交递 1119 次、2132 次变更电话闭塞的命令。

五棵松站控：五棵松，给 1119 次、2132 次交递变更电话闭塞的命令，明白。

在航空领域，由于两名飞行员都能向飞机输入信息，因此很重要的一点是，要清楚到底是哪位飞行员在驾驶飞机。使用积极的“三次确认”来交换实际驾驶飞机的飞行员是很有效的方法：

飞行员 1：我来驾驶飞机。

飞行员 2：你来驾驶飞机。

飞行员 1：我来驾驶飞机。

医疗领域的达芬奇外科手术系统①也可由两个外科医生同时控制，这种“三次确认”的信息交换也是很好的做法。就像航空的例子一样，知道谁在控制仪器是非常重要的。虽然这种“三次确认”的沟通在大多数手术室中可能是不必要的，但闭环沟通是确保良好的团队协作和帮助团队理解的重要策略。

阐明正在进行的任务，以便对正在做什么、正在考虑什么以及谁在做什么有一个清晰的

---

① 达芬奇外科手术系统是一种高级机器人平台，其设计的理念是通过使用微创的方法，实施复杂的外科手术。达芬奇机器人由三部分组成：外科医生控制台、床旁机械臂系统、成像系统。

理解，这是在高效团队中经常观察到的。例如，在时间紧迫的情况下，手术室中有效使用闭环沟通尤其重要（例如，按压出血点，告诉我出血点何时停止）。

在紧急情况或时间紧迫的情况下，清晰而准确地沟通是很重要的（航空领域称为沟通简洁性）。这是一种缓和语言，缓和语言指的是不强调或掩饰所说的话。为了表示恭敬或礼貌，或者在尴尬或不确定的时候，我们会缓和语气。还需要对团队中的其他人正在做的事情保持敏感，确保沟通不会影响团队的整体目标。然而，在任何沟通中保持专业性也是很重要的。粗鲁的语言和敌对的行为已经被发现损害认知绩效，并对患者安全和护理质量产生负面影响。

（3）静默的驾驶舱：这个概念是用来保护飞行团队免受不必要的干扰。通常情况下，在特定的飞行序列中，例如，当飞机低于 10 000 ft（1 ft = 0.000 305 km）时，只允许与飞行相关的沟通。这确保了团队能够专注于沟通与飞机飞行有关的信息，并确定了操作和安全是最重要的基调。例如，美国海军潜艇成员被禁止使用某些可能引起混淆或歧义的词（例如，左和右或最大和最小）。缺乏精确度的一个例子是某一个在幼儿身上进行的错误部位的手术：病人的上唇系带被释放。不幸的是，电子病人接收系统只有一个代码用于三种不同类型的外科手术，都被描述为舌结。外科医生错误地进行了舌系带切除术。下面给出了由于缺乏精确度而导致在错误的病人身上执行手术的例子：

在某一病例中，有两名有着相同（普通）姓氏和相似名字的老年患者在等待白内障手术。当护士呼唤病人时，一个男人走向护士。护士没有寻求其他验证信息以确保病人的身份（例如，仔细核对姓名、出生日期和地址）。事实上，这是一个错误的病人，因此错误的记录导致外科医生在错误的眼睛做白内障手术，使用了不合适的眼内晶体。这个病人有点耳聋，在整个过程中都没有意识到错误。幸运的是，这位病人的双眼都有白内障，而且植入物离需要的眼睛足够近，所以不需要进一步的手术。这一事件导致了在单位中识别正确病人的程序的改变。

（二）行车中的沟通及障碍

在铁路运输尤其是高速客运中，乘务组成员应该发挥列车司机的延伸功能以确保乘客安全。乘务组和列车司机应该发挥一个团队的功能以实现共同的列车运行安全目标。一旦出现任何可能威胁行车安全的形势、感觉、词语和行为等，乘务员必须引起警惕，并且应立即向列车长和司机报告。但是通常情况下，两者之间的沟通相对缺乏，我们以航空领域的沟通障碍为例进行说明。

在航空领域，飞行机组和客舱乘务员之间同样存在着缺乏沟通的现象，他们的沟通障碍与两种不同文化的形成原因有很大关系。在商业航空公司历史中，传统的作用在一定程度上影响着当代的机组。最初的飞行者都是一些飞行爱好者和飞机设计师，虽然早期的飞行充满危险，但是出于对飞行的热爱，他们仍然坚持着飞行工作。相比而言，最初的乘务员由护士组成并且选择的标准是服从性和从属性。早期的机组交流采用了陆军和海军传统刻板的指令链。飞行员和乘务员被归类为独立的部门。同时，早期的飞行手册教导机组不要交谈。这些指导在今天仍然存在一定影响。

影响飞行机组与乘务组之间交流的因素很多，除了前文所述的共同原因外，还有一些特质性的原因：

（1）飞行机组向运行部门报告，而客舱机组则是关于机上服务的报告。

（2）各自的值勤安排和工作时间不同。

（3）大多数飞行机组成员是男性，而大多数客舱机组成员是女性。

（4）技术不同，社会思维定势不同。

（5）对彼此工作职责的认同较差。

（6）被加强型的驾驶舱门隔开在飞机的两个不同区域内。

（7）安静的驾驶舱原则。

（8）机组搭配问题。

一部分安全问题是由于飞行机组和客舱机组的交流问题造成的。飞行安全是飞行员和乘务员的共同目标 而这个目标需要通过良好的机组沟通实现。大多数机组的工作配合良好，并且飞行员和乘务员之间都是公开化的交流。

不过，在出现交流障碍或者根本没有任何交流时，意识到这将如何危及飞行安全是很重要的。许多事故分析都表明，客舱和驾驶舱之间的信息交流对于飞行安全同样发挥着关键作用。

下面内容摘自一起发生在英国的飞行事故调查报告。这是航空史上少数几个重大事故之一，如果当时有充分的交流，结果可能完全不同。

报告摘录：

“后舱有3个乘务员看见并证实了1号发动机（左发）失火，并且其中2人偶尔看到客舱出现了带有亮光色彩的烟雾。”

“之后机长通过客舱广播系统向旅客发出如下广播：由于右发出现故障并且在客舱中产生了一些烟雾，因此我们现在需要关闭此发动机，并且预计大约10 min后在中东部的机场着陆。当时看见左发失火迹象的乘务员称，她们当时并没有听见机长关于右发的参考建议。当时，许多看见失火的旅客对于机长关于右发的参考建议曾感到困惑，但是却没有任何人提出异议，并引起乘务员的注意。”

从这个事件中，我们可以发现交流中存在如下所述的许多问题。

（1）对于旅客而言：① 许多旅客知道左发失火，但是却没有找到任何与驾驶舱联系的方法；② 旅客们通常都认为飞行员都具有关于飞机状态的完备知识，并且旅客不需要也不应该向机长提供任何知识；③ 留意到机长提及右发的旅客认为机长只是口误，或者机长已经处置完毕，从而没有将信息传给飞行员。

（2）对于乘务员来说：① 他们认为自己目睹的左发故障不如飞行机组从发动机仪表上看到的故障显示那样明显：② 由于在工作中，许多广播没有意义，因此他们没有意识到潜在的错误，没有注意到机长关于右发的广播；③ 乘务员通常认为在紧张的飞行阶段进入驾驶舱会分散飞行员的注意力（如果飞行员正在处置紧急情况，这当然是正确的做法）。

因此在这个事件中，驾驶舱和客舱之间出现了明确的间隔。在飞行中，交流是非常重要的。要知道，飞行员并不是万能的，我们不能主观地想象飞行员什么都明白。有时候，飞行员也会意识不到故障的存在，这时客舱机组成员就应该发挥关键作用，及时、准确地向飞行机组提供关键信息。在这起事件中，如果当时看见左发故障的一名或者多名乘务员主动采取行动， 那么这起事故应该可以避免。这起事故的发生与目前航空公司的培训方式中没有专门提供乘务员和飞行员的配合练习有极大关系。

以上航空事故对于铁路领域也应该引起重视，随着信号系统自动化程度的不断升级，司机的驾驶角色不断弱化，例如，在 GOA3（自动化等级 3 级）级地铁列车上司机在司机室内并不需要操纵列车，因而时刻关注车厢内的情况是保证运行安全的重要一环。然而，司机也不是万能的，很多信息需要通过跟乘客沟通获得。以 2021 年 7 月 20 郑州发生暴雨致的 5 号线乘客死亡事故为例，车上乘客的具体情况司机和控制中心难以直接获取，而乘客又没有权限对列车进行干预，地铁司机按照调度命令行驶，“调度不给命令停，司机似乎也不敢停”。当没有一个完善的沟通渠道时，就会在突发情况下对真实的现场情况完全丧失情景意识。

二、构建共享的理解

微课 4.3　构建共享的理解

共享的理解涉及人员所需的技能，以使团队能够共同工作，预测彼此的需求，激发信心，并以有效的方式进行沟通，在 NOTSS 中对共享的理解行为标记如表 4-2 所示。首先解释高风险行业中成功团队合作的心理结构：共享的心智模型和团队意识。这些概念对团队绩效非常重要。

表 4-2　NOTSS 中共享的理解行为

好的行为	差的行为
在开始运作前提供简报并澄清目标和目标； 确保团队在开始前了解执行计划 鼓励团队所有成员的参与； 确保团队相关成员对决策满意； 检查助理是否知道他们应该做什么； 操作后向相关团队成员汇报情况，讨论哪些工作进展顺利，哪些出现问题	没有向团队阐明操作计划； 没有时间进行集体讨论和回顾进展； 未能事先与不熟悉的团队成员讨论案情； 在操作结束时，不尝试讨论问题和成功； 没有告知麻醉师操作步骤（例如，可能会出血）； 如果被质疑，讨论手术计划似乎会让人不舒服

（一）共享的心智模型

共享的思维模式为团队成员提供了一个共同的理解，然后允许他们对任务形成准确的解释和期望，并协调他们的行动和行为。因此，团队成员可以预测其他团队成员的需求，并同步他们的活动。对任务和团队保持准确和共享的心理模型，支持团队成员之间的有效协调。

心智模型或称心智模式，是由苏格兰心理学家 Kennth Carik 在 20 世纪 40 年代创造出来的，认为人类对其所生存的系统有一套心智模型，这是个体理解和看待周围事物的思维模式。心智模型理论是认知心理学有关推理理论的主要研究范式之一。他认为个体对于事物的感知要经历三个过程：对外界事物的转化；通过推理得出概念；然后建立概念与外界事物的联系。他把这三个过程描述为内部建构和类比的“建模”。并用这些“模型”来对事件进行预测、归因以及做出解释。人们用心智模型来推断事件的相互关系、预测结果、理解和解释人们所遭遇到的各种情境，采取一系列的行为与措施，并对这些行为与措施加以控制。Young 在 1983 年提出不同的情境需要不同的心智模型，例如，在组织或工作情境中，个体就应该拥有工作内容、工作流程、使用设备、人际交往等与完成工作相关的心智模型。这个心智模型的定义说明明心智模型是一种心理机制，人们可以用它来描述系统目标和形式，解释系统功能，观察系统状态以及预测系统的未来状态，心智模型的作用是对周围环境进行描述、解释和预测，如图 4-3 所示。一个人的心智模型不仅决定着他如何认识周遭世界，还影响其如何采取行动，所以将心智模型定义为根深蒂固于人们心中的，影响人们如何了解世界以及如何采取行动的许多假设、成见、图像或印象。

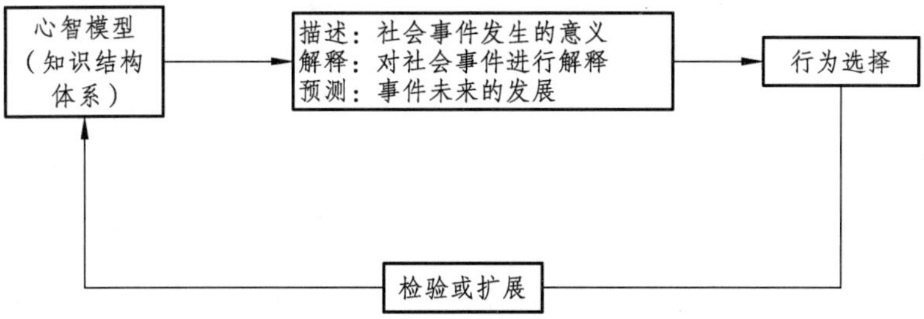

图 4-3 心智模型结构

国内学者王黎蚕提出，人类在社会生产与生活中，会根据自己体验，对周遭环境发展出一套潜在的认知结构，形成个体对周围环境及其所期望的行为的心理表征，这种心理表征会影响个体行为特征。研究者将这种行为特征背后的潜在认知结构定义为心智模型。其中“心智”是指人们通过认识、辨析、评价、接受、内化等一系列心理过程，逐步在人脑中形成的各类知识结构或知识库；“模型”是指个体在认知活动中，依据其生活或工作经历使用一些已有的思维框架来理解、分析和解决所要面临的问题。

共享心智模型是在心智模型的基础上提出来的，有关对心智模型的研究，最早可追溯到 20 世纪 40 年代的心理学研究领域，并随着研究的深入向系统动力学、社会学和管理学等领域延伸。1986 年，Rouse 和 Morris 将共享心智模型定义为团队成员所共同持有的一种知识结构，它能使团队成员形成对于团队目标和任务的准确解释和期望，从而协调各成员的行为，实现团队的相关目标。当团队成员用相类似的方式组织团队的任务、设备或技术、角色、团队目标等内容时，成员们分享了彼此间的心智模型，形成共享心智模型。理解共享心智模型之前，先要澄清“共享”一词的含义，“共享”一般分为四类：重叠、相似或一致、协调或互补以及分布。其中，重叠指的是团队成员某些共同但不一定完全相同的知识；相似或一致是指团队成员拥有相似或一致的态度或观点，以便对团队的共同问题进行相同的理解与解释；互补或协调是指团队成员掌握不同角色责任所要求的知识，形成对组织绩效的共同期望；分布式是指团队成员拥有不同的知识，并使这种知识为完成团队任务而适当地分布在团队中。“共享”不是单一的，有些团队需要知识共享，有些团队需要知识的分布或互补，这要根据研究对象与目的的不同而异。Canon 和 Browers 提出“共享心智模型”，它是团队成员所持有的一种知识结构，它使团队成员对团队任务或目标形成统一而准确解释和期望，从而协调团队成员的行为以适应团队任务和目标的需求。Mathieu 等提出，共享心智模型主要表现为与作业相关的“任务模型”、与团队相关的“团队任务模型”两大类。葛玉辉提出，共享心智模型是一种有关团队认知的心理表征，是团队行为背后的潜结构，这种潜结构通过对团队行为和团队效能的影响，进而影响组织绩效。Canon 和 Browers 和 Salas 的定义引用最频繁，即：

“共享心智模型”是团队成员共同拥有的知识结构与认知模式，它使得团队成员能对团队作业形成正确的解释和预期，从而协调各成员的行为以适应团队作业要求和其他团队成员的需求。

在团队共享心智模型的形成过程中，团队成员个体之间由于分工、职责和利益的不同，团队成员之间不太容易形成一个共同一致认可的价值观或愿景，而且很可能会存在各种对抗或冲突。但只要是在同一个组织或团队中，团队成员个体的利益总是归属于团队的整体利益之中，而且一个优秀或富有战斗力的团队，一定会形成团队的整体目标、共同信仰和团队文化，一方面团队会通过外在的标识、雕像、文化宣传栏、先进人物等物化形式，另一方面团队会以一种使命、愿景、核心价值观等内在精神形式，通过这两个方面对团队成员个体进行行为感召、情感激励和价值观引导，使团队成员个体对自身的内在价值观、假设、成见、图像或印象进行重新评估与调整，融入团队整体的内在隐性知识结构之中，构成一个不断丰富且日趋稳定的团队。共享心智模型具有发展演化的四个阶段：初始期、碰撞期、联结期和成熟期，如图 4-4 所示。

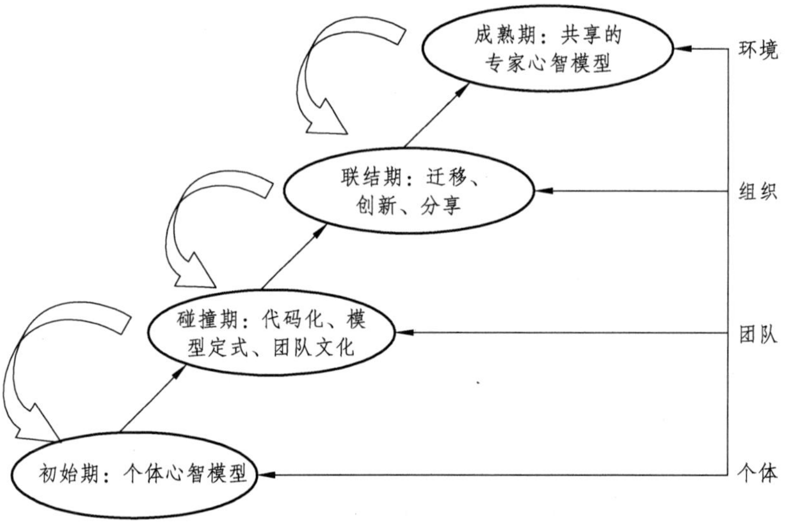

图 4-4　共享心智模型的演化路径

（二）团队意识

团队意识被定义为一个团队管理和协调其努力以解释当前情况和预测未来情况的过程，通常是在不确定或模糊的条件下。当人们意识到共享的心智模型不再准确时，团队意识就成为必需。它可以被看作是对意外情况（例如，在切开病人时，手术的复杂性明显大于预期）和/或预期失败（例如，手术前进行的磁共振成像扫描表明这将是常规手术）的反应。Klein将这些令人担忧的事件称为绊线，表明当前的计划可能存在一些需要解决的弱点或错误（例如，需要引入血管外科医生，并取消名单上的其他病人）。团队工作和沟通失败，属于未能识别绊线。例如，手术室团队没有提醒外科医生或麻醉师出血量高于预期。

吕劢认为，团队意识实质上是一种集体主义精神，在这种集体主义精神的激励下，经过团队成员的共同努力与协力合作，才能实现团队目标。汤帮耀、彭希林、旷浩源指出，团队意识就是团队成员能够为了团队的利益和目标而相互协作、尽心尽力的意愿与作风。林婉玲认为，团队意识是指团队成员以其共同的责任感和认同感，去认同团队的共同目标，通过协同配合的互动方式，努力追求团队目标的集体意识。一般认为，团队意识是指整体配合意识，也可以理解为合作的意识，它涵盖了团队目标、团队关系、团队角色及团队运作过程四个方面。本书认为：

团队意识是个体凭借其对所处团队的集体认同感、归属感以及荣誉感，而愿意与团队其他成员一起努力奋斗实现团队目标的一种积极心理。可以说，团队意识是个体对团队所独有的一种情感意识，具体表现为对团队有强烈的集体认同感、集体归属感以及集体荣誉感。

团队意识包含的 3 个方面的内容，即集体认同感、集体归属感以及集体荣誉感，集中体现了团队意识的核心内容，可以说是团队意识的具体表现形式。从宏观上讲，一个人具备了集体认同感、集体归属感以及集体荣誉感，必定具备团队意识。从微观上讲，看一个人对其所处的团队是否具备团队意识，以及团队意识的强弱程度，就是看这个人对该团队是否具有集体认同感、集体归属感和集体荣誉感，以及此三者的强弱程度。团队意识的特点有如下几个方面：第一，团队意识是一种主动性的意识，是要将自己主动融入整个团体去思考问题，想团队之所需，从而最大限度地发挥自己的作用，也即一种集体主义意识；第二，团队意识的外化表现就是团队成员之间相互协作配合，为达到团队目标而共同努力；第三，团队意识包括对团队目标的认识，对自己在团队中的团队角色的认识以及团队中其他人在团队中的团队角色的认识、对团队成员相互关系的认识、对团队运作过程的认识。

微课 4.4　团队行为协同

三、团队行为协同

NOTSS 行为标记系统中，团队合作和沟通的类别中的第三个也是最后一个元素是团队行为协同，如表 4-3 所示。在医疗领域，团队工作要求外科医生促进手术室所有成员之间的协调。这一点在手术室尤为重要，因为在手术室，麻醉师、护士和外科医生在一个复杂的系统中相互依存地工作，在这个系统中，病人护理的不同方面分布在整个手术室团队中。因此，为了提供安全的护理，团队成员必须通力合作。从表 4-3 所示的行为可以看出，协同团队行为涉及为其他团队成员提供支持、分担工作量、承担个人责任、维持良好的工作关系和提供相互支持。相互支持涉及信息支持，如提供建议和信息，以协助团队成员执行他们的任务。当团队中有学员时，这种支持尤为重要。高效的团队有一种开放和信任的氛围，领导者可以接受不同的观点，团队成员也不怕表达出错。

表 4-3　NOTSS 中协同团队活动行为

好的行为	差的行为
检查其他团队成员是否已准备好开始操作； 当麻醉师或擦洗护士要求时停止手术； 通过及时组织活动，确保团队高效工作	不问麻醉师是否可以开始手术； 在没有确保设备准备好的情况下进行操作

（一）显性与隐性的协同

显性的协同是指使用语言与其他团队成员积极交换信息，以允许团队成员建立一个准确的共享心理模型，并参与团队意义的构建。它涉及深思熟虑的努力，以协调团队的活动，并已确认在新的情况下和在决策过程中是适当的。例如，如果列车运行过程中发生的临时情况。显性的协同通常是由控制中心指导的，他们会明确地指导线上所有列车司机。

隐性协同不那么费力，它关注的是一个团队成员对另一个成员的需求的预测：这可以在普通和常规程序中观察到（例如，高铁司机与随车机械师的配合）。隐式协同要求团队成员对任务有一个共同的理解，包括其他团队成员的需求以及他们为支持任务所从事的活动。因此，如果预期中的隐性协同出现失败，可能意味着缺乏共同的思维模式，需要进行更明确的协同。

在对航空机组人员的研究中发现，在工作高度标准化和工作量高的时期，与标准化和工作量低的时期相比，对显性协同的依赖更少。同样，对麻醉小组的研究也发现在高度标准化的情况下依赖于隐形协同。一个高效的外科手术团队能够使用内隐沟通和外显沟通。改进隐性协同的一个可能的策略是更好地理解其他团队成员的任务和角色。可以促进这一过程的一种特殊干预是交叉培训。

（二）冲突与解决

冲突可以定义为涉及多个个体的任何争议、分歧或意见分歧（例如，司机与随车机械师意见不统一），并需要一些决定或行动。例如，医疗团队中经常发生冲突。研究发现，50.78%的患者在治疗过程中发生过冲突，其中 38.48% 涉及医患冲突。考虑到手术室潜在的压力环境，一组医疗保健专业人员可能有重叠或划分不清的责任领域，或两名医生同时照顾一名患者时，冲突的可能性很高。

任务相关的冲突和关系相关的冲突是有区别的。与任务相关的冲突通常是认知性质的。这种类型的冲突集中在决策上的分歧，包括观点、想法和意见的不同。例如，行调之间对于调度策略的意见分歧。与人际关系相关的冲突往往集中在情感上，关注与个人问题或差异相关的紧张或个性冲突。虽然关系冲突与糟糕的团队表现有关，但与任务相关的冲突则不一定如此。事实上，缺乏与任务相关的冲突可能对行车安全有影响，因为这可能意味着团队没有替代方法。对手术团队成员的研究发现关系相关的冲突和任务相关的冲突紧密相连。因此，他们建议，与关系相关的冲突应该始终谨慎地管理，因为它几乎总是伴随着与任务相关的冲突。

Katz 提出了处理冲突的几种方法：

（1）预测冲突。

（2）提升交际能力。

（3）确定冲突的确切来源。

（4）建立行为准则。

（5）为讨论找一个非评判性的起点。

（6）建立共同的标准和目标。

（7）承认系统中所有共同的挫折。

（8）如果有必要与同事发生冲突，应在私人场合进行。

（9）邀请第三方干预。

（10）如果冲突最终是不可调和的，转移权力。

冲突管理是需要学习的技能。医疗领域的培训经验发现，外科受训者对手术室小组紧张的反应是不与医生交流或模仿会诊医生的行为。这两种反应都对团队绩效有负面影响，可能会加剧岗位间的冲突。解决问题需要手术室成员之间的相互尊重、倾听不满、坚持问题，承认意见上的差异。

四、提升团队沟通与合作的措施

微课 4.5　提升团队合作与沟通的措施

（一）安全预想

安全预想对于行车团队成员开发共享的心智模型至关重要。医疗领域的简报与安全预想类似。在一项对爱尔兰外科医生的调查中，大约 50% 的受访者表示很少完成充分的术前简报。所有团队成员，不论资历高低，都应出席简报。简报在手术开始前进行，应遵循正式和可预测的结构。一般来说，小组的资深成员应该领导简报，然而，鼓励和接受来自所有其他团队成员的参与是很重要的。与任务有关的所有相关信息都应该讨论，包括技术和非技术问题。应该使用双向语言交流。

（二）暂停与检查表

有两种类型的暂停。

第一种是安全检查表的形式，也可以称为简报。在医疗领域，对大多数外科医生来说，暂停时间是专门讨论的病例相关的短会。

第二种暂停与过程中任务的中断/暂停有关，通常是为了重新评估正在进行的任务。这种任务中的暂停在压力情况下非常必要。如果可能出现无法控制的结果，经验丰富的司机会申请临时停车，与调度沟通或者寻求专家帮助。这种暂停让司机能够在心理上从这种情况中后退一步，重新评估后做出决定，并准备下一步行动。这也可以是一个与团队的其他成员一起形成当前复杂情况下共享的心智模型的契机（例如，与随车机械师讨论故障原因并制定是否行车和如何行车的计划）。这种重新评估有助于避免视野狭窄和过度专注于某一特定任务而忽略全局的可能性。

在航空、核电和铁路等高风险工作领域，检查表被广泛用作记忆辅助工具。在这些领域较少出现偏离检查表的情况。但是在医疗领域，之前较少使用检查表，但是近年来检查表的使用也逐渐推广。例如，在一项由 469 名英国白内障外科医生完成的调查中，93% 的人报告使用了手术检查表。检查表作为一种工具，对于确保特定的步骤不会被遗漏从而改善日常工作的绩效是特别重要的。在压力大的情况下，单凭记忆很容易漏掉某些步骤。例如，地铁司机台账就是一种检查表，如图 4-5 所示。

在医疗领域，世卫组织外科检查表提供了一种实用工具，在一项对世卫组织外科检查表效果的评估研究中，手术死亡风险降低了 43%，并发症风险降低了 37%。同时还发现，检查表对手术人员的安全文化产生了积极的影响。

司机报单

日期：　　年　　月　　日　　　　　　　　　　　　　　　　　　　　编号：

职　务	代　号	姓　名	出勤时间	退勤时间
司　机	1234	张　三	12：30	18：30
			出勤派班员	退勤派班员
			李　四	王　五

序　号	车　号	车　次	始发站	时　间	终到站	时　间
1						
2						
3						
4						
5						
6						
7						
8						
9						
10						
11						
12						
13						
14						
15						

人公里		事件单（张数）	
行车记事			

图 4-5　某地铁公司司机台账

（三）事后报告

在一个任务（例如，一个操作行为）完成之后执行事后报告。目的是从技术和非技术的角度来回顾任务的进展情况，包括哪些进展顺利，哪些进展不顺利，以及未来可以如何改进。如果一切都按照计划进行，一个团队在完成任务后一般不喜欢进行事后报告。这是因为通常情况下，人们在完成一个任务后最不想做的事情就是花时间讨论他们自己的表现，特别是常规的和成功完成的行为。在一项关于爱尔兰外科医生对团队合作和沟通态度的调查中，没有实习外科医生表示进行过充分的手术后简报。相类比而言，为了促进学习，铁路司机学员在训练时要加强报告和反馈。学者确定了在报告中应该表现的 8 种行为：

（1）一个有效的报告环境是营造当团队成员感到困惑或犯了错误时能够坦然承认的环境。因此，为了鼓励这种行为，指导司机应该在报告中提供营造这种氛围。

（2）为了优化任务报告中的学习，团队成员应该接受来自其他成员的反馈。

（3）反馈应以任务为中心而不是以人为中心。应避免对特定团队成员的批评。反馈应集中在行为纠正上，而不是针对某个团队成员的个人攻击。

（4）反馈应该提供具体的、有建设性的建议，而不是模糊的负面反馈。这种类型的反馈有助于识别和总结个人和团队需要改进的领域。

（5）应该鼓励所有团队成员参与报告。指导司机应该指导和促进团队成员畅所欲言，而不是简单地对团队成员进行说教。

（6）确保对非技术和技术技能进行了讨论。团队成员不一定理解与他们执行任务相关的具体团队行为。

（7）在进行后续报告时，参考之前的报告和团队表现，保证报告的连续性、可靠性、一致性和可追溯性。

（8）当某一成员绩效提高时，要通告知其他成员。

在实际的工作中，在相关任务结束之后进行彻底的汇报是极具挑战性的，因为这非常耗费时间。例如，手术之后，外科医生需要完成书面工作、麻醉师可能在恢复室与病人待在一起、护士可能在清理手术室并为下一个病例做准备。但是在教学中，以模拟器为基础的训练恰恰弥补了这一不足。在一次模拟运营任务结束之后，组织学生以小组为单位进行报告可以有效地加强当天的训练效果。

（四）团队训练

团队训练的方法主要包括：模拟器训练、交叉训练以及工作中训练。

1．模拟器训练

模拟器环境中，团队可以在任何事情上一起工作，从日常程序到紧急情况，非常有利于团队合作技能的发展。使用模拟器中的脚本编写功能，可以开发出针对各种团队合作任务的训练场景，例如，司机不听调度命令或持续处于不安全情况。在场景设计中，这些脚本化的角色通常非常灵活。模拟器训练还提供了挑战既有规范的环境。例如，由于指挥层级的影响，列车司机可能难以在真实环境中说出行车调度的潜在危险决定，而模拟器提供了一个心理安全的环境，在这个环境中，所有人都可以进行可能通常被视为“犯规”的行为。此外，通过暂停和报告的过程，可以让原本使人不舒服的沟通行为变得合理化。

2．交叉训练

交叉训练可以定义为一种指导性的策略，在这种策略中，每个团队成员都接受他或她的队友职责的培训。交叉训练有三个层次：岗位澄清、岗位建模和岗位轮换。

（1）岗位澄清的目的是让团队成员对团队中每个成员的角色和责任有一个大致的了解。在这一层次采用的方式是讨论、讲座和演示。

（2）岗位建模为团队成员提供了更高层次的理解。讨论和观察每个小组成员的职责。这种技术使得团队成员知道每个团队成员的职责，以及这些职责与团队其他成员之间的关系。训练手段包括在模拟情境中观察队友。

（3）岗位轮换为团队成员提供了直接的、实际的实践。目标不是让团队成员成为其他角色的专家，但他们应该达到一个基本的能力水平，由队友执行的特定任务，需要高度的合作和相互信任。

3．工作中训练

可以在模拟器中进行非技术技能的培训后获得的一些技巧，运用于工作中的自我训练。例如，虽然“冻结”技术通常用于基于模拟器的训练，但也可以适时在工作中使用“冻结”技术，前提是必须确保中途中断工作不会危及安全。该方法适用于时间压力较小的工作场景，例如，站务组织乘客排队候车的策略反思。使用视频也是工作中训练的一种手段，例如，司机室内的摄像头记录的司机行为可以实时地被其他司机拿来分析和训练。

单元小结

本单元首先通过典型铁路事故说明沟通与团队在行车安全中的重要性。随后，介绍了信息交互的内涵；然后说明了构建共享的理解和团队行为协同的原理；最后说明了提升团队沟通与合作的措施。

练习与思考

（1）航空、医疗领域进行清晰沟通的策略有哪些？

（2）在铁路应急场景下如何保证良好的沟通？

（3）简述共享的心智模型的含义。

（4）简述团队意识的含义。

（5）隐形与显性的协同有何区别？

（6）如何进行团队训练？

单元五　领导力

俄文对照　单元五

案例导入

一、领导力事故案例

微课 5.1　领导力事故案例

2003 年 2 月 18 日，韩国大邱市地铁中央路站发生火灾，造成 198 人死亡，146 人受伤，298 人失踪。经调查，火灾是由一金姓男子放火所致（见图 5-1）。

图 5-1　被烧毁的列车内部

二、事故分析

2 月 18 日上午 9：55 左右，韩国东部著名的纺织服装城市大邱市，已经过了上班的高峰时间，第 1079 号地铁列车上乘坐的大部分是老人和孩子。他们或翻看手中的书报，或闭目养神，除了车轮的声音，车厢里显得非常安静，他们做梦也没有想到，一场巨大的灾难正要降临到他们的头上。

列车刚在市中心的中央路车站停住，第三节车厢里一名 56 岁的男子就从黑色的手提包里取出一个装满易燃物的绿色塑料罐，并拿出打火机试图点燃。车内的几名乘客立即上前阻止，但这名男子却摆脱阻拦，把塑料罐内的易燃物洒到座椅上，点着火并跑出了车站。

车内起火后，车站的电力系统立刻自动断电，站内一片漆黑，列车门因断电无法打开。车内没有自动灭火装置。正当大火烧起来的时候，刚好驶进对面站台的 1085 号列车也因停电而无法动弹。大火迅速蔓延过去，两列车的 12 节车厢全被烈火浓烟包围。人们乱作一团，有的拼命撬门，有的四处寻找逃生的出口。

事故发生后，大邱市消防部门立即赶往火灾现场进行灭火救人工作。当 66 辆消防车和救护车尖叫着冲往事发现场时，附近街道的正常交通几乎陷入了瘫痪，所有地铁也停止运行。有关方面还在地铁附近建立了紧急救护中心，大约有 3200 名警察及消防人员投入到救援工作。

地铁大火熊熊燃烧了 3 小时，直到下午 1 时才被扑灭。然而，塑料等物燃烧后造成的刺鼻毒气和浓烟仍然蔓延在地铁车站内，给救援工作带来了巨大的困难。到当天下午 3 时，消防人员仍然戴着防毒面具在地铁车站内寻找可能的幸存者，大量黑色浓烟仍从地铁通风管和楼梯间源源不断涌向地面，浓烟逼得救援直升机根本无法靠近。

三、事故中的领导力

当时起火的 1085 号列车的司机拿不定主意该如何处置这种情况时,车上的乘客因此被困 10 分钟。司机后来终于手动打开了一些车厢的车门，但此举却适得其反，使乘客暴露在有毒气体中。据救援人员称，死亡的乘客多数是 1085 号列车的乘客。可见，领导力水平低下导致司机在关键时刻错误决策，加重的事故的伤亡。

四、领导力事故课程思政启示

领导力在组织人员疏散和营救的过程中是一项核心技能。由于列车司机在日常行车中也是员工角色，基本没有经过专门的领导力训练，然而领导力并不是一定要使用权力，而是在处理突发场景时由于只有列车司机最清楚列车和线路情况，形成了天然的应急任务处理指挥权，这不是一项权力而是一项义务，是司机在危机情况下必须扮演的英雄主义角色，只有敢于承担责任，了解领导力、使用领导力才能在时间压力下保证更多乘客的生命安全。

和平年代不是不需要英雄，而是时刻准备着成为英雄，因为岗位赋予了保护乘客的神圣使命。

相关知识

微课 5.2　领导力的概念与作用

一、领导力的概念与作用

（一）领导力概念

领导力是管理学上的一个重要概念，领导力是领导者为实现组织的目标而运用权力向其下属施加影响力的一种行为或行为过程。领导力工作包括五个必不可少的要素：领导者、被领导者、作用对象（即客观环境）、职权和领导行为。

1．领导

领导是指引和影响个体、群体或组织来实现期望目标的各种活动过程。这个过程是由领导者、被领导者和其所处环境这三个因素所组成的复合函数，即：领导 =f（领导者，被领导者，环境），而这个函数f则是职权。

领导有如下特点：① 领导必须有领导者与被领导者；② 领导者对被领导者的影响或作用力超越被领导者对领导者的影响或作用力；③ 领导者的目的是影响被领导者在某一特定环境下实现群体或组织的目标。

2．领导者

领导者是指能够实现领导过程的人。一个群体可以指定或选出一个领导者，领导者是群体中的一个重要角色，是群体成员之一，但是该成员（领导者）在群体中的影响以及能发挥的作用要大于其他成员。领导是一种行为，领导者则是从事领导行为的人。

3．领导行为

领导行为有以下四个要素：

（1）支持：指领导重视与支持下属的价值观及感情的行为。

（2）促进相互关系：指领导善于促进下属间密切合作和互相满足的关系，并不断发展此种关系的行为。

（3）强调目标：指领导关于激发下属努力达成组织目标的行为。

（4）协助工作：指领导能协助下属拟订工作计划，调整工作关系，提供有关工作的知识、技术、器具、材料等，使其便于工作，并能提高工作效率的行为。

司机作为整个团队的领导者，无疑是保证列车安全的第一人、在当前及未来智能化铁路的列车运输中，司机的工作职责已经远远超越了单纯地操纵列车运行。司机是决定运行组织工作成败、管理效率高低的关键因素，而运行组织工作的成败和管理效率的高低则直接影响运行安全。因此，如何有效地发挥司机的领导力，成为决定运行安全的关键因素。

（二）列车运行中的领导力

领导力，并非特指某一个人，而是指运行群体，包括团队意识。领导力是一种达成目标的工具，协助整个团队成员实现运行安全和效益目标。领导力不是一种单方面的作用，而是要求领导行为和有效的团队人员反应。有时候其他团队成员也必须起到职务上的领导作用，一个职务上的领导可以暂时对专门的任务行使领导职责。如故障或者应景疏散时，列车上每位成员都必须作为职务上的领导，直接完成任务活动。领导力是一种相互作用，需要领导和被领导二者的交互作用才会产生良好效果。例如，建立良好的交流氛围是司机的职责，司机要为此做出努力，同时，团队成员要支持司机为建立良好交流氛围所做出的努力。而在司机由于个性原因没有尽到责任时，团队成员也要为建立良好的交流氛围做出努力，并以此改变司机的行为。

（三）领导力的功能

领导力的主要功能有以下两个。

1．组织功能

组织功能主要包括两个方面：

（1）目标规划。任何组织的活动必须有明确的目标，只有目标明确，工作效率和管理效能才能有效地提高。不但要对团队其他成员指出的主要目的和要求，在不同时期和不同环境内，还要抓住重点，明确该时段的主要任务，提高的工作效率。

（2）制定规范。规范是实现组织目标的保证。虽然每一个团队成员都对运行规章和制度有一定了解，但只有强调了规范以后，团队成员才能提高对规章的认识，明确地执行规章制度。例如，航空领域中每次起飞前，机长强调一次对标准喊话的执行，将会对机组成员执行标准喊话起着有效的提醒作用，使机组能够严格执行标准程序，这将对飞行安全起着至关重要的作用。

2．激励功能

激励功能主要包括两个方面 ：

（1）激励团队成员对于组织目标的自觉认同。一般来讲，团队成员的个体目标有时与组织目标有所出入。这时，应尽可能地把组织目标和个人的需要有机地结合和协调起来，正确引导，指出在组织目标中，同样存在个人目标的实现，从而提高机组成员执行组织目标的自觉性。这就要求在对待不同情况时，发扬民主作风，听取意见，具体分析，区别对待，支持个体正确有益的需求，引导纠正不合时宜的错误需求。

（2）激励团队成员的工作积极性。航空领域中机长在飞行过程中，应用精神激励和信息激励的方式，采取各种手段，主动创造良好的工作氛围，因地制宜地调动机组的工作积极性，鼓励机组成员做好自己的本职工作，提高机组的工作效率。列车司机在出乘前与乘务组成员会面时的友善问候，会消除乘务组成员之间的距离感，创造良好的人际关系氛围，这将起到建立良好交流氛围的效果。

某飞机上的副驾驶是一名新手，他在稳定爬升阶段控制空速时遇上了困难，并使改平高度产生了几百英尺的误差。驾驶舱对话如下 ：

副驾驶：我刚才做得不是太好，我哪一点做错了呢？

机长：让我们回顾一下刚才的操纵，你自己认为有什么地方做得不对吗？

副驾驶：是的，我觉得空速难以控制。

机长：那仅仅是问题之一，还有其他的吗？

副驾驶：功率没有变化，但是俯仰变化量太大了。

空中机械师：我也这样认为，你刚才的俯仰量太大了。

机长：是的，这就对了。我认为你应该注意姿态仪，并且在你决定要修正之前，你应该保持好状态，配平飞机，然后做一些微量的修正，改平时要掌握好提前量。

副驾驶：好的，听起来这是一个好主意，下一次飞行的时候我再试一试。

（四）权威性与直陈性

权威性与直陈性是影响领导力与协作的一个重要因素。权威性主要指司机在团队中的地位和影响力，而直陈性指团队成员在陈述自己的观点的勇气和果断性。通常情况之下两者是反比例的关系，直陈性更主要地由司机的特点决定，与团队成员的个性也有关系。

权威性是实现领导力功能的重要依托和前提条件。有了权力并不等于能实现最好的领导效果。除了具有法律上的权力之外，司机还应该具有个人品质权威。

1．行政性权威和个人品质权威

1）行政性权威

行政性权威是由政府部门或者公司授予某种职位而带来的权力、威信和影响力。只要是一名司机，就具备这种行政性的权力和威望，这种权威性在实施领导行为之前就已经存在。行政性权威的显著特征就是有一定的强制性，被领导者是被动的服从，因此这种权威有一定的局限性，不足以产生众望所归的效果。其他团队人员也有一定的行政性权威，如列车长对乘务组有领导职责。

2）个人品质权威

有效的领导还必须有赖于个人品质权威的作用。个人品质权威是由自身的人格品质和技术胜任能力所自然产生的权力和威信，也就是我们平时所说的“德才兼备，以德服人”。个人品质权威是包括司机在内的每个团队成员都具备的。个人品质权威由品格因素、才能因素、知识因素和感情因素等构成，一名合格的司机应该有以下的个人品质：

（1）品格因素：是指道德、品行、人格和作风等。司机必须具备的品格包括公正无私、言行一致、强烈的敬业精神和使命感等。具有高尚品德的机长使人产生一种尊敬感，因而具有强大的感召力。司机在平时就应注重自己的言行，培养这些品格。

（2）才能因素：是指司机各种能力的总和及其在驾驶过程中的体现，是完成领导工作的主要内在条件。它主要包括分析判断能力、决策创新能力、组织管理能力等。综合能力高的司机能给予其他成员较高的信心和希望，从而使其他成员接受领导的自觉性不断提高。

（3）知识因素：是指列车驾驶的业务知识水平。一个具有较高业务知识水平的司机，会带来信赖感，司机要不断加强学习，使自己的业务知识水平保持在机组其他成员之上，以有效地领导团队成员。

（4）情感因素：是指司机与团队之间建立的感情关系。只有建立了良好的感情关系，才能拉近彼此之间的心理距离，相互之间的影响力才会增大；反之则会加大彼此之间的心理距离，甚至产生对抗情绪，不利于工作开展。

2．直陈性和权威性的平衡

权威性与其他团队成员的直陈性之间达到某种平衡关系,将会给驾驶带来最安全的处境。因此，必须以某种方式实施其在个人及行政上的权威性，但这种权威性本身并不意味着削弱其他成员的直陈性。与之相反，为了发挥群体作用，应该为团队成员提供足够机会，使团队成员能够陈述自己的观点，在必要时还应该允许团队成员对自己的决策进行质询。

权威性和直陈性不平衡的两个极端就是权威性太高以及团队成员的直陈性太低。

1）权威性太高

由于某些原因，可能处于太高的职权水平，常见的原因有：

（1）司机所接受的训练就是独立自主地做出决断和自我约束，如同军事飞行员所接受的训练一样。如果这类司机将原来训练中获得的管理态度迁移到列车资源管理中，就可能使他的权威性处于过高的水平。

（2）司机可能严重缺乏交流技能，或者根本不知道进行有效交流的必要性

（3）司机可能仅仅是一个以工作绩效为价值取向的人，他对结果的兴趣远胜于对人的兴趣。

（4）他可能是一个新司机，需要通过提高自身的权威性来证实自己的价值。

2）成员的直陈性太低

与权威性相对，团队成员的直陈性也可能会由于某些原因的影响而处于太低的水平。主要原因包括：

（1）被权威性所征服，如果团队成员由于质询等而受到了严厉抨击，那么以后他就可能倾向于不再提出质询。

（2）没有受过交流和管理技能方面的训练，缺乏交流的技能，甚至缺乏需要这些技能的意识或者不知道应该具备这些技能。

（3）存在个性缺陷，如过于内向和胆小怕事以及怯弱的性格品质等。

人们总是倾向于认为自己是正常的，只有别人才会出错和偏离正常。因此，在批评和抨击别人之前，必须要首先学会反复思考，并对自己的行动进行质疑。如果团队成员的直陈性太低，就需要考虑是否设置了适宜的质询环境，以及是否给予了他们参与的机会，或者是否不恰当地拒绝了他们的正确反应等。与上述类似，如果团队成员的直陈性太高，则需要思考是否实施了足够的权威性，其他团队成员的反应是不是正在填补自己工作的空白。

3．权威性与交流

建立良好交流和相互作用的氛围是司机的职责，交流双方是平等的并不意味着司机失去了权威性。相反，如果司机能够建立起交流和相互作用的氛围，就可以通过全面而深入的交流，体现作为司机的领导艺术，增强自己的权威性。同时，其他团队成员才有可能把司机看作自己行动的向导，并接纳自己的司机，进一步增强司机的权威性。维持良好的交流气氛并不是司机一个人的事情，它是全体团队成员的共同职责。所有团队成员的共同努力，对于改善交流非常重要。

在航空领域，副驾驶是机长的助手，在职责上是下级，但同样在机组资源管理中处于重要地位，在交流上与机长处于同样的水平。所以，必须消除等级观念，使副驾驶敢于直陈己见，可以充分有效地利用机组资源。为了减少或消除副驾驶等机组成员进谏机长所可能遭受的打击报复，航空领域采用副驾驶进谏机长的 PACE 四步骤法。

步骤 1：寻求（Probe for）与机长之间的较好的理解沟通；

步骤 2：忠告提醒（Alert）机长已犯下错误；

步骤 3：强烈要求（Challenge）机长改变错误的决策；

步骤 4：紧急警告（Emergence warning）机长操纵的飞机即将处于非常危险的境地。

此方法每一个步骤的第一个单词的第一个字母组成了 PACE，因此称这个方法为 PACE 法。这四个步骤是循序渐进的，每个步骤都要求采用询问的方法以减少副驾驶因进谏而日后遭受报复的风险，当然也是为了下级机组成员能够切实有效地规劝机长改正错误。这个方法在实际飞行中具有很强的可操作性。铁路领域可以借鉴。

二、领导力理论与支持他人

（一）领导力理论和领导方式

微课 5.3 领导力理论与支持他人

领导力理论是研究领导有效性的理论，是管理学理论研究的热点之一。影响领导力有效性的因素以及如何提高领导的有效性是领导理论研究的核心。自 20 世纪 40 年代以来，西方组织行为学家、心理学家从不同角度对领导问题进行了大量研究，这些研究经历了几十年的演进，已经由一般的领导形态学、领导生态学发展为领导力动态学研究，导致了领导力理论的诞生与发展，成为当今西方领导力理论的主流。

较早研究领导力理论的人是意大利政治学家马基雅维利。他指出："领袖是权力的行使者，是那些能够利用技巧和手段达到自己目标的人"，美国政治学家伯恩斯更进一步地将"追随者"纳入领导力的要素，认为："领导人劝导追随者为某些目标而奋斗，而这些目标体现了领袖及其追随者共同的价值观和动机、愿望和需求 、抱负和理想。"

目前，领导和管理之间是否有区别是领导力理论的研究热点之一。很多专家、学者在这方面有不同的看法。美国哈佛商学院领导学教授约翰·科特提出领导和管理具有不同的功能：管理是用于应对复杂性的，而领导则是应对变革的。管理者通过制定正式计划、设计规范的组织结构以及监督计划实施的结果，使组织达到有序而一致的状态。而领导者通过开发未来前景而确定前进方向。他们与他人交流这种前景，推动组织进行建设性的变革，并激励他人克服障碍以实现这一目标。斯蒂芬 P 罗宾斯（Stephen P. Robbins）认为：管理者和领导者是完全两类不同的人，管理者即使不是以消极的态度也是以非个人化的态度面对目标，而领导者则是以一种个人的、积极的态度面对目标。

管理者和领导者具有以下不同：① 管理者倾向于把工作视为可以达到的过程，而领导者的工作则具有高度冒险性，他们常常倾向于主动寻求冒险，尤其是机遇和奖励很高时；② 管理者喜欢与人打交道的工作，避免单独行动，离开群体他们会感到焦虑不安，他们根据自己在事件和决策过程中所扮演的角色与他人发生联系，而领导者关心的则是观点，以一种更直接的方式与他人发生联系。

因此，领导与管理的关系可理解为"思想"与"行动"：管理是有效地把事情做好领导则是确定所做的事是否正确；管理是在成功的阶梯上努力向上，而领导则指出所爬梯子是否靠在正确的墙上。明确领导和管理的区别有助于领导者对自己的角色进行定位，从而使领导者更加关注领导者应该做的事。

管理的四大职能是：计划、组织、领导和控制。其中，领导作为一种管理活动，是有效管理工作必不可少的一个环节。领导指管理者通过指导、激励、带领等方式对下属的思想、行为施加影响，从而努力达成组织目标的过程。

有关领导的理论很多，随着管理理论的发展，领导理论大致有四种理论学派 ： 早期的特质理论和行为理论、近期的权变理论、当前的领导风格理论。按照时间顺序，在 20 世纪 40 年代末，也就是领导理论出现的初期，研究者主要从事的是领导特质理论的研究，其核心观点是：领导能力是天生的；从 20 世纪 40 年代末至 60 年代末，主要进行的是领导行为理论的研究，其核心观点是：领导效能与领导行为和领导风格有关；从 20 世纪 60 年代末至 80

年代初，出现了领导权变理论，其核心观点是：有效的领导受不同情景的影响；从80年代初至今，大量地出现了领导风格理论的研究，其主要观点是：有效的领导需要提供愿景、鼓舞和注重行动。

1．领导特质理论的研究

早期的领导力理论研究都着眼于找出杰出领导者所具有的某些共同特性或品质，称为特性论（或品质论）。传统的领导特质论认为，领导特质是天生的，Francis Galton 早在1869年就认为领导者的特质是天生的。早期，美国管理学家 Edwin E. Ghiselli 提出了领导的8种个性特征和五种激励特征。这8种个性特征分别是：才智、首创精神、督察能力、自信心、决断力、适应性、性别、成熟程度；5 种激励特征分别是：对工作稳定的需求、对金钱奖励的需求、对指挥别人权力的需求、对自我实现的需求、对事业成就的需求。1969年，Gibb 的研究认为天才的领导者应该具备7种特质：善于言辞、外表英俊、高超智力、充满自信、心理健康、支配趋向、外向敏感。

以上特性论着重对领导者的特质进行研究，在这个时期并没有把具有某些特质的领导命名为某种类型。后来出现了新特性论，新特性论中最有名的要数领袖魅力理论。另外类似的还有变革型领导、愿景型领导等，形成了后来领导风格理论的研究基础。

2．领导行为理论的研究

行为理论研究的真正萌芽始于19世纪40年代。当时，许多管理心理学家在调查研究中发现领导者在领导过程中的领导行为与他们的领导效率之间有密切的关系，基于此，为了寻求最佳的领导行为，许多机构对此进行过大量的研究。

首先是俄亥俄州立大学 HemphiU 等的因素分析方法，从多种领导行为因素中抽出了两个基本因素，发现了领导行为的两个互相独立的维度（抓组织或关心人），并采用了量表作为测量工具来评定这两个维度的领导行为。第二次世界大战以后，以 E . FleiShman 为首的美国俄亥俄州立大学的一批研究人员，对领导的效能进行了大量研究。他们通过多种调查问卷并做了大量测量后，发现有两种领导行为突显出来，这两种领导行为被称为“创立结构”和“关怀体谅”。“创立结构”是指那些把重点直接放在完成组织绩效上的领导行为。“关怀体谅”是指信任下级、友爱温暖、关怀下级个人福利与需要。1964年，布莱克与莫顿在以往领导行为研究的基础上，提出了著名的“管理方格理论”。他们用纵坐标表示对人的关心程度，横坐标表示对生产的关心程度。两者按程度大小各分成九等分，从而形成一个方格图。这样，在理论上能组合成81种不同的领导方式，在这81种领导方式中，可以选取5种典型的领导方式。

从领导关心任务达成和关心下级需要两个角度来考虑领导者的行为类型的思想引起许多研究人员的兴趣。除美国之外，许多其他研究人员也对此进行了有益的探索和研究。

20世纪60年代，日本学者三隅二不二在吸取前人研究成果的基础上，提出了著名的 PM 理论。该理论同样从两个维度来分析领导行为，在形式上与俄亥俄州立大学的校正矩阵相似，是从将群体作为一个整体的角度出发研究领导行为和群体行为。该理论认为，群体具有两种功能：一种功能是实现群体的特定目标，即绩效（Perform 用 P 表示），另一种功能是改善群体自身的正常运转，即维持 （Maintain，用 M 表示）。PM 理论认为，领导者的作用就在于执行这两种团体机能，因此领导者的行为也就包括这两个因素。这样，不论 M 因素多强，总会包含着某种程度的 P 因素，同样道理，不管 P 因素多强，也总包含 M 因素。此外，P 和 M 两方面都强或都弱的情况也是存在的。参照布莱克与莫顿管理方格的理论思想，如果以 P 为横坐标，M 为纵坐标，并在 P 和 M 坐标中点，各一条线，就可划分出 PM、Pm、pM 及 pm 四种领导类型。

20 世纪 80 年代，我国徐联仓等人对 PM 理论进行了研究，并根据我国国情对 PM 量表进行了标准化。后来凌文辁等还探讨了领导行为评价的中国模式问题，增加了品德维度。

3．领导权变理论

针对前两种理论研究的不足，权变理论学者在研究领导与绩效的关系时把情境因素考虑在内。具有代表性的权变理论有菲德勒模型（Fred fiedler），Psul Hersey & Kenneth Blanchard 提出的情境领导理论、Graeo 提出的领导成员交换理论和 Vector Vroom & - Phillip Yetton 提出的领导者参与模型等。

Fred fiedler 在研究领导时将领导风格分为关系取向和任务取向，并考虑了领导者-成员关系、任务结构和职位权力三种情境。通过调查研究得出结论：任务取向的领导者在领导者-成员关系比较好、任务结构比较高、职位权力比较强的情境以及领导者-成员关系差、任务结构低、职位权力弱的情境下工作会取得比较好的工作绩效，而关系取向的领导会在中等条件下取得比较好的工作绩效。

Psul Hersey&Kenneth Blanchard 与 Fred fiedler 对领导维度的划分相同，但考虑的情境不同。他们将下属的成熟度（个体完成某一具体任务的能力和意愿的程度）设定为情境，并根据下属的成熟度界定出四种有效的管理方式：在员工非常成熟的情况下，采取授权的领导方式比较有效；在员工比较成熟的情况下，采用参与的领导方式比较有效；在员工不太成熟的情况下，采取推销的领导方式比较有效；在员工不成熟的情况下，采用指示的领导方式比较有效。

在日常工作中，由于时间压力，领导者往往会与下属中少部分人建立特殊关系，这些个体就成为圈内人士，他们受到信任，得到领导更多的关照，也更可能享有特权，而其他人员则成为圈外人士。根据这种现象，有学者提出了领导者-成员交换理论，领导者-成员交换理论预测，“圈内”地位的下属得到的绩效评估等级更高，离职率更低，对主管更满意。

根据下属参与决策的程度，Vector Vroom Phillip Yetton 提出了领导者参与决策模型。该理论认为领导行为必须根据具体情况加以调整。该理论将完全独裁到群体决策的不同程度设定为 5 个等级，领导者可根据权变因素调整自己的行为。在该理论中，共有 12 个权变因素：质量要求、承诺要求、领导者信息、问题结构、承诺可能性、目标一致性、下属冲突、下属信息、时间限制、地域分散、激励-时间、激励-发展。

4．领导风格理论

目前，一种称为魅力型-工具型领导的理论开始得到发展。David A . Nadlei 与 Michael L.Tushman 在讨论企业变革时，根据领导在变革中的角色对魅力型领导和工具型领导进行了描述。魅力型领导有三个特点：提供远景、鼓舞和注重行动。

1）提供远景

提供远景包括创造未来蓝图，或者陈述人们所认同和能激发人们热情的未来状况。通过创造远景，加强人们责任感，提供共同目标，并为人们设定成功的途径。显然，最简单的形式就是清晰地表达出诱人的必然的远景。这种远景要有挑战性和意义，值得追求，并且可信。人们必须相信在追求远景中成功的可能性。

2）鼓舞

在此，领导的角色就是直接为组织的员工提供动力，激励他们行动。不同领导的鼓舞方式不同，最常用是领导通过演示个人的激情和干劲，指导个人与大多数人的合作，使激情凝聚在一起并表达出他们有能力成功的信心。

3）注重行动

领导从心理的角度帮助人们行动、面对挑战。设想个体有了远景并受到激励，可能在完成任务时需要精神上的帮助。领导必须能够倾听、理解、分享组织的情感。他们要表现为支持员工，并且把他们的信心灌输于人们心中，以使人们有效地工作并面对挑战。

与魅力型领导对应的是工具型领导，他们存在下列三个特征：第一是结构化。领导投入时间建立团队，保证团队与企业的战略相协同。创建一种结构，并在这种结构中清晰地表达出组织需要什么类型的行为。这个过程涉及设立目标、建立标准、定义角色和责任；第二个特征是控制。涉及监督行为、结果评估、构建管理行为的系统和程序；第三个特征是一致的回报。包括对员工行为与变革所要求行为的一致性问题所做的奖励和惩罚。

（二）领导力对他人的支持

NOTSS 系统中领导力类别中的其中一个要素是支持他人，支持他人是指为团队成员提供身体、认知和情感上的帮助；判断不同团队成员的能力；并相应地调整自己的领导风格，如表 5-1 所示。列车司机所扮演的角色已经超越了只拥有高水平的技术技能的角色，也包括了将非技术技能结合起来的必要性，最大限度地提高列车运行的安全性能，并确保有效的团队运作以完成这项任务。在不同的场景下可能有不止一个特定任务的领导者（例如，在遇到紧急情况时，控制中心调度人员成为特定任务的领导者，对司机发布调度命令，但是在执行命令中，司机是特定的领导者，如疏散乘客），团队成员需要相互支持。

表 5-1　NOTSS 系统中支持他人的行为

好的行为	差的行为
根据成员的需要修改行为；	对表现良好的任务没有给予认可；
为团队成员提供建设性的批评；	不能认识到他人的需要；
确保适当地分配任务；	在操作的技术方面采用“隧道视角”的方法；
与团队成员建立融洽的关系；	对其他团队成员表现出敌意（如讽刺他人）
对表现良好的任务给予肯定	

医疗领域的文献表明，外科团队的高水平团队合作为患者带来更好的结果，因此，手术团队的有效领导对减少手术干预的不良后果至关重要。在外科领域与团队合作的一个显著挑战是他们的流动性和多样性。在外科手术环境中，具有不同培训和背景的专业人员在高风险和充满错误陷阱的动态环境中发挥最佳作用。这与铁路行业非常类似，由于目前的值乘通常是轮乘制，多个专业人员往往是临时组成的团队，要求在团队合作中都具备支持他人的能力。

虽然列车司机可能在列车驾驶的技术方面接受了良好的培训，但很少或没有接受过正式的培训来领导运行团队。为了实现真正有效的团队合作，列车司机必须发挥领导作用，完成任务并发挥团队的功能。列车司机是领先的技术专家，通常认为他的角色只是完成技术任务，而不是建立积极的团队氛围和发展团队凝聚力。往往对领导职能和责任准备不足。

一个适用于列车运行任务处理的相关领导力概念是共享领导。共享领导是一种动态的、互动的影响过程，其目标是引导彼此实现团队或组织目标，或两者兼而有之。这一过程通常涉及同级或横向的影响，有时还涉及上级或下级的影响。根据这种方法，即使有正式领导在场，团队的多个成员也可以在工作的适当阶段非正式地担任领导职务。例如，在目前的外科领导研究中已经描述了共享领导的概念。外科医生倾向于认为手术室的领导完全是他们自己的责任，但可以认识到领导是外科医生、麻醉师和护理团队领导之间的共同责任。虽然关于外科医生共享领导能力的实证研究有限，但麻醉团队的表现与领导能力的共享性有关，这表明表现越好的团队分享的东西越多，而在表现较差的团队中，一个成员的领导能力明显更多。当任务的相互依赖性和复杂性较高时，共享领导对团队绩效有积极影响。由于时间压力和任务负荷增加，只有垂直型领导结构会失败，即使是最有能力的垂直领导也无法应对重大的任务负荷。领导力可能因此成为瓶颈。在紧急情况下，需要车上的每一个成员都具备领导力。

作为团队的领导者，列车司机需要判断不同团队成员的能力，并根据当前的情况相应地分配任务。这种明确的角色分配通常被视为最好的隐性分配，但这对于优化团队表现和提供后备行为至关重要。认可个人团队成员的能力，并在团队中适当明确地授权是一种非常积极的领导和团队建设行为。确保对单个团队成员的能力有限的假设是有益的实践。许多工业事故都可以追溯到对团队成员能力或他们对任务理解的假设。向团队成员提供良好的建设性反馈，并对表现良好的任务给予肯定，有助于建立团队融洽和提高团队功能。

作为领导者考虑层级和领导风格如何影响团队功能，并最终影响运行安全是很重要的。大的权威梯度意味着，表达关注、质疑决定，甚至只是澄清指示，都需要相当大的决心。大的权威梯度可能成为团队参与的障碍，减少反馈的流动，停止合作，并阻止对威胁分析和问题解决的创造性想法。只有最果断、最自信的团队成员才会觉得有能力挑战权威并提出安全问题。因此，最有效的领导者是那些有意识地建立团队层次结构，确保任务安全、适当地执行，并确保一种工作氛围，让初级团队成员有足够的信心提出关注、质疑决策并提供解决方案的人。减少不适当的权力梯度所带来的风险意味着提高个人和团队的意识，学习一些沟通策略，如向团队做简要介绍或明确要求团队提供反馈，并在日常和紧急行动中应用这些技能。这也是至关重要的，在每个阶段之后，公开讨论任何出现的问题，并将这些反馈给团队。

三、应对压力与应急场景下的领导力

微课 5.4　应对压力与应急场景下的领导力

NOTSS 领导特质的另一个要素是应对压力，应对压力指的是在压力下保持冷静的举止，向团队强调自己处于高压状态的控制之下，并在不损害其他团队成员角色的情况下采取适当的强有力的态度，如表 5-2 所示。

表 5-2　NOTSS 系统中应对压力的行为

好的行为	差的行为
在压力下保持冷静； 强调情况的紧迫性（例如，偶尔提高声音）； 在紧急情况下对乘客负责； 在压力下做出适当的决定； 为了实现目标而分配任务； 持续带领团队度过紧急情况	抑制对问题的担忧； 在压力下无法做出决定或僵住； 技术和领导力之间无法平衡； 把错误归咎于其他人而不承担个人责任； 失去耐心

列车实际运行很多情况是不可预测的，有可能突然出现高风险的情况。当情况变得更加复杂时，领导者必须以不同于常规情况的方式参与团队。随着一个团队的任务变得更有活力，领导能力也必须跟上。对于列车司机来说，需要在增加的技术投入和危机时期增加的团队领导能力之间取得平衡。一般来说，在情况变得更加紧急或复杂的情况下，工作量通常会大大增加，需要一个更直接和积极的领导。Yun 等人研究了外科创伤团队，证明了对最严重受伤患者的有效治疗需要团队中最有经验的成员承担更直接的领导角色，并做出直接决策。他们报告说，在高压力的情况下，通常是创伤小组的高级外科医生承担更直接的领导角色，从而将团队转变为一个等级严格的结构。另一方面，当不需要复杂的处理并且工作量较低时，有效的领导者会使用更有权力的领导策略，层级更扁平化，邀请团队其他成员的意见和反馈。这种授权策略使领导角色能够根据患者的情况在团队成员之间转换。这与风险较低时授予见习医生的情况是一致的，但如果出现危机，领导权很快就会回到主治医生手中，从而导致等级陡增。尽管外科医生仍然是危急情况下的领导者，但通常需要首席外科医生的技术技能来改善情况，这使得他可能无法有效地领导团队。在这些情况下，许多外科团队以一种含蓄的方式共享领导权。

缺乏明确的领导力表达导致团队领导力的缺失是一种固有的危险，尤其是在压力情况下。因此，领导者的一个重要任务是确保在团队中确定自己的领导角色。明确的领导行为与有效的团队表现出相关性。如果一个团队没有立即被认可的领导能力，那么它的效率和团队合作的质量就会降低。因此，领导力必须是明确的、可理解的和对团队成员可见的。确定领导角色对于在团队中获得控制权和避免混乱非常重要。组织和指导不应该等同于独裁式领导行为，因为独裁式领导行为会对团队的动机和效率产生负面影响，因此需要在角色定义、授权和协作之间取得有效的平衡。

一个在压力下屈服并开始表现出消极行为的领导，在最需要有效领导的时候，对团队的作用是适得其反的。例如，遇到突发情况时，列车司机在压力下身体僵硬，甚至是认知僵硬，脑子一片空白。如果列车司机对一个明显的问题或不利的结果表现出担忧，那么他就有可能失去团队的支持和尊重。同时，脾气不好和不够沉着都是糟糕的领导行为。例如，在紧急情况下，可以通过声音的音调和音量来强调局势的紧迫性；然而，自信行为和暴躁人格之间的界限在这时可能是模糊的。

单元小结

本章首先通过典型铁路事故说明了领导力在行车安全尤其是应急疏散中的重要性。随后，介绍了领导力的概念和作用；然后说明了领导力理论和对他人的支持方式；最后说明了如何在压力和应急场景下发挥领导力。

练习与思考

（1）什么是权威性？列车司机的权威性有哪些？
（2）权威性和直陈性不平衡的两个极端是什么？可能原因有哪些？
（3）领导力的主要功能有哪些？
（4）如何对他人提供支持？
（5）说明共享领导的概念。

单元六　工作负荷管理

俄文对照　单元六

案例导入

微课 6.1　工作负荷事故案例

一、工作负荷事故案例

2013 年 12 月 1 日美国纽约一辆通勤列车早上在运行途中突然出轨，事故成至少 4 人死亡、63 人受伤。

该事故发生在美国东部时间 7:20 左右，当时这辆开往纽约大中央车站的列车载有约 150 名乘客，正行经纽约布朗克斯区一个拐弯处的慢行车道时，7 节车厢中的 5 节车厢脱轨。事发后，大约 130 名消防员赶赴现场展开救援。

事故现场两节车厢侧翻，躺在距离铁轨十几米外的地方，一节车厢已滑到河边，险些跌入河水中（见图 6-1）。住在附近的居民告诉记者，早上听到“砰”的一声，出来看才发现是列车发生了事故。这趟通勤列车在工作日时非常拥挤，值得庆幸的是，事故发生在周日，并没有太多的乘客。其中一名乘客头部和颈部受伤，他说，感觉出事时列车行驶速度比平时快。现场一名工作人员说，列车驾驶员告诉调查人员，他当时试图刹车，但列车没能减速。

图 6-1　纽约列车脱轨事故现场

二、事故分析

纽约铁路员工工会官员表示，火车司机洛克菲勒告诉他，在事故发生前曾经打盹，待到完全清醒时“已经太迟”，暗示事故已无法挽回。火车司机洛克菲勒当天还接受了美国国家安全运输委员会（NTSB）官员的问询。他承认自己“陷入一阵眩晕”，但无法说清“眩晕”的原因。

NTSB 官员目前认为洛克菲勒本来应该有机会避免事故的发生。根据运行数据分析，脱轨的客运列车在事发前进入弯道的时速达 82 mile（1 mile = 1.61 km），远远高于该弯道 30 mile/h 的限定速度。调查人员没有发现刹车系统或信号灯存在失灵迹象。调查人员对洛克菲勒进行了酒精测试，认为他没有饮酒。NTSB 认为疲劳驾驶是事故的重要因素之一。并且调查人员认为洛克菲勒在发生事故前本应有足够的睡眠时间。

三、事故中的工作负荷

根据事故报告可以发现，尽管列车司机在出乘之前被要求有足够的睡眠时间，然而，疲劳仍然是导致这次事故的关键因素之一。工作负荷超出人员承受范围导致疲劳驾驶极易引发人为失误，不仅存在于客运领域，货运领域的疲劳问题也非常突出。

四、工作负荷事故课程思政启示

工作负荷的事故最能体现员工的安全意识。由于目前对于工作负荷的客观测量不够完善，因此是否疲劳更多取决于主观感受。列车司机如果感到疲劳，一定要向上级部门提出申请，不能强行出乘。对自己身体状况负责就是对一车乘客的生命安全负责。行车无小事，责任重泰山。同时过低的工作负荷也需要学生警惕，当前设备自动化程度高，操纵要求变低，列车司机长期处于低唤醒的工作强度，容易产生懈怠、消极等情绪。一旦发生突发情况，往往容易注意力不足而发生失误，这是当前智能化趋势的一个典型潜在威胁。

学生在日常学习和实训中要及时实事求是判断自己的身体状态，既不能工作负荷过高也不能过低，使自己保持一定程度的激活状态，这是对自己安全意识训练的要求。

相关知识

微课 6.2 工作负荷控制

一、工作负荷控制

在高速列车驾驶、核电、航空航天等复杂系统中，如何在保证系统安全、操作员身心健康的基础上提升绩效一直是系统设计和优化的重点。随着数字化人机界面和集中式控制台的广泛应用，自动化设备在代替人手动操作的同时，也导致了巨大的复杂性和信息量，甚至会使操作人员感到“不可控”。此外，任务的内涵同样发生着巨大的变化，大量低信息量高度重复的简单任务被计算机替代，操作人员专注于动态、高信息量的复杂任务。长期执行这类任务使操作人员引起新的身心健康问题（以往工作所产生的健康问题多是由体力因素所引起的，这种因素更多是可见的），而当前的工作任务类型，体力因素多由脑力因素所带动，因此在造成更多的心理问题的同时，生理问题向被动、潜在、长期积累的方向发展。一项在 2011 年对 1814 名火车司机健康状况的调查中发现：有 938 人患有高血脂疾病，780 人存在咽炎，724 人被检出存在脂肪肝。

全球著名的咨询公司埃森哲的一项报告指出："制造业的技术关注焦点将从人转向人机协作，即协作型机器、增强现实设备和自主机器通过组合，构建成为一支更有效率的团队。"机器需要根据任务，更好地配合一定工作环境下的操作者才能够使整体工作绩效得到提升。为此，在提升绩效、保证安全性、保障劳动者的身心健康这三个目标前提下，需要通过一些指标来对人机协作方案的优良程度进行评判，该过程实际上通过制定合理的工作实现，这里的"合理"即为工作负荷。工作负荷作为工效学的度量指标之一，既可以作为任务本身的特征，也可以作为人的主观反映。同时受到机器和环境的影响。学者指出工作负荷和绩效之间存在紧密的联系，工作负荷的上升会导致绩效的下降。1996 年学者提出的"倒 U 型"模型中，对工作负荷和绩效的关系作出了更细致的探讨。结果表明，过高或过低的工作负荷都会导致低绩效的出现。近些年的研究表明，由于工作负荷导致的疲劳、压力、挫折感是影响绩效的重要因素。此外，在一些对安全关注较高的领域，工作负荷也是行业制定操作规则和任务设定的依据。2009 年的研究表明，事故风险和驾驶员的脑力负荷密切相关。工作负荷的研究起源于计算机技术发明以来这几十年。这种特殊的背景造就了工作负荷研究的一些特点，例如：工作负荷的定义目前尚未有一种统一的说法，学者从不同的角度对工作负荷做出定义并开展研究；目前工作负荷的预测模型难以看出明确的发展趋势，一些模型仅给出了定性的描述，另外一类模型使用时间作为工作负荷的定量描述则缺乏对工作负荷本质的体现；工作负荷的典型测量模型发展得相对迅速，目前已经形成三类测量方法。三类方法在反映工作负荷差异上都具有较高的有效性，但其基于的测量角度都没有覆盖工作负荷的全部。不同行业除对通用的工作负荷研究方法进行尝试的同时，也提出了适用于自己行业特点的一些理论和方法，这些理论和方法对促进工作负荷的应用起了积极的作用。

铁路是工作负荷研究的焦点领域之一。目前我国铁路正处于加快发展的重要战略机遇期，随着定位、传感、控制、人机界面、通信技术的飞速进步，工作任务的内容发生了巨大的变化，列车运行速度极大提升的同时，仍然需要驾驶员保持绩效和操控安全性。值得注意的是，近些年铁路系统发生的重大事故，如 2007 年的胶济线事故和 2011 年的甬温线事故，人为失误都是事故发生的诱因之一，而不合理的工作负荷则是引发事故的潜在因素。随着数字化和自动化水平的提升，铁路领域的不安全或不确定因素正在更多地从机器设备向操作人员转化。调度员和司机作为铁路运营的最主要的参与人员，其职业特点使得他们更容易出现由于不合理的工作负荷而导致的身心问题。学者们发现，铁路调度员职业紧张与高血压发病存在相关关系，铁路机车司机在高工作压力下会导致安全绩效水平下降。

（一）工作负荷概念

工作负荷实际上很容易给出一个清晰确切的定量定义，如以一段时间为参考，则应是该段时间内人执行任务所消耗的能量，单位为焦耳。如以瞬间的角度描述，则应当用功率描述。但由于理论和相关技术的不足，现今无法基于这两个定义进行有效测量。根据工作量施加的客观载体不同，目前的文献与"工作负荷"相关的概念有：主/客观工作负荷、脑力负荷、认知负荷、心理负荷、精神负荷、体力负荷等，这些概念之间存在着紧密的联系。一般认为工作负荷由脑力负荷和体力负荷组成。认知负荷、心理负荷和精神负荷实际上和脑力负荷具有同样的内涵。客观工作负荷指一项任务和行为在消耗能量上的大小，具备测量结果的唯一性。而主观工作负荷是由载体评定或根据载体的反应的一个映像。由于目前监控任务主要以脑力负荷劳动为主，因此一些研究中的工作负荷实际上也指脑力负荷。国外学者在 20 世纪 60 年代对医疗人员的业务研究中开始对工作负荷有所关注，70 年代起开始对工作负荷进行系统的研究。在 1977 年，由北大西洋公约组织召开的“脑力负荷的理论和测量”会议中，学者们认为工作负荷是一个多维度的概念，它涉及工作要求、时间压力、操作员能力、努力程度、行为表现等多方面的因素。迄今学者们对工作负荷并没有给出绝对统一的概念，其定义多数为定性而非定量，很多有关工作负荷的定义都是在负荷测量或预测模型中体现的，通过总结相关文献发现，目前工作负荷定义描述包含以下几个特征，分别是多维度、任务需求、人的资源（能力）。

由于工作负荷是典型的工效学概念，必然受到人、机、环、任务四个方面的影响，因此其多维度性质主要分为两种，一种是体现人机环任务结合的多维度，如 Hart 和 Staveland 所提出的 NASA-TLX，其将工作负荷划分为六个维度进行评价：即脑力需求、体力需求、时间需求、努力程度、绩效和受挫程度。在这种划分中，前三个指标是机、环、任务的主观反映，后三个指标是人的主观感受；张嬿在研究地铁行车调度的工作负荷时认为其和工作需求、任务难度、时间压力、操作者能力相关，这些指标也恰恰反映了行车调度的工作特点；刘志永等认为工作负荷涉及任务要求、人和环境三方面的因素，应该在具体情况中进行分析。另外一种多维度表现在工作负荷施加到人的角度是多方面的，如 McCracken 和 Aldrich 提出的 VACP 评分表将工作负荷分为视觉处理、听觉处理、认知、输出四个部分；著名的多资源模型从时间压力、认知需求、行为冲突三个方面对工作负荷进行衡量，其认为人的资源是有限的，不同方面的资源分配会导致负荷增加。

由于工作负荷的客观载体是人，因此，部分定义侧重了这方面的描述，如 Brookhuis 等将脑力负荷定义为用于任务执行的特定的信息处理能力，这与该文献对汽车驾驶辅助系统与人之间的信息处理过程研究相关；Liang 等认为工作负荷是任务中信息处理过程人所需的资源，这里的定义同样和其研究领域为数字化环境下的医院工作者所相关。Naveed 的研究对象是飞行员，他将脑力负荷看作操作者分配注意力、作出决策并执行时的精神需求，这种定义更加侧重于定性的描述。

此外，由于工作负荷是任务的属性之一，在负荷的定义中也必须包含任务需求相关的描述。不同的任务类型会导致工作负荷的描述产生差别，其中，具有代表性的有 Aldrich 等提出的总注意力需求；特定任务的需求；任务中达到一定绩效所特定的注意力需求等。由于任务的客观性，多数侧重于任务需求描述的文献都在做客观工作量的研究。

最后，一些学者提出了独特的定义，如 Parks 等提出的时间占有率模型中将工作负荷定义为处理任务时可用时间与所需时间的比例，这种定义是一种定量的定义，但其问题在于采用时间这种指标不是工作负荷的全部反映，也未深入到产生工作负荷的根源上。廖建桥将脑力负荷定义为测量人的信息处理系统的一个指标，它与人的闲置未用的信息处理能力成反比，这种定义给出了定量测量工作负荷的一个指导方向，但其未指出人的信息处理能力是如何定义并测量的。

在航空生理心理学上，工作负荷水平常用能量代谢率（Relative Metabolic Rate，RMR）和其他生理指标来表示。能量代谢率是工作消耗的能量与基础代谢的比率。根据这个比率可将工作分为① 最轻工作：坐在椅子上的轻度作业（RMR 0 ~ 1）；② 轻工作：一般事务性工作和轻度体力工作（RMR 1 ~ 2）；③ 中度工作：以一般速度进行的不太辛苦的作业（RMR 2 ~

4）；④ 重工作：需要全身肌肉活动的相当辛苦的作业（RMR 4 ~ 7）；⑤ 最重工作：如使用大型铁锤那样的重体力劳动（RMR 7 以上）。RMR 主要表示伴随肌肉活动的劳动强度，在不伴有体力活动的脑力劳动中 RMR 值就比较低。

一般认为，工作负荷既应包括工作消耗的能量，也应包括工作的难度和复杂性。也就是说广义的工作负荷还应包括心理负荷，心理负荷是工作负荷的一部分。根据现代化飞机驾驶舱内劳动负荷的特点，相对而言，体力负荷减轻，心理负荷增长，RMR 的生理指标不如重体力劳动那样强烈明显，因此飞行人员的工作负荷测量应采用心理负荷评定作为主要方法。

（二）工作负荷等级

以航空机组人员为例，工作负荷可以分为五个等级：正常的工作负荷、偏低的工作负荷、过低的工作负荷、偏高的工作负荷、过高的工作负荷。工作负荷是影响机组人员表现的一个非常重要的应激源，应激状态直接影响机组人员的工作绩效，同时过度应激又会增大工作负荷。因此，机组工作负荷可以用耶克斯-道森曲线来描述，中等强度的工作负荷是正常的工作负荷，工作人员的表现最优，如图 6-2 所示。

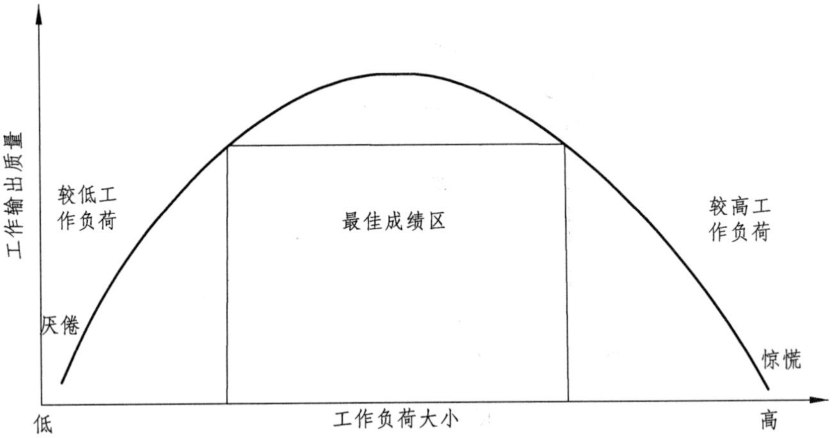

图 6-2　工作负荷耶克斯-道森曲线

1. 正常的工作负荷

正常工作负荷时，机组人员的表现是思维清晰、反应敏捷、情绪稳定，飞行工作的效率和准确性高，并且机组的驾驶舱氛围良好。注意，即便是处于该状态时，所有机组成员也应保持警惕，应该对飞行中不断变化的工作负荷进行提前预测以避免进入不适宜工作负荷状态中去。

2. 偏低或过低的工作负荷

该等级的主要表现是活动减慢、交流减少、瞌睡或者打盹、疏忽性错误以及盲目乐观。产生的主要原因是工作任务的数量较少，任务的价值较小，时间富裕。对于飞行机组而言，在巡航阶段或者机组使用飞行管理系统来实施飞行的时候，工作任务的数量就相对较少，并且时间也相对富裕，这样的情境中，机组就会陷入偏低或者过低的工作负荷当中。

3．较高的工作负荷

该等级主要表现是吃力、注意力固着，发生错误。产生原因是工作任务的数量较多，任务价值较大（相对困难或较重要），时间相对紧迫。在飞机起飞和进近着陆阶段，由于工作任务较多，对航空安全影响大，因此工作负荷都相对较大。此外，飞行中如果出现了紧急状况，工作负荷也会增大。在工作负荷增大时，要把注意力集中在重要任务上，停止一切无关交流，对任务进行合理分配和计划，通过努力降低工作负荷。

4．过高的工作负荷

该等级的主要表现是过度紧张、慌乱，此时大脑处于失速状态，非常危险。当工作负荷超出机组的最大工作能力时将会出现这种状况。幸运的是，并不是所有的机组成员都会同时达到这种状态，我们仍有机会将工作负荷恢复到可以接受的水平。由于工作性质不同，以上对于工作负荷的描述，大多针对飞行机组人员。对于客舱机组成员来说，工作负荷也会有不同的等级划分，只不过，对于飞行员工作负荷较低的巡航阶段，如果飞行时间较长，中途乘务人员需要提供餐食服务，可能会有短暂的工作负荷增大情况。但是一般而言，乘务人员同飞行人员的工作负荷等级的变化情况是基本一致的。

下面通过几个实例来说明机组的工作负荷水平及相应采取的措施。

案例一

机长靠在自己的座椅做起了白日梦，副驾驶看起来也很疲倦和无所事事。

机长：请你把温度调高一些。

副驾驶：你刚才说什么？噢，你说得对，是应该调高一些。

机长：我们还有一些时间，现在让我们讨论一下关于进近的问题。

副驾驶：好主意。

上述驾驶舱内的对话很显然是一个较低工作负荷的例子，较低工作负荷最明显的表现就是无所事事。这时应该开始一些工作，比如书面工作、调高一下温度、进行一些交流等。以避免机组滑向更加严重的睡眠状态。这种情况下，让一名机组成员保持清醒状态是有必要的，而低工作负荷的最大威胁就是机组不能识别这种状态。

案例二

在机长正进行进近简述的时候，管制员给出了进一步下降高度的许可。然而，机长却因继续他的简述而忽略了管制员的许可。

空中机械师：你是否需要现在就开始进近检查单，我们刚才获得了下降到 8000 ft 的许可。

机长：噢，我没有听到。谢谢，是的，现在就开始我们的检查单，请继续。

由于此时管制员又给出了等待许可，使检查单的执行受到了干扰。

机长：该地区的频率是多少，等待航线在哪里？

上述驾驶舱内的对话表明了机组目前处于一个较高的工作负荷状态，对于较高工作负荷的控制可以从以下几个方面入手：合理安排工作任务，将特定任务分配给有相关经验的人；对工作的重要性进行排序，优先处理对飞行安全影响最大的工作；合理使用自动化设备以及对可用时间进行直接控制等。

在工作负荷过大的时候，我们的大脑将会处于“失速”的状态，所以要在较高工作负荷的时候保持冷静，保持好当前的处境，采取各种管理行为，避免这种状态出现。

（三）工作负荷管理

工作负荷随列车运行状态的不同而变化，从常规的运行前计划及正线区间运行，到低能见度进站停车的强工作负荷。过低或过高的工作负荷都是危险的。

列车事故常常发生在工作负荷的要求超出了车上人员的能力时。例如，飞行事故的高发阶段是起飞、进场和着陆阶段，这些阶段同时也是机组高工作负荷的阶段。列车事故通常与故障和非正常行车关系紧密。如果在这些阶段出现注意力分散或不正常的情景，就会比其他时间发生事故的可能性更大。低工作负荷对安全也是一种威胁。在长时间的自动驾驶阶段，列车司机可能警惕性较差，造成对列车运行的盲目乐观。

列车司机的一项重要管理职责就是对工作负荷进行平衡，以便使其在所有的运行时间里和所有的团队成员之间得到较好的分配，不至于出现过高或者过低的工作负荷状况。但作为团队成员来说，也应该清醒地认识到，虽然工作负荷的控制是司机的职责，但每一个成员也必须要能够接受分配给自己的工作负荷，并使司机成为整个工作负荷的备份，使他能够有精力对司机室内的工作负荷进行全面的平衡。

关于不良工作负荷的控制，可以从以下几个方面做出努力 ：

（1）对环境压力和生理压力产生的工作负荷要有充分的准备。要对列车状况、身体状况、时刻表、线路及整个运行活动中工作负荷的变化情况保持清醒认识，并做出有针对性的计划，这样能够减轻心理负荷，有利于调整状态。

（2）执行标准操作程序。记住限制和紧急情况程序，集中精力处理未预料到的事件。

（3）合理任务分配，利用司机室内的自动化设备。主要精力应该用于处理亟待处理的问题之上，而将机器能够完成的工作交给车载设备去做，从而达到降低人的工作负荷的目的，这是将司机室工作负荷状态控制在适宜范围内的一个有效途径。需要注意的是，如果过分地依赖自动化设备，也有可能带来预想不到的副作用，实际效果是增加了工作负荷。以航空领域为例，1995 年美国美利坚航空公司一架 B757 飞机在向哥伦比亚卡利机场实施进近的过程中，在事先延误、夜航、进近航路地形复杂等机组工作负荷已经很大的情况下，又临时错误地设置了导航系统，导致飞错航路，并由此使飞机撞地失事。像这类过分依赖机载自动化设备所导致的飞行事故很多，机组对此应该引起高度重视。

（4）确立优先，将书面工作、不必要的交流、信息的收集、简述等工作移到运行工作负荷较低的阶段去进行，这也是使工作负荷得到较好分配的措施之一。

（5）要格外注意工作顺利时的警觉性，尤其是低水平负荷时，要通过交流提高情景意识水平。

（6）识别注意力分散。注意力分散是个体因分心因素干扰而将注意力指向无关刺激或脱离当前主要任务的现象。注意力分散常发生在工作负荷过载之时，严重危及安全，是工作负荷管理重要内容。

（7）使用 CRM 的基本工具是使工作负荷保持在正常状态的有力措施。这些管理工具主要包括合理的交流与简述、积极的质询与反应等。

（四）工作负荷模型

早期的工作负荷预测模型多以定性为主，主要反映工作负荷和绩效之间的关系。之后产生了一些定量的预测模型，可以分为以时间作为指标的预测方法和以专家打分评定最小负荷单元值的预测方法，这两类方法都是基于任务分析的。

Meister 在 1976 年最早提出了定性的工作负荷模型，该模型采用曲线的形式表现工作负荷和绩效之间的关系，在曲线的三个阶段 A、B、C 中，A 阶段表示低负荷而高绩效，B 阶段表示随着负荷值上升，绩效下降，C 阶段表示随着负荷升高绩效降低到一定水平后不再变化。在此基础上，De Waard 提出了用于描述工作负荷和作业绩效关系的倒 U 型模型。在任务需求较低处于非激活区时，负荷反而较高，当任务需求增加，此时绩效会增加，工作负荷值会降低，当任务需求超出人的努力极限后，绩效会迅速下降而负荷值会在高位保持。时间作为通用的衡量工具，在工作负荷预测模型中多有提及，其中一种是以 Parks 提出的时间占有率模型，Siege 等提出的时间压力模型为代表的，以任务需要时间与任务可用时间之比作为衡量工作负荷的指标的方法。这种模型既可以用于单操作人员的负荷预测，也可以用于多操作人员的预测。廖建桥将这种方法转变为人的能力被使用的情况与人的能力的总和的比值，但其并未解释能力的定义；另外一种是时间线分析模型，其将任务按照时间展开，将每一个时间段内同时进行的任务个数作为工作负荷的一个参考。McCracken 和 Aldrich 在上述时间研究的模型的基础上，结合多资源理论提出 VACP 模型，该方法初始被用于军用直升机驾驶任务的负荷预测中，近年来，有学者证明其在坦克驾驶中也有良好的效果。VACP 模型的缺点是每个子负荷类的负荷值采用专家确定，缺乏客观性。此外，不同的任务分析方法如 GOMS、计算机辅助人体模型、工作联系分析等也被用于工作负荷的预测当中。

与预测方法不同，工作负荷的测量方法都是人在环的，即人在一定的交互环境下执行任务，通过人本身的不同类型反应或任务的执行结果来评定工作负荷。目前测量方法有三种类型，即主观评价法、绩效度量法和生理指标测量法。三类方法都具有几十年的发展历史，并得到了广泛的应用。近年来，一些结合不同指标或多类方法的测量模型的出现，使得工作负荷的测量精度得到提高。

1．主观评价法

主观评价法即让被试本人采用一定的表述方式反映工作负荷，这种方法既可以定性地也可以进行定量地度量。主观评价法在实际使用中具有操作简单、易于理解、成本低、效度高、对任务没有干扰的优点。一些通用的主观评价法可以对不同类型、性质的任务进行比较。1969 年提出的 CH 量表是最早开展的系统的工作负荷主观评价形式，该单维度量表以工作负荷等级反映飞机操控特性的优良，其评定过程是一个决策树的绘制过程，根据规则得出的结果对应一个十级的量表。在“脑力负荷的理论和测量”会议中，学者认为，如果被试认为脑力负荷高，那么就应该认定对应任务的脑力负荷高，这为后来主观评价法的发展提供了依据。20 世纪 80 年代末出现了两种主观评价量表，分别是 NASA-TLX 和 SWAT。NASA-TLX 由 6 个维度组成，每个维度分为 20 个等级，被试在完成任务后对每个维度进行等级划分并对维度之间的重要程度进行排序后计算总负荷值。目前 NASA-TLX 已经广泛应用于各个领域，很多文章将其作为负荷测量的对比方法或主观负荷的评价方法，在交通领域之外还有如核电站主控室的负荷获取、睡眠不足导致的负荷增加、负荷和负面情绪之间的关系、任务的时间和空间特征和压力之间的关系等相关研究。SWAT 量表将工作负荷分为时间负荷、努力负荷、心里紧张负荷三个部分，每个部分分为三个等级，被试在测评时先对由三类三级共 27 个等级组合的负荷卡片进行重要程度排序，并将排序结果划分为6个组进行相关性分析，最后根据相关系数确定被试的对应组别。在此基础上根据被试在三类负荷等级上的选择确定负荷得分。一些学者针对特殊的研究领域提出了相应的主观负荷评价方法，如2015年，Filipe等研究巴西牙医体力负荷和肩部肌肉疼痛关系时使用了一种将疼痛等级分为五级的量表；Richard在对护士脑力负荷的研究中首先将负荷分为外在部分和内在部分，并通过 8 个问题进行衡量；Sang-Young Yoon 在对装配工人工作负荷进行研究时使用了一种基于姿势的负荷分析工具REBA，该工具对每一种工作姿势的负荷值都给出了定义。

主观评价法在衡量工作负荷时的误差主要体现在四个方面：首先，是大脑内部真实资源占用情况和人的外在反映之间的差别；其次是人的真实外在反映能否完整地体现在评价方法中；再次，是同一任务下由于个体差异导致的不均匀性；最后，是由于记忆力原因导致评价时的负荷与真实负荷存在差异。

2．绩效度量法

由于工作负荷与绩效水平有一定的相关性，因此衡量绩效水平的一些参数常被用来评价工作负荷的高低。按照任务分类，绩效度量法分为主任务法与次任务法。主任务法通过被试执行主任务的绩效来反映其工作负荷值的高低；而次任务法多用于多任务环境中，是一种间接的工作负荷测量方法，它认为次任务的执行绩效和人执行主任务时的剩余能力相关，当主任务的工作负荷低时，次任务的绩效较高，因此可以反映主任务的工作负荷水平。常用的主任务法评价指标有：反应时间、准确率、错误率等。研究者更习惯使用这些指标中多个进行结合来对工作负荷进行评价。Caroline等在使用驾驶模拟器研究交通障碍物对驾驶行为和工作负荷的影响时，以外周视觉任务的绩效作为评价参考。具体绩效指标有平均反应时和平均点击频率。此外，在特定的领域存在着一些特殊的负荷指标。Kerttu等在飞行模拟器中通过言语的韵律来对认知负荷进行反应。Gonzalo等在研究空中管制员工作负荷时使用了“交通许可”指标，他们认为这个指标能够更精准地反映管制员的工作负荷。Odette等发现驾驶时关键事件检测响应任务的反应时和高认知负荷具有很强的相关性。主任务法也存在着一些亟待改善的缺陷，由于工作负荷和绩效是倒U型的关系，实际上当负荷处于A1区或A3区时负荷和绩效才具有较强的相关性。另外脑力负荷也不是影响绩效的唯一因素，有学者认为被试的个人技能、态度以及个性都将对绩效造成影响。Kaheman认为当绩效不足而仍有能力改善时，人会付出努力以使得绩效水平提升，这实际上是和倒U型理论相吻合的。

次任务法将被试看做单通道的有一定能力的处理单元，Salvendy提出的POC模型中解释了主任务和次任务之间的绩效变化关系，如果主任务和次任务没有竞争脑力资源，则会呈现出最佳的时间共享结果，当存在资源竞争时，主任务绩效提升，次任务的绩效会相对下降。Liu等在对时间压力和不确定性对自主无人机系统操作绩效的影响研究时选择了三个次任务，分别是处理敌机入侵领空的操作、任务指示器的操作和飞行路径变化命令的回复操作，绩效指标采用的是反应时间。次任务法需要保证次任务对脑力资源的需求与主任务的存在竞争，此外，由于一些测试环境的安全性要求，使得次任务可实施性存在一定瓶颈。多资源理论指出，人对工作负荷有贡献的信息处理资源并不是单一类型的，而次任务法中所要求的次任务与主任务之间的资源冲突则是一个类型的，因此单一类型的次任务绩效不是工作负荷的全部反映。

3．生理测量法

生理测量法是指以被试执行任务时的生理参数作为工作负荷的一个反映指标，生理测量法具有客观性和实时性的优点。常见的生理测量指标有脑电、心电、肌电和眼动。生理测量法是近年来发展最快的工作负荷测量方法，在传统指标广泛应用的同时也出现了一些新的生理指标。脑电测量法是在对 EEG 信号进行分析的基础上实现的，Wang 等提出了一种基于 EEG 的工作负荷分类方法，他们通过层次贝叶斯模型对信号进行处理，实验环境选择的是 MATB。Zhong 等使用快速傅里叶变换对 EEG 信号进行处理，基于支持向量聚类方法对操作员脑力负荷的变化进行区分。此外还有如小波系数熵的提取、功率谱密度提取等。事件相关电位（ERP）是使用较为广泛的分析方法，它通过脑电图进行提取。ERP 分为外源性和内源性两种成分，其中内源性成分被认为与人的知觉或认知心理（注意、记忆、智能）加工过程相关。ERP 的优势在于其具有无损伤性，很高的分辨率以及较低的环境要求，被试需要在大脑周围粘贴带有导电膏的电极后开展脑电记录。Horat 等在 2016 年提出了一种新的脑力负荷测量方法，该方法基于 ERP 内部块的平均振幅。

心电测量是指通过测量被试心脏活动期间所发生的电位变化来反映工作负荷，目前最常用的心电测量指标是心率变异性（HRV），它代表逐次心跳 RR 间期的微小涨落，可以作为反映心脏交感神经和迷走神经紧张性和均衡性的一种非侵入式指标。实际上，心率变异性是工作负荷加载后被试产生的一种应激反应。目前主流的心率变异性分析方法有时域分析和频域分析两类，时域指标包括平均 R-R 间期、R-R 间期的标准差、心率变异系数等，频域分析指标包括极低频段（0.0033 ~ 0.04 Hz）、低频段（0.04 ~ 0.15 Hz）、高频段（0.15 ~ 0.4 Hz）、总功率，平衡比等。

在三类主要的生理测量法中，眼动测量具有更低的侵入性，因此是使用最广泛、发展最为成熟的一种生理测量方法。眼动测量的主要指标有：眨眼、注视点、扫视和瞳孔直径等。目前认为存在三类基础的眨眼类型：反射式，自主式，内源式（内生式），其中内源式区别于其他两种眨眼，由于它没有一个明确的诱发刺激，因此能反映出脑力负荷。通用的眨眼参数有：眨眼速率、眨眼持续时间和眨眼延迟（任务相关信息出现到第一次眨眼之间的时间）。瞳孔直径也是有效的负荷指标，小的和不自觉的波动个数（最大至 0.5 mm）曾被作为是认知过程任务的反映，并被称为任务诱发的瞳孔反映（TEPR）。单次的 TEPR 不可靠，要多次记录并取平均值，以获得被试脑力负荷的可靠估计，因此很多瞳孔测量文章都用了平均 TERP 值。另外一种基于瞳孔测量的方法是 ICA（认知活动量表），ICA 根据不同的反射特性能够区别光照和认知引起的瞳孔变化。

此外还存在一些特殊的指标来对工作负荷进行衡量，Graham 等使用血液中的白细胞反应能力来标定工作负荷，在实验中还进行了心率、血压、体温的测量。Alain 使用网络摄像头通过面部的抖动获取脉搏跳动次数，并通过小波变化计算工作负荷。Koji 在对港口调度员的工作负荷进行评价中发现调度员的鼻温和港口协调工作的负荷值密切相关。

目前生理测量法也面临着一些问题，主要表现在以下三点：第一是难以避免的侵入性，使得被试存在“为实验而实验”的感觉，降低了被试的沉浸感。即使侵入性最低的非接触式眼动测量，在定标时被试仍需要调整姿势，实际上会与被试执行任务时感觉舒适的姿势所冲突。第二是全面性，即生理测量法是否是工作负荷的反映全部，如瞳孔直径实际上同样受到光照强度变化的影响，对实际测量产生了一定的干扰。最后，不同的生理测量法反映了工作负荷的不同部分，如眼动指标更多反映了视觉相关的负荷，当任务类型发生变化时，一些生理指标可能不适用。

北京交通大学的王鹏使用时间 Petri 网对地铁手动驾驶的离站多任务进行了工作负荷的建模。就驾驶的安全性而言，手动驾驶中离站阶段的操作具有最高的复杂性，因其需要在有限时间内完成多个任务。本节根据操作手册的描述，归纳出五个典型的任务，分别是发车灯确认（DLC）、线路状态确认（LSC）、信号机确认（SSC）、报站广播确认（SRBC）和车门状态确认（DSC）。这五个任务都制定了标准的操作规范，但并未规定确定的起始时间。这些任务都起始于关门操作完毕后，并结束于司机移动司控器。发车灯确认任务要求司机看到发车灯变亮，收听到发车灯亮起的提示音，然后指向发车灯并口述“发车信号好”。线路状况查询任务需要司机查看线路是否有异常状况，如异物入侵、人落轨和道岔异位等。信号机确认任务要求司机确认出站信号机为绿灯。在上述两个任务完毕后，司机指向信号机并口述“出站绿灯”。报站广播任务要求司机收听报站广播，并确认报站内容正确。车门状态查看任务需要司机在列车管理系统屏上确定车门关闭状态全部正常，指向车门并口述“车门关闭”。完成这些任务的时间并不固定，但一般小于 30 s，在线路繁忙时通常小于 20 s。这五个任务具体行为构成如图 6-3 所示。每个任务由三到四个编码为{视觉：V1，V2...}、{听觉：A1，A2...}、{认知：C1，C2...}和{动作：P1，P2...}的行为构成。由于司机在完成当前任务后，需要移动头部以执行另外一个任务，增加了额外的单一行为 P3。

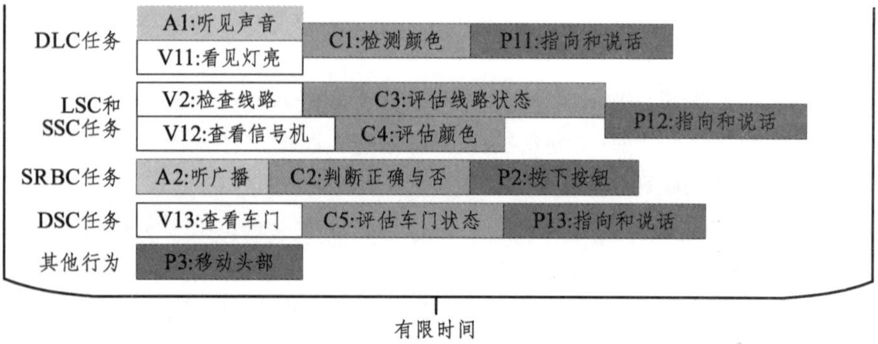

图 6-3　地铁手动驾驶的离站多任务

根据上述任务描述构建的离站阶段多任务时间 Petri 网为一个六元素集合（P，T，F，D，M_0，W），得到的 Petri 网模型如图 6-4 所示。

北京交通大学轨道交通控制与安全国家重点实验室的方卫宁等人使用 DORATASK 方法对上海申通地铁的行车调度人员工作负荷进行测算。DORATASK 方法是英国运筹与分析理事会提出的评估管制员工作负荷的一种方法，该方法将管制员的工作时间分为看得见时间和看不见时间两部分。所谓看得见时间是指管制员进行常规管制工作，解决冲突的通信，以及填写进程单等能被观察和记录的工作时间；看不见时间指管制员监控雷达屏幕，对照进程单，大脑制定指挥预案等工作所用时间，这部分工作很难计时。此外，英国运筹与分析理事会认为必须为管制员留有一定的思维恢复时间，恢复时间对扇区的安全运行极为重要。虽然后两项时间很难统计，但一定的管制通信时间伴随一定的填写进程单时间，同时也伴随一定的看不见时间。这样，只要对管制员通话时间进行统计，就可大致确定管制员的工作负荷。

通过 DORATASK，上海地铁 1 号线行车调度的视频进行分析，得到了上海地铁 1 号线行车调度早高峰工作负荷曲线图，如图 6-5 所示。

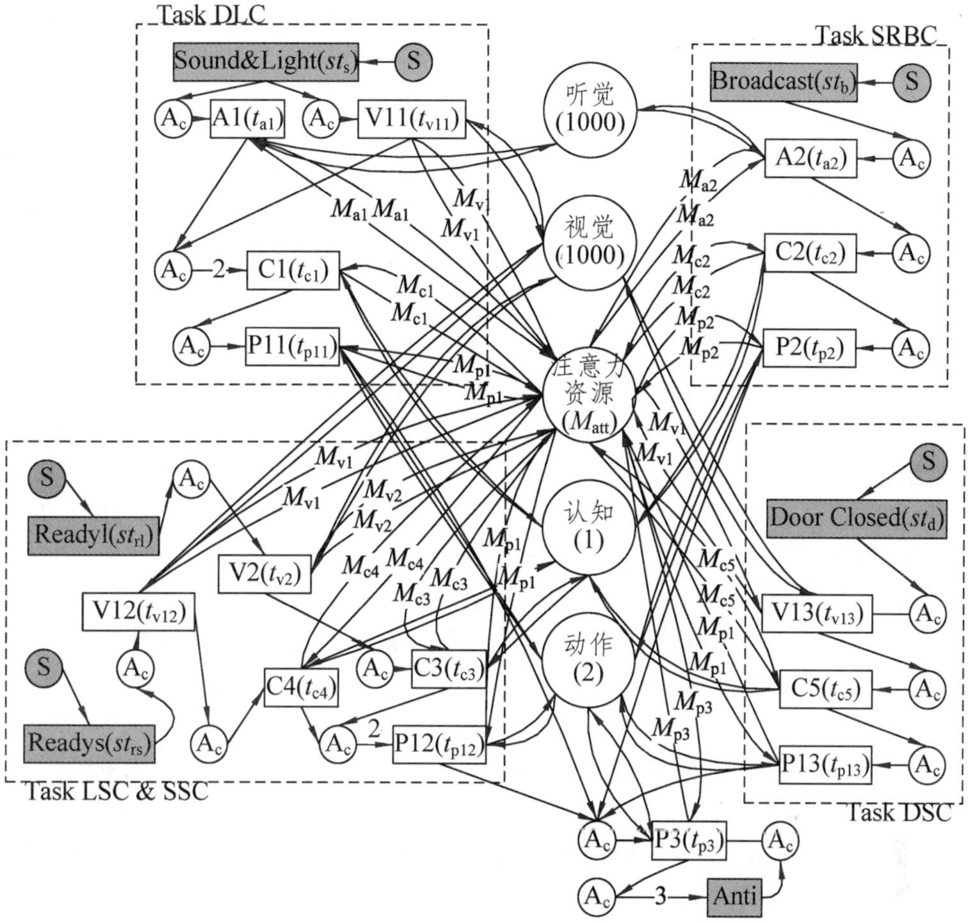

图 6-4　地铁手动驾驶的离站多任务 Petri 网工作负荷模型

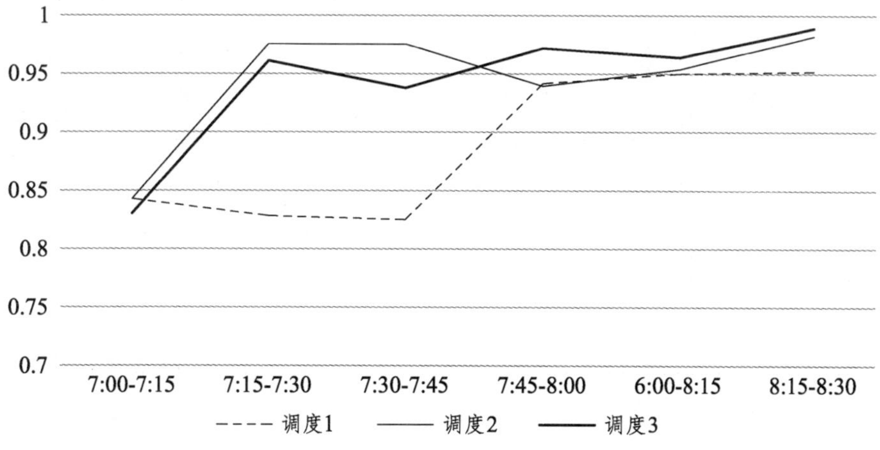

图 6-5　上海地铁 1 号线行车调度早高峰工作负荷曲线图

二、疲劳

（一）列车司机驾驶疲劳产生机理

微课 6.3 疲劳

铁路运输的所有参与人员中，列车司机的作用最为直接和突出。例如，机车司机因运输生产任务繁重、工作环境艰苦、作息时间不规律等原因，常年处于高强负荷、高度紧张、高速运转的工作状态下，身体极易疲劳，这大大增加了行车的安全风险。我国铁路系统事故统计表明，列车事故的人为因素中有相当一部分是由司乘人员操作失误引起。其中，机车司机的驾驶行为不当，如疲劳驾驶，违规操作，不良驾驶习惯等是引起行车安全事故的重要原因之一。特别是近年来，随着机车保有量、机车速度和行车密度的不断提高，以及铁路机务管理部门对长交路、短间距以及单司机值乘等管理制度的改革推进，使得司机操纵机车所承受的生理和心里负荷越来越大，人因驾驶事故发生的概率也越来越高。2007 年，我国铁路相继发生的太原局“7.4”和兰州局“7.2”列车重大事故，其主要原因都与机车司机在值乘过程中精神不振、瞌睡打盹有关。2008 年，胶济铁路发生列车相撞、造成人员重大伤亡的特大“4.28”事故也被认定为是一起列车严重超速所导致的人为责任事故。据统计，铁路行车死伤事故中超过 60% 是人为因素造成的。以冒进信号事故为例，因司机倦怠走神不了望造成的约占 54%，打瞌睡造成的占 13%，制动设备使用不当造成的占 16.5%，误认信号造成的占 12%。美国交通安全委员会发布的调查报告也指出，2017 年新泽西 1614 快轨事故与 2018 年纽约火车脱轨事故都是因为司机在疲劳状态下工作导致事故发生。2008 年，Baysari 通过对诸多铁路事故分析调查，结果显示事故中约 50% 的造成原因是司机注意力不集中或工作疲劳。Miltos Kyriakidis 总结了列车安全事故影响因素，如表 6-1 所示。铁路实践证明，在铁路及城市轨道交通的运营过程中，机车司机作为铁路运输系统的直接参与者和控制者，在长时间、远距离的工作条件及持续车载振动和噪声干扰的工作环境下，是无法避免发生失误的，其表象多体现为倦怠，走神，打瞌睡等作业能力明显下降状态的驾驶疲劳状态。

表 6-1　轨道交通事故因素占比

	轨道交通事故影响因素	数量	百分比
1	司机疲劳驾驶	352	21%
2	机车调度	316	18.86%
3	系统缺陷	284	16.95%
4	机车通信	284	16.94%
5	司机工作经验	232	13.85%
6	司机反应速度	119	7.1%
7	司机工作压力	58	3.46%
8	列车质量监管	31	1.85%

1．国内机车司机值乘制度

2003 年以前，我国的机车驾驶大多采取的是多司机值乘，即一台机车的值乘行车由 2 个人（正司机、副司机）或 3 个人（蒸汽机车还配备一名司炉）共同完成。其优点是对人员不稳定因素的安全备份，同时加强司机对瞭望、机车操作检查和保养的能力，便于副司机学习机车驾驶技能，实现呼唤应答及安全联控。其缺点体现在人力资源的浪费、行车成本的增加，不利于铁路运力的发展。

随着新技术的不断引入，机车设备自动化的水平不断提高，各铁路局开始推行单司机值乘制度，即 1 台机车的值乘由 1 个机车司机完成。单司机值乘往往又采取两种方式：一种为单司机单班值乘，即机车上仅有 1 名司机，驾驶一定路段到站后下车，机车由另 1 名司机替换值乘；另一种为单司机多班值乘，即机车上同时有 2 名或多名司机，1 名司机负责驾驶操作，其余司机在机车的非驾驶端休息，驾驶一定时间段或路段后换班轮流值乘。

单司机值乘制度的优点是可以加强机车司机的责任心、节约人力资源、降低运行成本、显著提高运力等。但随之而来的问题也不容忽视，例如，单司机值乘对司机的职业素质和身体素质要求较高，对机车监控设备和故障诊断设备的要求较高。同时，机车的日常维修保养不再由机车司机负责，而需建立专门的维修中心承担，司机的主要任务只是驾驶机车并对机车故障进行应急处理。其中，铁路相关部门最为关心和注重的就是单司机值乘时机车司机的工作负荷和驾驶疲劳问题。除多司机与单司机的值乘制度外，机车司机的值乘制度又根据对机车的运用和人员分配方式的不同，分为包乘制和轮乘制两种类型。

包乘制是指由固定的几个乘务班（或单司机）组成乘务组，各组轮流值乘同一机车的乘务制度。这种制度的机车和乘务人员（司机）相对固定，有利于加强司机对机车运用和操作的责任心，便于司机熟悉机车的性能，掌握机车状态。包乘制的缺点则体现在机车的运用不够灵活，固定班组人员与机车的搭配也不适用于长交路和长时间的机车行驶。

轮乘制是指没有固定的机车乘务组，机车由若干乘务班组轮流使用，各乘务组（或单司机）可以在本段或外段的任一机车上值乘的制度。该制度可以保证乘务组（或单司机）有更好的劳动和休息条件，消除机车在折返段因等待乘务人员休息而产生的停留时间，使得机车交路得以延长，从而显著提高机车的运用效率和司机的劳动生产效率。根据机车交路长度和司机一次连续工作时间标准的规定，轮乘制的机车司机作业可采用：外段立即折返、外段调休、外段换班（驻班）、中途（中间站）换班、定时换班、宿营车随乘制等具体的轮班值乘方式。

由此可见，无论是何种值乘制度和轮班方式，都严格规定了机车司机的工作时间，从而决定了司机驾驶时域和时长都相对固定的工作特点。这一工作特点又会直接导致机车司机的工作时间跨度必然会与人体正常的作息时间和生理节律发生冲突。当司机在车上进行轮班休息外段调休、换班或者驻班休息时，其非正常的饮食习惯、睡眠时间和休息环境也需要一定的调整和适应过程。由此可见，这种轮班值乘方式所导致的违反正常生理节律的作业时间和休息时间，是某些时候机车司机的工作状态不佳以致驾驶疲劳状态形成的主要影响因素之一。

2．机车司机驾驶疲劳行为模式成因

根据北京交通大学李响的研究，机车司机的驾驶疲劳主要是由于在长时间动态连续的机车驾驶作业过程中，司机时刻保持着高度的注意力去感知车内外信息，判断处理信息，并及时执行相应的驾驶操作而引起。如图 6-6 所示，这种持续不断的驾驶类信息处理工作负荷，再加上司机室的噪声、振动等外界干扰，全部施加在机车司机之上时，势必会引起相应的感知疲劳，判断决策疲劳或操作疲劳，从而综合导致其驾驶能力和工作效率大幅降低（感知错误、判决错误或操作错误频发）的驾驶疲劳现象。

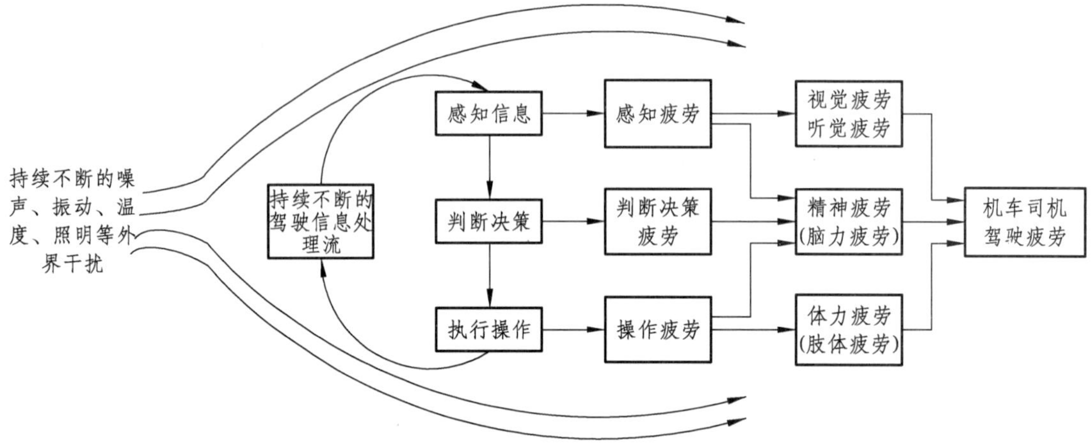

图 6-6　机车司机疲劳的产生过程

下面从“感知”“判断决策”和“执行操作”这三个信息处理阶段来分别阐述机车司机在这三种作业行为中，所产生疲劳的过程和现象。

感知阶段：铁路（轨道）交通信息首先经过机车司机的感知阶段。在该阶段，机车司机对车内外的各种信息进行感应和获取，感应器官主要为视觉器官和听觉器官。由于受到眼、耳器官工作能力的制约，司机在长时间工作下会出现感知迟钝，感知减弱，甚至是误感或不感的现象。往往在此现象发生之初，司机会对误感情况进行再次感知确认，如果得以确认成功则使信息到达判断阶段，这种二次感知现象实际就已经是感知器官的疲劳表现。感知阶段是贯穿整个驾驶过程的，即使机车处于无须过多操作的稳速运行阶段，机车司机的眼、耳等感知器官仍然不能放松休息。因此，感知疲劳是最易发生，也是引发事故最多的驾驶疲劳致因因素。感知疲劳实际上还不仅是眼、耳等感知器官的疲劳，由于其所感知的信息最终要交给大脑或中枢神经系统去理解和感受，因此感知疲劳还包括了脑力（精神）疲劳的成分。

判断决策阶段：产生的疲劳主要为脑力疲劳（或称为精神疲劳）。在该阶段，人体的主要工作器官为大脑或中枢神经系统，持续不断的脑力负荷会导致其出现思维迟钝、判断能力减弱，乃至误判或不判断现象。同样，机车司机在判断决策过程中出现轻微疲劳时会有一定的抵抗能力，当意识到判断或决策失误后，会再次确认信息，从而重新感知信息以产生新的正确决策。但是这一抵抗能力在脑力疲劳达到一定程度后逐渐丧失，发生瞌睡、困倦以致睡眠的极度疲劳现象。此时，司机自身的疲劳防御机制已经失效，只有依靠外界刺激（司机之间提醒，远程提醒和设备报警等）才能引起人体产生应激反应，在未来的一段时间内保持相对清醒。

执行操作阶段：所产生的疲劳会使得司机出现误操作现象，由于每次操作都是大脑及中枢神经系统驱动手部、腿脚（少部分车型的撒沙）和嘴部（呼唤应答，通信等）来执行，因此长时间的频繁操作不仅仅会导致体力疲劳，也会导致脑力疲劳。同样由疲劳所致的误操作现象，一般在操作过程中也会被司机所感知，而采取相应中止误操作或再操作的补救措施。并且机车驾驶操作台在设计之初就采取了诸多避免误操作的软硬件干涉措施，因此操作疲劳所造成的事故相较于以上两个阶段的疲劳要少。实际上，司机纯体力上的疲劳，还主要是来自长期久坐，姿势不变，驾驶动作反复所造成的肢体（如肩颈部，脊椎，腰部等）疲劳。机车过站时司机的“过站立岗”，行驶到相应线路信号机时的“站立手指”等肢体标准操作动作，在这一方面能起到一定的姿势调节和缓解肢体躯干疲劳症状的作用。

因此，从机车司机的行为模式来看，驾驶疲劳是上述各种疲劳的综合体。在驾驶行为各个阶段中所产生的任何一种疲劳，都会引起驾驶疲劳的产生，而且往往一种疲劳的产生会引起司机再次地感知判断和操作来纠正疲劳的影响，这样又增加了工作负荷，从而进一步加剧疲劳的程度或引起其他阶段疲劳的相继发生。由此可见，工作负荷（“感知”“判断”和“操作”三方面的任务需量），持续工作时间，累积工作量，是机车司机驾驶疲劳的重要影响因素。

3．机车司机驾驶疲劳产生的生理成因

从生理学上来看，机车司机驾驶疲劳的产生主要是由体力疲劳以及脑力疲劳两种疲劳综合引起，其中，脑力疲劳为驾驶疲劳的主要致因。此外，人体正常的生理节律也是驾驶疲劳的关键影响因素。

1）机车司机的体力疲劳产生机理

机车司机体力疲劳的产生主要由感知操作以及身体保持平衡（对抗机车振动、加速度）的肌肉群联合作用所引起。当人体的肌肉收缩做功时，其自身也发生十分复杂的生化反应。人体内肌肉做功所需的能量来源为肌肉细胞中三磷酸腺苷（ATP）的分解所产生的能量，肌肉细胞必须不断地将体内的糖和脂肪等储能物质合成为 ATP，以提供肌肉持续活动做功所需的能量。当血液内的含氧量充足时，ATP 的合成是通过对糖和脂肪酸的氧化来实现的；当血液供氧不足时，则主要通过糖的无氧酵解来实现，此时会产生乳酸这一肌肉疲劳致因物质。如果保持持续不断的肌肉作业，以致肌肉对 ATP 的需求超过血液的供氧能力以及肌肉细胞的 ATP 合成能力，ATP 的产生和消耗平衡就会被打破，使得肌肉的做功能力下降，同时乳酸大量聚集，从而引起肌肉酸痛、无力的体力疲劳现象。

2）机车司机的脑力（精神）疲劳产生机理

根据机车司机的作业行为方式可以看出，脑力工作负荷贯穿整个机车驾驶的作业过程，同时，相应的脑力疲劳也是驾驶疲劳的主要影响因素。从生理学角度来看，人的大脑及中枢神经系统的植物神经主要由迷走神经和交感神经这两种神经组成，用以调节人体的各种活动和行为。一般而言，这两种神经对人体各器官的作用通常是相互平衡制约的，但在整体上这两类神经的活动又是对立统一且互相协调的。例如，人体在白天清醒和警惕性相对较高的工作状态下时，其交感神经处于兴奋状态（占主导地位），那么迷走神经处于抑制状态，此时人体相应器官表现为：瞳孔散大，心跳加快，冠状动脉扩张、血压上升，唾液分泌稀薄，汗腺分泌汗液、立毛肌收缩等。而在长时间持续负担脑力工作负荷后，往往会出现注意力难以集中、精力难以保持，乃至困倦、瞌睡等工作状态不佳的脑力疲劳状态。这实际上是人体各器官反馈给神经系统而形成的一种自我保护机制，这种机制可在脑力资源不够或脑部供氧能量需求不够时，自动调节人体逐渐进入休息、消化和睡眠等状态，以进行自我保护、储备和修复。此时，神经系统中的交感神经处抑制状态，而迷走神经为兴奋状态，人体表现为：心跳减慢减弱、体温及血压降低、支气管平滑肌收缩、胃肠运动加强促进消化液的分泌、瞳孔缩小等。

3）生理节律（生物钟效应）对驾驶疲劳的影响

实际上，脑力疲劳的影响因素还不仅仅由工作负荷的累积所产生，人体自身的生理节律（生物钟）也是疲劳的关键影响因素。由于机车司机的工作特点使得其驾驶时间常常会在夜间而与生理节律发生冲突（大部分的地铁和高铁在深夜都停止运营，而既有线上的机车和部分动车均存在夜间行车的情况）。生理节律是人体植物神经（迷走和交感）系统的一种周期性的自动调节机制，体现为生物体内的一种被动“时钟”循环。一般而言，人体 24 小时的生理节律体现了其昼夜更替的唤醒水平（警觉程度），大多数人体昼夜唤醒水平的变化规律如图 6-7 所示。唤醒水平体现的是自主活动的能力，相对较高的唤醒水平在生理上表现为：心率加快，体温血压升高以及呼吸率增大（极端时还会引起肾上腺素分泌增加）等生理指标变化。因此，从符合人体生理节律的角度出发，应尽量将工作时间安排在唤醒水平较高的时间段内。

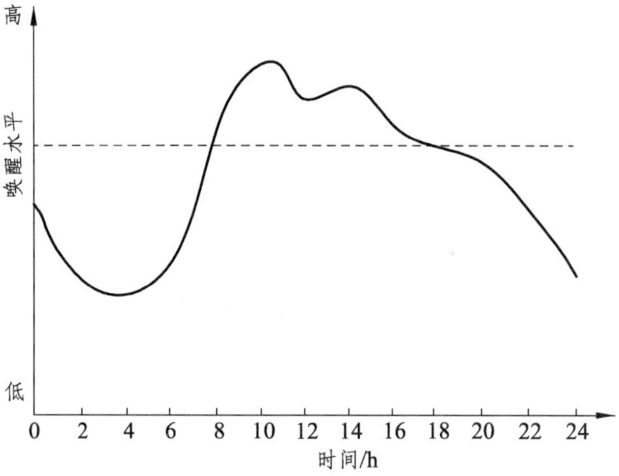

图 6-7 人体昼夜唤醒水平的变化规律

可以看出，在午后和黄昏的一段时间内（一般为饭后），人体会出现唤醒水平的波动下降，这是由于神经系统在调节消化系统和脑力活动之间的平衡关系；而在午夜至黎明时间段内，人体的生理节律调节会使其进入睡眠适应期，此时的唤醒水平最低，如果在此区间内（通宵）工作的话，疲劳情况极易发生。对于机车司机而言，其工作性质要求无论何时作业都要求保持高度的注意力和警惕性，而人体的唤醒水平（警觉精神状态）是与 24 小时生理节律有着密切关系的，如果执行驾驶任务的时间区域正好与人体的生理节律不符，就可能导致机车司机在驾驶过程中正好处于唤醒水平较低的时间区段，从而更容易产生驾驶疲劳的现象。同时，人体的睡眠也主要受生理节律控制，即使机车司机在执行夜间驾驶任务之前有着充足的休息时间，但如果入睡的时间与生理节律不符，其睡眠持续时间、睡眠质量以及随后的工作绩效也会受到一定程度的影响，仍然难以避免工作时的驾驶疲劳现象。可见，生理节律（机车司机的作业时域）也是驾驶疲劳的重要影响因素之一。

4．机车司机驾驶疲劳产生的心理成因

从心理学角度来看，机车司机的驾驶疲劳体现为警惕性降低、注意力不足、认知能力下降和瞌睡困倦等驾驶作业能力和绩效急剧降低的现象。而这一疲劳现象的产生还不仅是由生理状态与生理节律等因素所致。司机作为有意识、有思想、有情绪的个体，其驾驶疲劳状态还与机车司机处于何种工作难度、工作压力、工作动机及工作负荷下的心理状况有关。

根据心理学上的耶基斯-多德森定律来描述工作难易程度、唤醒水平和工作绩效这三者间的关系，如图 6-8 所示，虽然很低的唤醒水平一般会导致较差的工作绩效，但是唤醒水平也并非越高越好。对于工作任务相对简单的作业情况来说，维持较高的唤醒水平会平添操作者的心理紧张情绪，从而出现长时间保持过度的工作压力以致错误频发、绩效反而降低的现象。同时，较高的工作压力也会导致操作者在完成工作的同时，还需要投入更多的精力来保持这一较高的唤醒水平，这样会增加脑力工作负荷，从而更容易产生疲劳现象。由图 6-8 的优唤醒水平曲线可以看出，越简单的任务，往往需要更高的唤醒水平才能保持较好的操作绩效，这也是公路汽车驾驶时，越为单调简单的路况下，越容易发生“公路催眠”这种驾驶疲劳现象的主要原因。

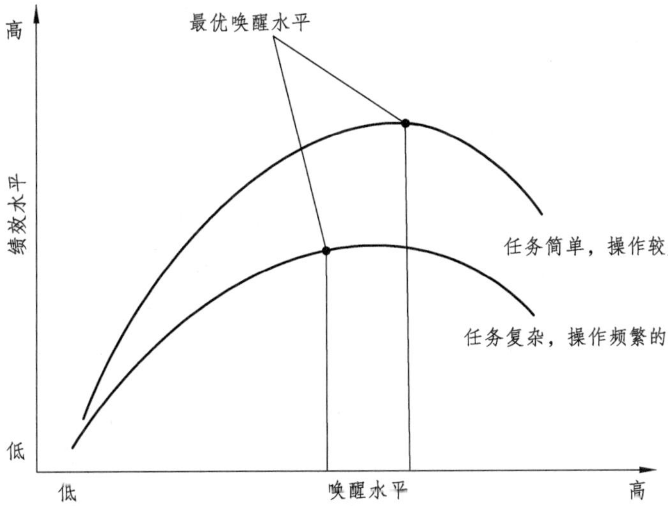

图 6-8　工作难易程度、唤醒水平和工作绩效这三者间的关系

机车司机在驾驶过程中也存在着类似的情况，从心理学角度出发，结合铁路机车司机的驾驶作业特点，其疲劳现象的产生还可以进一步通过任务需求、工作负荷以及工作绩效三者间关系的双“U”曲线模型来描述，如图 6-9 所示。

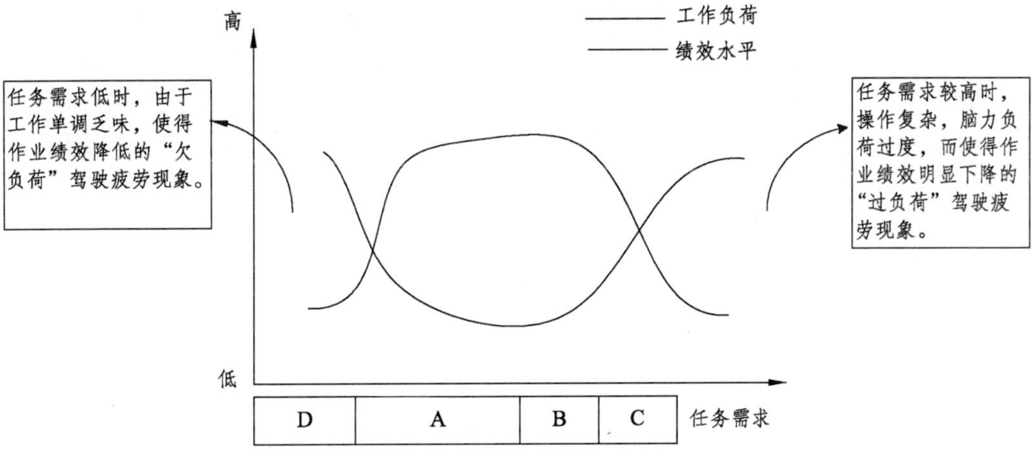

图 6-9　机车司机工作难易程度、唤醒水平和工作绩效这三者双“U”曲线关系

一方面（如图 6-9 的 C 区所示），由于机车司机处于机车运行的核心位置，各种信息流的处理都要通过司机的感知、判断决策和执行的驾驶行为来完成，因此司机在驾驶过程中需要长时间地保持注意力高度集中，并同时监测感知几十种车内外的信号源。当需要同时执行多种感知、决策和操作任务时，机车司机的内心实际上是处于各种矛盾的漩涡之中，在妥善解决各矛盾的同时，其脑力资源占用较大，处理能力受到一定限制。尤其是单司机值乘时，驾驶操作的司机失去了副司机的帮助和分担，这一心理冲突的情况更为严重。因此在线路情况复杂（例如，在非封闭线路上行驶时，不确定因素较多以及突发事件发生的概率较大）、任务需求量较高、司机需要同时感知的信号较多、需要执行的操作较为频繁的情况下，司机容易出现感知信息的纰漏、认知判断上的错觉，或者操作遗忘和操作失误等作业准确率明显下降的“过负荷”驾驶疲劳现象。

另一方面（如图 6-9 的 D 区所示），由于机车在途中行驶过程中，作业动作反复，工作任务单调乏味，尤其是在机车较长时间稳速运行（或某些高铁、动车长时间处于列车 ATO 自动驾驶）而无须司机进行较多操作时，司机容易出现走神，困倦，视觉意识模糊等操控能力显著减弱的精神状态。如果不及时调整，还容易产生强烈的神经保护性抑制反应所导致的“浅睡眠”状态，从而失去对机车的控制能力。这实际上是因为任务需求过低，使得人体需要投入更多的精力来主动保持唤醒水平，从而引起作业效率反而降低的“欠负荷”驾驶疲劳现象。这种驾驶任务简单、单调情况下的“欠负荷”驾驶疲劳现象往往比“过负荷”现象更容易引起安全隐患和相关事故的发生，同时也更难预测和判断。公路汽车驾驶的大量疲劳研究表明，这种“欠负荷”驾驶疲劳现象并不一定在长时间驾驶后才会出现，在单调路况下驾驶大约 20 ~ 25 min，驾驶员的工作状态和操作质量就会明显下降，并且，这些研究大多集中在如何丰富公路环境从而对驾驶员产生一定刺激的相关措施上，如增加隧道的弯度、路旁环境改造以及设置路标警示等。

实际上，对于机车司机而言，上述“欠负荷”驾驶疲劳情况较汽车驾驶要好得多。主要是因为机车司机即使在无须过多操作的稳速运行情况下，其所要求关注的机车状态信息及线路环境信息的多样性和复杂性均高于汽车驾驶。同时，近些年铁路相关部门为了防范司机的“欠负荷”疲劳现象，从设备升级、司机操作规程和相关作业标准的修订和管理等方面，均做出了具有一定成效的工作，具体表现为：不仅在绝大多数干线运营机车上引入了防猝死“警惕”装置，同时还在司机操作规程和作业标准中加入了行驶一段里程后遇公里标的“呼唤应答”、遇信号机“手指站立”以及相关填表记录等操作要求。这在一定程度上都起到了在单调路况下增加任务需求的作用。但是据调研，司机在这种长时间单调行车环境下的无聊、困倦、休息睡眠（生理节律）紊乱，以及工作负荷过重所引起的驾驶疲劳情况仍然是无法避免的。

（二）列车司机驾驶疲劳安全影响

1．行为影响

当司机出现驾驶疲劳状态后，会从感知、认知（判断决策）和操作这三个方面影响机车司机的驾驶能力，如图 6-10 所示。其表现为：在感知阶段，不能正确及时地感知线路信号或机车状态信息；在判断决策阶段，出现反应迟钝、判断错误等认知能力下降的现象；在操作阶段，出现作业准确性和稳定性下降的操作遗忘或错误频发现象。这三方面的疲劳表现均会影响铁路行车安全。

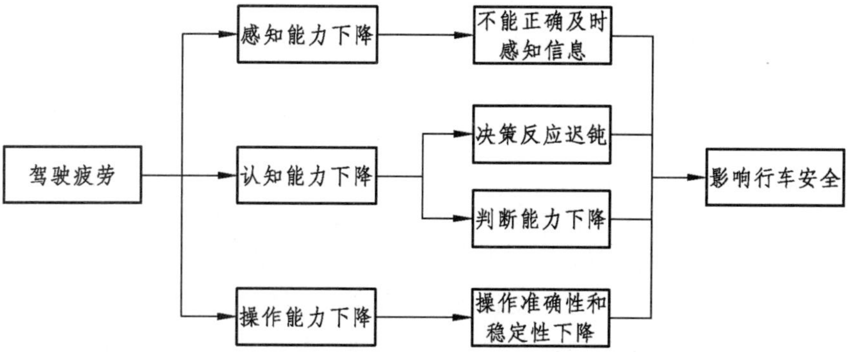

图 6-10　机车司机驾驶疲劳对感知、认知（判断决策）和操作影响

更为具体的驾驶疲劳行为表现特征还可通过机车司机在驾驶过程中的语音及视频数据分析得到。目前，现有的司机驾驶音、视频数据大多由安监部门的相关管理人员通过事后人工检索识别的方法来进行处理和分析。但由于线路上运行的机车较多，且机车运行（音、视频数据记录）的时间较长，事后对机车司机音视频数据的人工分析是难以遍历的，而且十分耗时、耗力，相关人员只能够根据经验以机车的运行时间和司机的持续驾驶时间来进行抽检，或根据机车“运记”装置所记录的相关异常事件（如司机未及时按压“警惕”按钮、机车超速、故障处理和相关操作异常等），调取事件前后的司机音、视频数据来进行检查比对。如果发现有疲劳行为特征而不造成事故的，则要求司机对相关行为进行解释说明。如发现确有驾驶疲劳情况且因此引发相关非正常停车、事故、故障或耽误行车时间等违规情况的，则对当事司机采用相应的处罚措施。从现场调研的情况来看，司机在驾驶疲劳状态下的行为表现特征可以从其语音表现、面部表现和身体表现等几个方面来描述。

（1）语音疲劳表现：执行相应操作时不呼唤、不应答、音调变低，标准作业用语含糊滞后，且语音清晰度降低等。

（2）面部疲劳表现：目光呆滞（注视点固定不动且眼睛睁不开），眨眼频率增加，眨眼时眼部闭合时间长频繁打哈欠，嘴巴张开；频繁点抬头或长时间低头、仰头、偏头等。

（3）身体疲劳表现：头重，头部位置降低，头部运动幅度降低；背部弓曲，身体长时间向前或向后倾斜；长时间静止不动或动作频率幅度减小，驾驶操作僵硬迟缓，驾驶动作无规律、不连贯、杂乱无章等。

2．生理影响

1）心电信号

心电信号中，心率（HR）和心率变异性（HRV）是能够较为直观反映驾驶疲劳的两个重要指标。心率是人体心脏跳动的频率，由交感神经和迷走神经系统共同调节。心率变异性是指心脏每次跳动期间的微小差异，其主要指标包括 LF（0.04 ~ 0.15 Hz 低频段功率，其数值增加表明交感神经兴奋性增强），HF（0.15 ~ 0.40 Hz 高频段功率，其数值增加表明迷走神经兴奋性增强），以及两者的比值（LF/HF）。一般而言，心率可以反映人体的神经调节情况，也即当驾驶疲劳发生时，司机的心率会相应降低，且 LF/HF 呈下降趋势。但是由于每个人的心率指标是存在较大的个体差异的，因此难以形成统一的疲劳判别标准，只能针对具体的个人来对比其驾驶过程中的心率变化情况来检测驾驶疲劳。

2）脑电信号

脑电信号是一种大脑的自发电活动，反映为电信号时，以脑电波的形式呈现。临床研究中，人们所感兴趣的脑电信号是一种频率分布在 0.5 ~ 38 Hz 的脑内微电波，这种脑电波能够反映人体的大脑活动状态因此常被用于检测驾驶疲劳脑电信号常由其频率的带宽范围划分为 σ 波（0.5 ~ 3.5 Hz），θ 波（3.5 ~ 7.5 Hz），α 波（7.5 ~ 12.5 Hz）和 β 波（12.5 ~ 35 Hz）实际上，体的脑电波是几种频率共存的信号，人体的脑力活动处于不同状态时，不同频段的波形会相应占脑电波的主导地位，例如，β 波占脑电波主导地位时，人体处于高度清醒警觉状态；α 波则对应清醒放松，但能保持意识的状态；θ 波对应似睡非睡的困乏疲倦状态；σ 波则对应深度睡眠状态。驾驶疲劳的脑电研究正是利用了脑电信号作为人体大脑活动状态的表征，通过对脑电图的变化分析得出驾驶疲劳的出现是伴随着脑电频率的范围性降低（θ 波和 α 波逐渐占据脑电波的主要成分）来判断和检测驾驶疲劳的。

3）眼电信号

在医学和生理学上，可对被试者佩戴眼动仪等专业眼部图像采集设备获得更为清晰精确的眼动电图。由于眼部（瞳孔、眼睑、眼球）的运动变化与大脑之间有着丰富的运动神经联系，因此眼部运动和状态可以反映人体的疲劳状态。相关研究表明，正常清醒警觉的状态下，人在眨眼时的眼睛闭合时间为 0.12 ~ 0.13 s，而在疲劳瞌睡时，人眼会倾向于闭合状态其平均开合度减少，同时眨眼频率和眨眼时的闭合时间都会相应增加，如若闭合时间达到或超过 0.15 s，则较为容易造成交通故事。眼部状态和运动指标对于不同个体的疲劳表征有着较好的一致性，但是不同人眼的形状和大小差异，以及眼部运动的快速瞬时变化，均对提取眼部相关疲劳特征指标造成了一定的困难。

4）闪光融合临界频率

除了眼部的状态和运动可以反映驾驶疲劳状态之外，人眼相关的闪光融合临界频率值也可用于人体疲劳的表征。闪光融合临界频率是指人眼能够区别闪烁光源与连续光源的最小频率，当闪烁光源的频率大于闪光融合临界频率，人眼将会视其为稳定的连续光。闪光融合临界频率体现了人体视觉系统辨别闪光的能力，当人体疲劳时（尤其是视觉疲劳和脑力疲劳），其闪光融合临界频率指标也会相应降低。不同人对闪光敏感度的差异较大（一般为 25 ~ 40 Hz）。用仪器测定时，受光强、颜色、频率递增或递减的影响程度较大，难以形成统一的疲劳判别标准。针对具体个人只能根据其变化量来作为疲劳检测的依据。

5）激素水平等生化指标

部分研究还显示，人体的肾上腺素，血乳酸和尿肌酸等生化指标与驾驶疲劳存在一定的相关性。但是相关指标的提取涉及侵入性检测，同时这些生化指标不仅与疲劳有关，还易受药物、饮食、疾病等其他因素影响，各种研究分析所得的疲劳变化规律也并不一致，因此，能直接反映人体疲劳程度的生物化学指标研究仍处实验探索阶段。

3．心理影响

当驾驶疲劳达到一定的程度时，机车司机各方面机能的下降在其大脑中是会有所感知的。也即在大多数情况下，驾驶疲劳不仅能从人体的行为和生理特征上变现出来，还可以被理解为一种主观上的感受，这种感受会导致其心理功能的下降。机车司机驾驶疲劳的心理表现，可以从以下两方面来反映。

1）人体自身的主观感受

当驾驶疲劳发生时，其内心会有如下几种心理表现：

（1）注意力难以集中。驾驶疲劳产生时，司机注意力的保持和分配能力下降，容易出现走神，丢失重要信息而反复观察无关信息或次要信息的现象。当人体意识到这一点时，其内心会依靠自制力来保持注意力集中，从而增加脑力负荷。

（2）感知能力下降引起的心理抵抗。疲劳程度加深时，往往伴随着视线的模糊，听觉的迟钝、触觉和运动敏感性减弱等状态。此时，人体的自主反应会意识到这一点并产生疲劳抵抗心理（意志力）反复确认各种感知信号，来应对疲劳所导致的感知能力下降。

（3）自制力和意志力的下降。随着脑力负荷的不断累积，脑力资源的逐渐透支，人体的意志力衰退，自制力下降，此时或产生难以坚持驾驶的消极想法，或情绪失常（易怒、悲观），或寻求相关刺激和放松措施（抽烟、喝咖啡、聊天等）。

（4）记忆和思维能力降低。疲劳状态下，机车司机会出现反应迟钝，忘记操作规程，违反线路规则等情况。严重时会引发事故，如未按“警惕”按钮、超过限速，冒进信号，越过警冲标等触发列车紧急制动（非正常停车）的事故，就常因机车司机的驾驶疲劳所引起

（5）神经系统对肢体的支配功能下降，操作动作失调。疲劳时，机车司机所熟练掌握的操作动作节律失调，动作的连贯性降低，操作生硬不协调，甚至产生错误动作的现象。当意识到这一点时，机车司机的自我感觉为力不从心。

（6）内心产生无力顿挫感。机车司机自我感觉驾驶能力严重下降，对继续驾驶操作缺乏信心，主动性下降，总感到无法按照规程继续驾驶机车。

（7）困倦嗜睡。过度疲劳时，神经系统的自我保护功能开始调节人体的各项机能逐渐进入睡眠休息状态（交感神经与迷走神经的协调作用），以致机车司机在行车过程中开始打瞌睡，此时机车司机的唤醒水平过低，会对机车的安全行驶构成极大威胁。

驾驶疲劳的这种主观感受和心理表现，是可以通过机车司机填写睡量表、疲劳量表、疲劳症状自评量表等主观量表的形式来进行量化反映的。虽然这种主观量表所得的驾驶疲劳程度存在较大的个体差异，同时在具体操作时也难以完全保证准确性，客观性和一致性。但是这种方式可以直接获得驾驶疲劳自我感受，并且操作简单，使用方便，所以仍被广泛采用。

2）相关心理测试结果的间接反映

驾驶疲劳的心理表现还可以通过任务绩效分析、驾驶动作用时检测、反应时间检测、速度感知测试、深度知觉测试与时空距离感知能力检测等心理测试方法来间接获取。

任务绩效分析不仅统计分析主要驾驶任务的完成质量和准确率，往往还需在驾驶过程中，要求测试者同时完成一些较为简单的次任务（如打字、按键、图形判断、简单数学运算等），随后通过观测次任务的错误率、反应时间和动作时间来间接获得疲劳时人体的心理表现。另外，相关速度感知、深度知觉与时空距离感知等心理感知测试，则是在经过一定时长（或距离）的驾驶任务完成后，用来检测司机的感知能力，从而反映出被试者的驾驶疲劳程度。这种心理测试和感知运动测量方法的不足之处主要体现在对被测者的额外要求较多，相关测试会使得脑力负荷进一步增加，这样所得的驾驶疲劳检测结果就变得不够准确和客观（往往难

以区分疲劳现象是由于驾驶工作造成的还是由测试工作造成的）。同时这类心理检测手段缺乏相应的理论指导，对实验数据的统计分析也容易受到任务多样性和难度差异性的干扰而难以形成统一的驾驶疲劳判别标准。

（三）轮班疲劳

生物节律是指随着时间变化，个体生命活动特征也发生对应变化的规律。生物节律作为生物机体内在的一种规律，反映的是生物体与自然界的长久交互所形成的稳定特征，因此其变化规律也与自然环境的时间变化情况相联系。从变化周期的不同持续时长可以对生物节律进行简单分类，生物周期包括以 24 小时为周期的近日节律（昼夜节律）、变化速度较慢的月节律和变化速度最慢的年节律等。生物节律对人的身体机能、精神活动、体温表现等生理反应都发挥着重要的调节作用，生物节律的平衡稳定能保证人体健康的生命活动，生物节律的平衡紊乱则会导致人体各种生理及心理功能的失常。

对生物节律的早期研究是由 18 世纪的法国天文学家 Mairan、法国农学家 Monceau 和 19 世纪的瑞士植物学家 Candolle 所主导的。他们以观察植物叶子的生长规律为契机而打开了生物节律研究的大门。他们发现，生命的成长、变化遵循一个自发的内在时钟。20 世纪中期，学者对生物节律的研究变得广泛，德国生物学家 Buruning 和 Ascloff 以及美国学者 Pittendrigh 研究了不同的生物行为来研究生物节律，他们发现了以下几个共同的基本特征：

（1）生物节律具有内源性、自主性、不轻易随环境变动而发生改变。

（2）昼夜节律的周期不是固定的 24 小时，而是与 24 小时略有不同。

（3）生物节律可以进行温度补偿，能使机体在不同的温度条件下保持稳定。

（4）光照不是产生节律的缘由，但光照可以调整和重置昼夜生物节律的相位，并使其同步。

这些特征随后被许多学者进行了进一步研究。1972 年，Newton 论证了昼夜节律会被新的时间环境同化，人体内各种节律跟随外界时间环境信息发生改变的速度不同，生活中常见的“时差症”现象也来源于此。1981 年，Aschoff 等人的研究表明，自行运转的节律受环境结构中的信息的影响，如短时的光照变化、温度变化等，一般来说，晚上施加的光刺激可以将一个人的昼夜节律延迟几个小时，在深夜增加光刺激通常会推动人的昼夜节律向前发展，而白天的刺激往往无明显效果，这种影响的过程不一定是瞬间的或间断的，在许多情况下引入突然的变化刺激，而生理情况需要逐渐从旧的状态过渡到新的状态。1991 年，Czeisler 等人通过研究发现，人体的生物节律来源于其内部的生物钟或起搏器，在连续的光或暗的影响下，生物节律循环周期为 24 小时 11 分钟，运行速度稳定。1995 年，国内学者童建对生物节律与环境信号进行研究，同样论证了人体在没有外源环境信号同步作用时会自发地进行内源性波动，同时论证了外界光暗周期对机体节律存在引导和重置作用。2003 年，朱绍龙整理了昼夜节律与光生物学的实验数据，通过分析光谱、光照量、照明时间、光的空间分布等照明参数，初步建立了基于昼夜节律等光生物学的照明科学与实践框架，证实了照明系统和昼夜节律的交互性。2012 年，Reirbeg 通过设计实验证明了生物节律的内源性，当没有受到外界影响时其节律周期保持稳定，一旦有外界的环境因素进行影响，其生物节律周期和相位均会随之发生改变。

学者对生物节律尤其是人体昼夜节律的理论研究已相当充分，其内源性、周期性、稳定性及外源信号的可影响性均得到国外学者的证实。在生物节律理论得到充分研究的基础上，许多学者将其与生产作业、轮班制度相结合，以分析由轮班制度造成的疲劳效果，并在此基础上进行轮班制度的改进，轮班制作业（Shift Work）是指将一天的24小时划分为几个连续的班次，作业人员按照班次划分轮流进行作业任务。这种情况在工业、铁路、医院等行业中广泛存在，由于轮班制作业造成的疲劳问题也引起人们的广泛关注。

1992年，Mo提出生物节律会通过作业时域影响轮班作业者的疲劳情况，一天中，人体在一定的时间范围内工作效率较高，而在另一些时间内更适合睡眠休息，人体各项生理机能在不同的时间段内会表现出不同的状态特征。1999年，Rogers等人对轮班速度进行了研究，其结论为睡眠缺失的负影响累积在快速轮班中会减少，慢速轮班对节律的稳定性有所帮助，始终保持同样的值班方式（如永久夜间模式）获得的效果可能更好，但考虑到社会和家庭的问题，执行这样的值班方式通常不容易实现。2001年，Nestl等人对轮班模式进行研究，证明了夜间轮班带来的睡眠剥夺易造成疲劳，使得昼夜节律幅度减少，并造成节律相位的延迟，建议在轮班安排时选用顺时针的轮班方式。2004年，Mcguffog等人对工作时长进行研究发现，在乘务员连续驾驶的前4小时内，持续驾驶对疲劳的影响相对稳定，在此之后迅速增加，当连续驾驶超过6小时后，疲劳风险将增加一倍 2006年，Spencer等人对轮班工作中的睡眠时间进行研究发现，疲劳感只能通过持续的睡眠抵消，但由于白天光线和噪音等影响比夜晚要大，夜班作业者在白天往往难以正常入睡，通常建议在连续的夜班之间至少应间隔16小时。

1979年，日本学者大岛正光依据人体生物节律制定了作业负荷评点表，依据作业的开始和持续时间来进行疲劳数值的计算。池田敏久（1991）在大岛正光评点表的基础上，对日本国铁101位乘务员进行了工作情况调查，引入了工作疲劳效果和休息效果的修正系数，在对负荷评点表改进的基础上设计了池田公式，用以评价铁路乘务员的轮班疲劳。日本铁路综合技术研究所对几种疲劳评价方式进行对比，发现池田公式计算值与主观疲劳度得分相关系数达到了0.75，远高于其他疲劳评价方法。2010年，我国学者方卫宁等采用池田敏久方法对地铁乘务员轮班疲劳进行了研究，验证了池田敏久疲劳评价方法在地铁乘务员驾驶疲劳风险评估中的可行性。

英国健康与安全委员会（Health and afety Executive，HSE）与阿特斯金集团有限公司合作构建了疲劳指数（Fatigue Indlex，FI）方法，用以计算列车乘务员的疲劳程度，该方法在欧洲铁路行业以及其他领域得到了广泛的应用。伦敦铁路安全标准局在报告中指出，该方法是目前最适合于评估轨道交通领域作业疲劳风险的方法。2004年，Schomar等人将FI方法应用到轮班工时评估系统中，根据疲劳指数计算结果调整轮班和休息时间。2005年，英国铁路安全与标准委员会（Rail Safety and Standards Board Report RSS）将FI计算方法内嵌于铁路事故分类系统中，用于分析与疲劳相关的事故，证明该方法在轨道交通领域具有广泛适用性。

目前铁路行业、轨道交通行业所施行的轮班制度往往遵守基于经验和主观的规范、法规而制定，如《铁路轮班制人员调整班制方法》《铁路轮班制人员班制暂行规定》等，其主要缺点是管理形式较为粗犷，管理人员的主观性较强。在实际进行站务人员岗位人员排班方案制定时，应当充分考虑站务人员的岗位作业特点，使用基于生物节律的疲劳评价方法进行评估，并在评估结果的基础上制定更加科学合理的站务人员排班制度

三、自动化与工作负荷

（一）自动化的潜在问题

微课 6.4 自动化与工作负荷

目前，交通运输领域如城市轨道交通、高速列车、汽车驾驶以及商用飞机的自动化水平越来越高。极大提高了驾驶人员对各种信息的获取能力，也改变了飞机的操作理念。自动化的设计初衷是帮助驾驶人员克服一些人类自身的弱点，减轻驾驶中的工作负荷，提高工作效率和运行安全。在航空领域，驾驶舱自动化为民航业获得了极大的经济效益、社会效益和安全效益。从理论上讲，自动化在某些方面取代了人，避免了人的错误，从而使航空器的运行更加安全。自动化技术的引进改变了飞机驾驶舱的人机界面和飞行操作方式，成功地消除了人类的某些错误。在铁路行业也是一样，智能化的列车降低了列车司机的工作负荷，但与此同时，自动化又带来了差错的转移。比如，随着自动化程度的提高，原本已经很复杂的人机界面基础上又继续增加一些新功能，反而增加了驾驶人员的工作负荷。

1．失去情景意识

自动控制系统通常是为了降低驾驶人员的工作负荷而引入的，这样可以使驾驶人员有更多的心理资源来驾驶，但是在很多情境下，影响运行安全的不是驾驶人员的工作负荷过高，而是过低。在工作负荷低到已经使驾驶人员丧失情景意识的情况下，如果工作负荷仍然被自动控制系统减轻，运行安全将无法得到保证。此外，自动化还会降低手动操作能力，这也是使情景意识降低的重要原因。

2．过度依赖自动化

由于自动化已经成功取代了许多原先由人来完成的工作，在某些方面甚至比人做得更好，某些驾驶人员可能会过度依赖自动驾驶。尤其是当运行环境发生变化或运载工具发生某些故障时，自动驾驶将仍按照正常的设计条件工作，但是其他参数却已经发生了变化，可能使运载工具进入危险状态。另外，自动驾驶修正能力有限，一旦修正能力饱和，就失去了修正能力，如果此时驾驶人员仍然依靠自动驾驶，将更加危险。例如，1992 年，某航空公司一架 B737300 飞机，在临近机场下降改平飞时，自动油门发生故障，右发一直保持慢车位，造成飞机长时间推力不对称，结果自动驾驶横侧操纵能力饱和致使飞机坡度不断增加，当飞行员发现情况异常时，为时已晚。

3．不良的人机界面设计

自动化改变了通过人机界面传送的信息，导致一些信息不再传送，或者传送信息的格式发生变化。一般情况下，借助目视显示设备将大多数信息从机器传送给人，借助输入设备和控制设备将信息从人传送给机器。不良的人机界面设计会造成驾驶人员控制自动设备工作所需的时间增加，降低执行或完成任务的质量。不良的人机界面还会导致人与自动化相互“沟通”发生困难。以飞机为例，现代飞机增加了预先输入数据、预定飞行模式的工作方式。如果飞行员选择了不恰当的工作方式飞行，遇上复杂情况时就有可能导致事故。此外，当自动驾驶系统按照飞行员给定的输入进行工作时发生了一些特殊情况，而飞行员上手操作时，可能会使情况变得更加复杂，甚至造成人与自动化系统的对抗。例如，1994 年，一架华航

A300-600 客机在名古屋进近时，副驾驶非故意地按下了“复飞”按钮。飞机处于“复飞”模态，推力增加到“复飞”推力。在这种情况下，当占用仪表着陆系统后，自动飞行必须用一个开关脱离，不能像较老的飞机仅仅对操纵杆用力就可以脱开。但当飞行员继续进近并用力推杆力图使机头低下去时，自动驾驶仪将此作为了一个有害输入信号，并使机头上仰补偿配平，最终酿成惨剧。

4．自动系统失效

如果出现自动化系统的故障，往往难以快速处理。当自动化系统的一个部件发生故障时，如果自动诊断系统能够正常工作，通常可以给出具体故障并指导驾驶人员如何应对，这对驾驶人员的故障处理非常有利。如果系统无法准确判断故障及其严重程度，则会极大地增加驾驶人员的工作负荷。在正常情况下，自动化系统能够帮助驾驶人员根据工作目标和程序合理地安排、分配工作负荷，以保持驾驶人员精神处于最佳状态。这种情况下驾驶人员发生错误的可能性最小。但如果自动化系统失效，就可能会使工作负荷由低变高，使非常简单的事情复杂化。

（二）人与自动化分配

随着工业系统自动化和智能化水平的提高，人机操作界面的复杂程度日益提高，为了使人机顺利协调地工作，需要对二者的特性进行权衡分析，将系统的功能按照一定的标准或规则科学合理地分派给人和机器，力求使人和机器充分发挥各自优势，扬长避短，协调互补，在保证人与自动化系统稳定性的同时，尽可能地发挥人机系统的最大效能，这一过程就被称为人与自动化分配。自人与自动化分配的概念提出以来，它在工业与自动化领域的复杂系统设计中得到了广泛应用。目前在国际上比较有影响力的几种人与自动化分配方法包括：人机能力对比分配法、Price 决策图法、Sheffield 法、自动化等级划分法、York 法等，如图 6-11 所示。

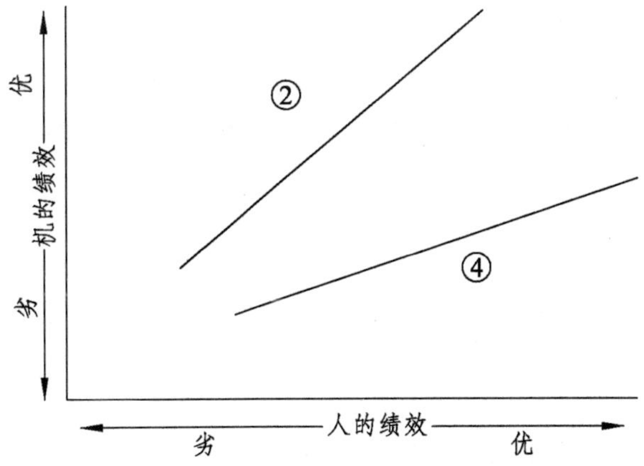

（a）Price 决策图法

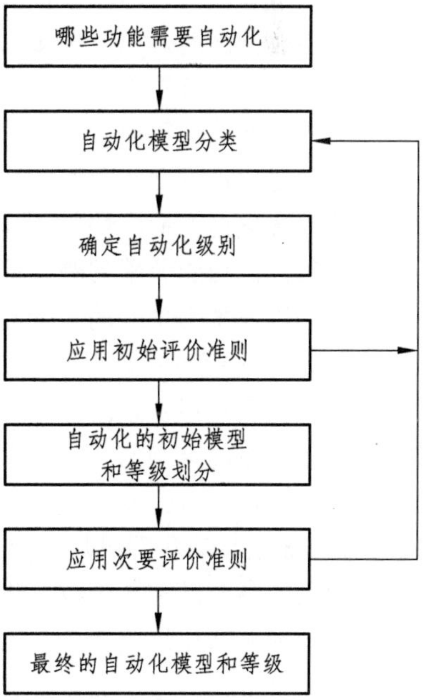

（b）自动化等级划分法

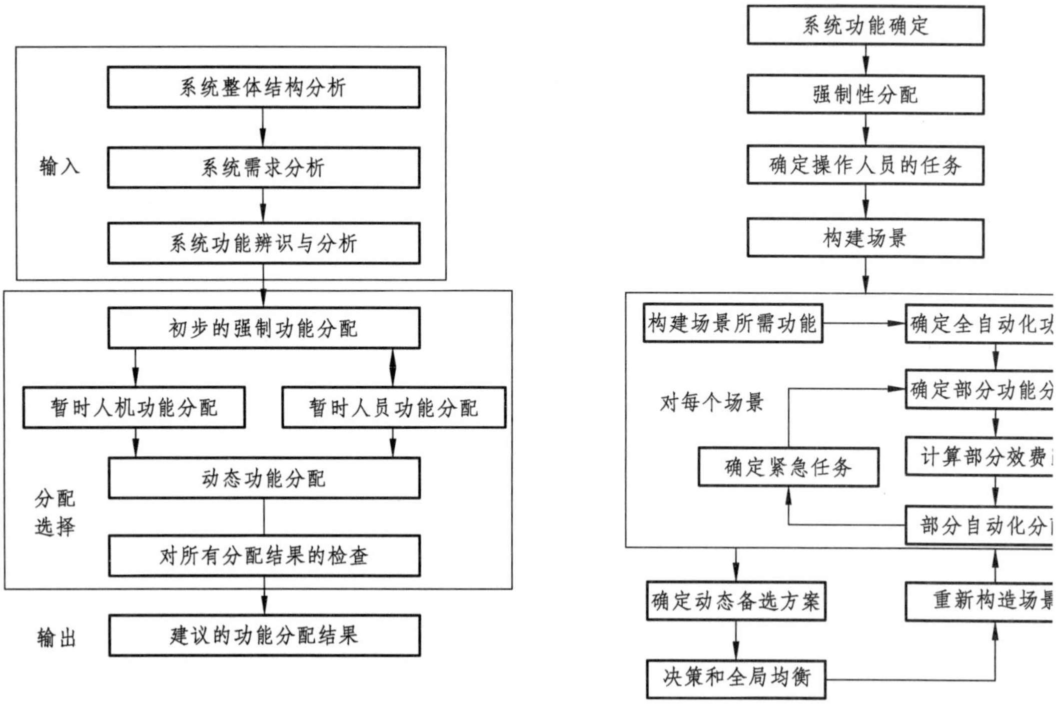

（c）Sheffield 法　　　　（d）York 法

图 6-11　人与自动化分配方法举例

人与自动化比较分配法由 Fitts 由 1951 年提出，是最初的功能分配方法，该方法按照人机各自的优势特性进行功能分配。1985 年，Price 在人机能力对比分配法的基础上，通过效能、速度、可靠性、技术可行性等因素综合衡量人和机器的绩效，提出了根据人和机器的绩效来进行功能分配的方法。在此之后，英国 Sheffield 大学在对舰艇控制系统进行设计时不仅考虑了人机的能力特性，还从人因工程的角度考虑了人员的作业设计、社会性、训练、安全、自动化的精度和费用等因素，同时还考虑了系统的静态和动态功能分配过程。近些年来，基于人机能力对比进行功能分配的研究也很多。汪汇川等人建立了基于模糊层次分析法的人机功能分配方案优选模型，解决了作战功能难以有效分配的难题。张安针对战斗机座舱的人机界面设计与人机功能分配问题，提出了一种基于二元语义信息的人机功能分配。

传统的以技术为中心的自动化给出了两个极端的自动化水平：完全手动和自动。英国科学家 Parasuraman 和 Sheridan 将自动化定义为完全或部分替换以前由人执行的操作和功能，这就意味着自动化不再是简单的有或者没有，而是可以在一系列级别之间变化，从最低级别的完全手动到最高级别的完全自动这两个极端的自动化水平（Level of Automation，LOA）之间，有很多学者给出了不同的级别定义，被广泛应用的是由 Sheridan 和 Verplank 提出的分类法。Sheridan 把自动化等级从完全手动到完全自动化分为 10 级，更高的级别代表着自动化系统拥有更高的参与度和决策权。例如，在较低的级别 2 中，系统为操作员提供选项却没有决策的权利；在中间的级别 4 中，系统为操作人员推荐选项，但操作人员仍有最终的决策权；在更高的级别 6 中，系统只给操作人员在一定时间内的否决权，如果操作人员没有否决就自动执行，关于这 10 个等级的划分及描述如表 6-2 所示。

表 6-2　自动化水平划分

自动化水平描述
1. 系统不提供任何帮助，操作员必须采取所有的决策和行动
2. 系统提供所有可选的决策和行动集合
3. 系统提供可选的决策/行动子集
4. 系统提供一个决策/行动方案
5. 如果操作员批准的话就执行系统的建议方案
6. 系统提供一个决策/行动方案，该输出方案在执行前只允许操作员在
7. 一段时间内否决
8. 自动执行，仅在必要时告知人如果人需要则告知他
9. 是否通知人由计算机决定
10. 计算机决定所有工作，拒绝人的干预

通过对高速列车认知结构进行分析，北京交通大学的杜昊将高速列车驾驶任务的信息处理过程划分为信息获取与分析、决策生成、行为实施三个阶段，并建立了与表 6-2 对应的高速列车驾驶任务各认知阶段的自动化等级划分，如表 6-3 所示。

表 6-3　高速列车驾驶任务各认知阶段的自动化等级划分

认知阶段	自动化等级	描述
信息获取与分析	1 水平	列车司机获取信息，并分析
	2 水平	自动驾驶系统获取信息并显示，列车司机分析
	3 水平	自动驾驶系统获取分析信息，并显示
	4 水平	自动驾驶系统获取信息并分析，不显示
决策生成	1 水平	列车司机决策
	2 水平	自动驾驶系统提示，列车司机决策
	3 水平	自动驾驶系统决策，并显示决策结果
	4 水平	自动驾驶系统决策，不显示决策结果
行为实施	1 水平	列车司机执行
	2 水平	自动驾驶系统执行，并反馈
	3 水平	自动驾驶系统执行，不反馈

单元小结

本单元首先通过典型铁路事故说明了工作负荷尤其是疲劳在列车驾驶安全中的重要性；然后介绍了工作负荷的概念、等级、管理和模型；接着介绍了列车驾驶疲劳和轮班疲劳产生的机理和影响；最后说明了自动化导致的潜在问题以及人与自动化的分配。

练习与思考

（1）工作负荷等级有哪些？结合列车驾驶任务说明不同等级下司机的工作负荷。

（2）如何对工作负荷进行管理？
（3）工作负荷评价有哪些方法？
（4）列车司机驾驶疲劳产生的行为模式原因有哪些？
（5）列车司机驾驶疲劳产生的生理原因有哪些？
（6）列车司机驾驶疲劳产生的心理原因有哪些？
（7）自动化的潜在问题有哪些？

单元七　职业特质综合训练和评估方法

俄文对照　单元七

微课 7.1.1　行为标记系统　　微课 7.1.2　自我报告法应用　　微课 7.1.3 行为标记系统应用

相关知识

一、行为标记系统

行为标记系统广泛应用于高风险行业，如航空、核电、军事和医学等，是非技术技能和团队培训项目的重要组成部分。行为标记系统为测量和行为评级提供了一个很有价值的工具。反过来，这个系统可以评估个体或团队在实际或模拟环境中的技能。通过行为举例或行为标记，确定好的和不好的行为标准。此外，这些行为标记专注于那些能直接观察到的或者能够从个体间交流或者技术动作中推断出的行为，减少了评估过程中潜在的模棱两可。下面介绍两个广为使用的行为标记系统。

（一）NOTECHS 系统

NOTECHS 系统源于欧洲，目的是为评估机组人员的非技术技能。NOTECHS 系统把非技术技能分成四个主要部分：领导力和管理（Leadership and Management）、合作（Co-operation）、决策（Decision Making）和情景意识（Situa tional awareness）。前两者属于社会性技能（Social skills），后两者属于认知性技能（Cognitive skills）。每个技能又进一步分成不同元素和行为标记。合作技能包括团队建设和维系、体谅他人、支持他人、人际冲突的解决；领导力与管理技能包括权威与自信的使用、提供和维持标准、计划和协调、工作负荷的管理；情势判断察觉包括设备系统的意识、环境意识、时间压力和对眼前事件的预期；决策包括问题诊断、选择归纳、风险评估、做出选择、结果评价。在 NOTECHS 系统中，交流（Communication）不作为单独的部分，因为 NOTECHS 系统认为无论哪类技能都贯穿着沟通过程。两类社会性技能可利用行为标记系统直接表征为可观察的基本沟通行为（言语的与非言语的）。虽然认知性技能大部分过程发生在人脑中，但可以通过可观察到的沟通行为进行推测。由此可见，NOTECHS 系统最根本的一点是沟通，沟通是各种技能的必要过程。

（二）ANTS 系统

麻醉医生行为标记系统（The Anaesthetists'Non-Technical Skills System，ANTS）由苏格兰工业心理学家和麻醉医生经过四年合作研究开发。该系统的目的是为麻醉医生提供一个描述非技术性技能的架构和一个以清晰透明的方式指导评估工作的工具。

研究人员采集了三方面的数据：首先，通过人为因素的观察研究，将关于非技术性技能的知识和麻醉过程中使用的行为以层次化的形式确立下来；然后，进行认知任务分析，该过程由一位有麻醉学知识背景的心理学家与 29 位资深麻醉医生进行访谈来完成，这些麻醉医生回忆并描述一次他们经历的具有挑战性的病例，并列举出他们认为成为高水平麻醉医生的必备条件以及他们对于安全和团队协作方面的态度；最后，利用统计学理论分析这些结果从而确定非技术性技能的内容。

基于上述数据，研究人员随后遵循了大量设计标准来建立行为标记系统的原型。这些设计标准包括：这个技能应该是可观测的；这个系统应为一个层次结构并且应该简单和使用尽可能少的培训等。最后，借鉴航空工业评价系统经验，通过在手术室观察、对会谈结果的反复研究和交叉检验 200 名麻醉医生对危急事件处理回顾的报告；来对这个原型不断地精炼和浓缩，最终确定了 ANTS 评估系统的内容。

ANTS 系统具有以下特征：① 关注于那些能够从行为中观察得到的非技术性技能；② 有一个分级结构，可以用三个水平层次描述：类别（category）、元素（element）和行为（behavior）；③ 能在手术室环境中足够简单地应用，包括语言、定义、结构和设计；④ 对于施评的麻醉医生来说，稍微经过培训就能应用；⑤ ANTS 系统应具有普适性，可以应用于所有临床实践，通过口头表达使它们很容易被识别。

ANTS 系统包括四个类别：任务管理能力、团队工作能力、情势判断觉察能力和决策能力。这些类别再细分成 15 个技能元素构成的结构。每个元素都有一个定义和抽样行为标记。下面进行详细说明。

1．任务管理

任务管理包含四个元素：计划和准备（planning and preparation）、区分优先次序（prioritization）、提供和维护标准（providing and maintaining standards）、识别和利用资源（identification and utilization of resources），每一元素包括一些与之相关的好的和差的行为举例。

1）计划和准备

制定某一任务的前瞻性或预先的计划、当前的计划和后续的计划，再检查并更新信息，完成必需的组织和准备，确保计划成功。

好的行为标记：

✓ 与相关人员交流该病例的计划；

✓ 根据变化再检查病例计划；

✓ 为患者制定术后的安排；

✓ 在开始病例前准备好药物和设备。

差的行为标记：

✓ 不根据新的信息调整计划；

✓ 没有紧急/备选药物；

✓ 不准备术后管理计划；

✓ 不到最后一分钟不寻求药物和设备。

2）区分优先次序

根据时间、严重程度、计划或参数，区分任务优先次序，避免被不重要或无关的事情分心。

好的行为标记：

✓ 讨论病例中的优先议题；

✓ 和外科医生商议病例可能的各种后果；

✓ 对危急情况，转变行动的次序。

差的行为标记：

✓ 被指导的学员搞得心烦意乱，分心；

✓ 对危急情况没有足够的重视和注意；

✓ 不能根据变化的临床情况适时做出调整。

3）提供和维护标准

遵循好的操作实践、治疗流程方案，坚持已被接受的麻醉操作实践标准和原则，保证麻醉的安全和质量。

好的行为标记：

✓ 遵循公开的流程和指南；

✓ 每个病例开始前检查机器；

✓ 维持准确的麻醉记录。

差的行为标记：

✓ 输血时不核对血型与患者的信息；

✓ 违反指南，如最低监测标准；

✓ 没有确认患者的身份和知情同意；

✓ 没有遵守急诊流程或指南。

4）识别并利用资源

能够确定任务完成所必需的资源，然后利用它们去完成任务，以对个体和整个团队产生最少的破坏或工作负荷。

好的行为标记：

✓ 确定可用的资源；

✓ 给合适的团队成员分配任务；

✓ 保证在复杂危急时刻有足够时间；

✓ 如果需要，增加额外的资源。

差的行为标记：

✓ 不能利用现有的资源；

✓ 分配给团队成员超负荷任务；

✓ 没有认识到任务负荷是不能承受的；

✓ 没有预先要求必需的资源。

2．团队工作

包括五个技能要素：协调团队成员的活动（coordinating activities with team members）、交换信息（exchanging information）使用权力和威信（using authority and assertiveness）、评估能力（assessing capabilities）支持他人（supporting others）。

1）协调团队成员的活动

与团队成员一起开展任务，包括体力和脑力活动；了解不同成员的作用和职责并确保对任务采用团队的方法。

好的行为标记：

✓ 确认团队成员的作用和职责；

✓ 和外科医生或同事讨论病例；

✓ 在行动前考虑别人的需求；

✓ 与其他人合作以实现目标。

差的行为标记：

✓ 不与外科医生和其他成员合作；

✓ 太依赖于熟人完成工作；

✓ 把工作作为想当然；

✓ 没有知会别人就采取干预措施；

✓ 在任务过程中不考虑团队合作。

2）交换信息

为了团队协作和任务完成，给予和获得必需的知识、资料、信息。

好的行为标记：

✓ 给予更新情况报告关键事件；

✓ 证实相关知识已经得到分享；

✓ 与相关人员交流病例计划及其他；

✓ 维持清晰的病例文件。

差的行为标记：

✓ 不告知团队成员相关计划或计划变更；

✓ 给的信息简单、不充分；

✓ 相关交流时没有包括相关人员信息；

✓ 不能清楚简练地表达关注点。

3）使用权力和威信

领导团队和/或任务；采取一种合理的方式提出论点，并使之适合团队和情势。

好的行为标记：

✓ 以必需的威信使人知道要求；

✓ 需要的时候接手作为任务的领导；

✓ 对团队成员发出清晰的指令；

✓ 陈述病例并提供正当理由。

差的行为标记：

✓ 不挑战高年资同事或主治医生；
✓ 不允许其他人提出他们的见解；
✓ 没有尝试去解决争议；
✓ 当需要的时候不支持正确的立场。

4）评估能力

判断不同团队成员的技能及解决问题的能力；对可能限制他们有效完成任务能力的影响因素保持警惕，如熟练程度、经历、应激、疲劳等。

好的行为标记：
✓ 需要的时候寻求帮助；
✓ 询问新的团队成员的经历；
✓ 若某一团队成员的任务没有达到预期标准，进行提醒；
✓ 调整监管强度以适应其他团队成员；
✓ 注意到团队成员已经病假结束返回上班，并询问他的身体恢复情况。

差的行为标记：
✓ 认为助手能够应付任务，不闻不问；
✓ 允许团队成员接受超出能力水平的任务；
✓ 不关注团队其他成员的操作；
✓ 没有查明他人的能力就加入已经建立的团队；
✓ 对明显的疲劳信号（打哈欠、记不住简单的指令等）没有反应。

5）支持他人

为其他团队成员提供体力、脑力或精神支持。

好的行为标记：
✓ 对其他人的关心表示感激；
✓ 提供安慰和鼓励；
✓ 听取成员完成一个困难病例后的报告，并表示感谢；
✓ 预先判断什么时候成员需要设备/信息。

差的行为标记：
✓ 在困难时刻/高工作负荷时间才询问需求和信息；
✓ 对团队其他成员不提供支持；
✓ 没有认识到其他人的需求；
✓ 对别人的请求表示轻蔑的态度。

3．情势判断觉察

情势判断觉察对于预防失误和保证安全是一个非常关键的因素，同时是一个动态的过程。该类别包括三个技能要素：收集信息（gathering information）、了解并识别（understanding and recognition）、预期（anticipation）

1）收集信息

通过持续观察整个环境，监控所有可得的数据来源和线索，主动收集关于特定情势的信息并验证数据以确保信息的可靠性。

好的行为标记：

✓ 术前即获得并记录患者的信息；

✓ 经常扫视环境以观察变化；

✓ 观察外科手术进展，需要的时候验证之前的状态；

✓ 交叉检查信息增加可靠性。

差的行为标记：

✓ 分心导致监控水平下降；

✓ 对成员的信息提醒不予证实；

✓ 不改变工作环境的布局以改进信息数据可视性；

✓ 在交接班的时候不进行询问以适应情势变化。

2）了解并识别

解读收集到的信息，以证实与实际情势和预期情势之间是否符合，并时刻更新对环境的认识。

好的行为标记：

✓ 通过增加监护的频次来应对患者出现的情况变化；

✓ 告知其他人目前情况的严重程度。

差的行为标记：

✓ 对患者的状态变化没有反应；

✓ 对信息变化采取不合适的行动；

✓ 把警报系统调成静音，不观察提示以及它们的含义。

3）预期

试问“如果×××，会怎么样”，并预先考虑行动干预或不干预可能带来后果；不断思考根据目前的情势，预测马上可能发生什么情况。

好的行为标记：

✓ 通过输液/药物保证病人先前的身体状况；

✓ 回顾某一干预措施的效果；

✓ 采取行动以避免或减轻潜在的问题。

差的行为标记：

✓ 不考虑与患者相关的潜在问题；

✓ 不增加监控水平应对患者变化的状况；

✓ 不知道外科操作步骤进程；

✓ 对药物可能的不良反应没有预见性。

4．决策

决策在麻醉过程中随时存在。分为三个技能元素：识别选项（identifying options）、权衡风险并选择选项（balancing risks and selecting options）再评估（re-evaluation）

1）识别选项

在做出决定或解决问题时，基于动态收集到的信息或既有的经历经验识别可能的选项并加以考虑好的行为标记：

✓ 为了做决定产生多种选项；

✓ 和患者讨论不同麻醉技术；

✓ 对一个困难病例，询问其他麻醉医生的建议。

差的行为标记：

✓ 不询问其他团队成员以寻求可能的选项；

✓ 直接认定某一选项，而不考虑其他替代项，即使有时间也不作考虑；

忽略来自团队其他成员的建议。

2）权衡风险并选择选项

评估风险，估量某一情势的威胁或好处，考虑不同行动过程的好与坏，根据这些过程选择一种解决方案。

好的行为标记：

✓ 考虑不同治疗选项的风险；

✓ 根据患者的状况估量各种影响因素；

✓ 执行并完成已选的方案。

差的行为标记：

✓ 没有发现与一个不熟悉的状况/药物相关的风险；

✓ 不与团队成员预想行动过程；

✓ 不与团队成员回顾可能的选项。

3）再评估

持续回顾选定选项的合适性，评估并选择；选项选择完成后再评估情势。

好的行为标记：

✓ 在治疗或干预后对患者进行再评估；

✓ 回顾情势，如必要，进行等待和再看；

✓ 不断根据患者状况列举不同选项。

差的行为标记：

✓ 没有给出足够的时间让干预措施起效；

✓ 再评估时没有包括团队其他成员；

✓ 不愿根据新的信息修正行动过程。

评估应该在元素和类别的水平进行。伴随该系统一起发展起来的还有等级评定量表。技能水平的描述包括四个等级：

（1）4——优秀：

技能保持一贯的高水平，能提高患者安全性；可以为其他人提供正面积极的例子。

（2）3——可接受：

技能是一个令人满意的水平，但仍有提高的空间。

（3）2——边缘水平：

技能表现令人担忧，必须进行大的改进。

（4）1——差：

技能水平已经或潜在危害患者的安全，需要严肃认真地补救。

（5）没有观察到：

技能在场景中观察不到。

二、职业特质训练方案举例——以航空非技术技能为例

微课 7.2 职业特质训练方案举例——以航空非技术技能为例

中国民航大学的张宏伟在《民航飞行员非技术技能训练和评估的初步研究》中列举了其所构建的民航飞行员非技术技能训练方案，部分内容如下。

（一）训练目标

1．终极目标

民航飞行员非技术技能训练的终极目标是改善整个机组成员的群体工作水平，实现安全、高效的飞行目的。

2．次级目标

学习、理解与人为因素和人为差错方面的概念和原理，以便解释人类心理表现、局限及其相互关系、主要影响因素等，实现非技术技能训练的认知目标、情感目标、心理学目标。

帮助受训人员认识、理解民航飞行员非技术技能的概念，以及学习和接受非技术技能训练的意义。

通过接受模块化的非技术技能训练计划提升受训人员在个人技能、认知技能和社会技能方面的非技术技能。

使受训人员形成正面积极的安全态度，去除消极、不安全的态度、行为及做法，系统地形成飞行职业所需要的态度、知识以及技能行为模式。

搞清楚受训人员在多大程度上理解飞行员非技术技能的概念和训练内容，以及在非技术技能方面进行过什么样的训练。

不断提取和分析飞行中不可缺少的行为和技能，并不断融入训练中，最终实现非技术技能训练标准化、规范化和系统化。

（二）训练对象

民航飞行员非技术技能课程的训练对象主要为飞行机组，以及与飞行机组有例行性工作关系的其他人员，也包括为以上人员提供非技术技能训练的教员和实施检查的飞行检查员。这些人员包括：

✓ 初始训练的飞行员。

✓ 转机型训练的飞行员；

✓ 升级训练的飞行员；

✓ 年度复训的飞行员；

✓ 重新获得资格训练的飞行员。

（三）训练内容及方式

1．训练设计对教员的要求

非技术技能训练的成功与否，在很大程度上依赖于教员对训练内容和训练方式的准备。为了能使非技术技能训练达到既定的目标，非技术技能训练课程设计需要教员具备以下技能：

✓ 确定训练要求；
✓ 确定设计和教学资源；
✓ 综合考虑各种教学方式；
✓ 设计时考虑其他人的意见；
✓ 收集并挑选非技术技能学习指导材料；
✓ 确保书面和可视材料清晰、准确、切实可行和便于使用；
✓ 确保活动和练习材料切实可行且真实；
✓ 编写并出版持续性的指导材料；
✓ 发现问题并及更正。

2．训练内容的开发

民航飞行员非技术技能训练的内容依据训练前的摸底调查而定。其中对非技术技能训练内容摸底调查的方式有：

✓ 对机组成员进行访谈和问卷调查；
✓ 在航线训练中对机组进行观察；
✓ 模拟机训练或课堂学习录像分析；
✓ 事故征候/事故分析报告等。

在摸底调查结束后，根据调查结果抓住要点，设计非技术技能的训练方案。张宏伟将非技术技能训练方案中的训练内容归纳为表 7-1 的主题和核心要素。

表 7-1　非技术技能训练主题和核心要素

核心要素	主题	训练目标
人的因素	人的能力和局限性	基于技能、法规和知识的错误以及复合错。能避免人的局限性对飞行的影响，能发现和克服飞行中可能存在的人的缺陷
失误链以及失误的防止	事故链理论模型和如何打破事故链	能运用事故链理论分析飞行中出现的问题，能用适当的方法打破事故链
威胁与差错管	人的错误与人的可靠性，威胁与差错管理模型，航线运营中常见的威胁与差错，威胁与差错管理的有效方法	理解人的错误的主要理论与模型，掌握差错管理的途径，认识到人的错误是人类行为的必然组成部分，不能完全被消除，但可以通过管理加以防护，理解威胁与差错管理模型，了解航线运行中常见的威胁与差错，认识到威胁与差错管理对航空安全的重要性，形成识别、管理威胁、差错，以及非预期航空器状态的技能

续表

核心要素	主题	训练目标
飞行中的工作负荷	工作负荷与作业表现之间的关系，影响工作负荷的因素，工作负荷的管理技巧	了解工作负荷对机组作业表现的影响，了解工作负荷的影响因素，认识到适当强度的工作负荷最有利于作业表现，理解评定机组工作负荷的经验公式，认识到管理驾驶舱工作负荷的重要性，学会识别不同强度的工作负荷，掌握管理工作负荷的技巧
标准操作程序遵守	规章与灵活地处理飞行中遇到的问题	能按照规章执行飞行任务；遇到问题后，能全面考虑标准操作程序和灵活应对出现的情况
压力管理	工作中压力大小的表现，克服工作中的压力	通过将任务分配给机组成员减小自身的压力；能放下生活中的压力，不致影响飞行
时间管理	时间对于飞行的重要性，管理好自己的时间和飞行中的时间	能管理好自己的休息和工作时间；在飞行中，合理安排飞行时间和分配精力
组织因素	组织因素的类型，组织因素对飞行的影响	知道组织因素是如何影响飞行活动的
公司安全文化	公司的安全文化，良好的公司文化对运行的影响	积极宣传安全文化，能辨识正确的文化方向，不盲目追随不正确的文化气氛
非技术技能概述	机组资源管理的概念，为什么要接受机组资源管理训练，机组资源管理训练的目标	了解非技术技能的发展历史，理解为什么要学习非技术技能，了解非技术技能训练的方法，认识到机组协作对运行安全与效率的重要性，认识到非技术技能需要持续强化
自我意识	自我意识的类型，自我意识对飞行的影响，提升自我意识	了解自我意识对飞行员自身和飞行的重要意义，知道如何提高自我意识
情绪管理	情绪对飞行的影响，管理自己的情绪，避免和有情绪的机组发生冲突	知道情绪对飞行的影响，知道如何管理自己的情绪，知道避免将不好的情绪传染给周围的人，知道避免不良情绪影响工作
情景意识	人的信息加工能力与局限，情景意识的含义，情景意识与飞行安全的关系，个人和机组情景意识，情景意识的影响因素，情景意识的保持方法，有效的监控与交叉检查技巧	了解人的信息加工的能力与局限，理解情景意识的含义，理解影响情景意识的典型因素，了解个人情景意识与机组情景意识的特点，认识到人类的信息加工是有局限的，认识到保持良好情景意识对飞行安全的重要性，认识到分享信息对保持情景意识的重要性，掌握识别情景意识削弱/丧失的方法，形成有助于情景意识保持的行为模式，形成一些有助于监控的技能
判断/决策	判断与决策的含义，飞行员判断与决策的过程，飞行过程中典型的决策陷阱，提高决策质量的方法	理解 DECIDE 模型，理解自然直观决策模式，理解知识、经验对决策的影响，了解飞行过程中典型的决策陷阱，认识到开放、宽松的沟通氛围对团队决策的重要性，学会识别、评价和管理决策陷阱，学会识别、应对危险态度，形成有效的团队决策行为
团队合作	团队意识，支持他人，帮助他人	建立有效的团队，保持团队的方法，在团队中支持机组成员
换位思考	换位思考对工作的影响，合理的换位思考	能学会换位思考，能用换位思考处理遇到的问题

续表

核心要素	主题	训练目标
信息沟通	沟通的概念，驾驶舱内的沟通类型，沟通障碍，沟通的技能，飞行机组与客舱乘务组之间的沟通	了解驾驶舱内的沟通类型，了解驾驶舱内常见的沟通障碍，认识到建立良好的沟通氛围对CRM的重要性，认识到简令、质询与反应、冲突解决、讲评的重要性，认识到飞行机组与客舱乘务组沟通的重要性，学会识别沟通障碍，以及应对沟通障碍的方法，掌握简令的技巧，掌握质询与反应的技巧，掌握冲突解决的技巧，掌握讲评的技巧，掌握飞行机组与客舱乘务组之间沟通的技巧
领导技能	机长的权威与机组成员的直陈，几种常见的领导类型，几种典型的管理方式，紧急情况下的领导	了解权威与直陈的含义，了解典型的权威与直陈组合的特点，理解不同领导类型与管理方式下CRM的特点，认识到机组成员的直陈对飞行安全的重要性，认识到兼顾机长的权威与其他机组成员的直陈的重要性，掌握紧急情况下的领导方法，形成一些有效的领导与协作行为模式
资源管理	资源的分类，不同资源的利用方式	知道各种资源对飞行安全的意义，学会利用各种资源
特情处置	飞行中的特情类型，处理特情程序和方式方法	辨识特情的类型，知道特情处理的程序，学会在特情出现时保持冷静，学会在特情出现时寻求帮助
信息获取和处理方法	信息获取的方式，辨识有用信息，处理信息的类型，有效处理信息的方法	知道正确获取信息的途径，能辨识飞行中有用信息，了解信息处理的方式，能用正确的方式处理飞行中的信息。
自动化	自动化的优点，自动化的缺点，自动化的使用与管理	了解自动化的优点与缺点，认识到自动化系统需要监控，掌握自动化使用与管理的典型方法

技能彼此之间有交叉和重叠的部分，而且这些技能与我国传统文化、公司的安全/企业文化、飞行员群体文化以及飞行员的个体认知水平都有着密不可分的联系。所以非技术技能训练要与基础训练和飞行中有关的其他训练结合起来，通过多样的训练方式，让飞行员接受和掌握这些技能。非技术技能训练与管理层也不无关系，需要领导层的支持。而且这些训练内容在初始训练、转机型训练、升级训练以及定期复训中有不同程度的体现。非技术技能相关训练内容、非技术技能核心训练内容以及训练的不同体现程度如表 7-2 所示。

表 7-2 民航飞行员非技术技能的训练内容在不同训练阶段的体现

训练项目	核心内容	初始训练	改变机型或转机型训练	改变操作人员的训练	升级训练	复训
基础训练内容	威胁与差错管理	深入	按要求	按要求	深入	适当
非技术技能训练核心内容	自我意识	深入	按要求	回顾	深入	适当
	情绪管理	深入	按要求	回顾	深入	适当
	应激管理	深入	按要求	回顾	深入	适当
	情景意识	深入	按要求	回顾	深入	适当
	判断/决策	深入	按要求	回顾	深入	适当
	信息沟通	深入	按要求	回顾	深入	适当
	领导技能	深入	按要求	回顾	深入	适当
	换位思考	深入	按要求	回顾	深入	适当
	团队合作	深入	按要求	回顾	深入	适当
	资源管理	按要求	按要求	回顾	深入	适当
其他训练内容	特情处置	按要求	按要求	按要求	深入	适当
	信息获取和处理方法	按要求	按要求	按要求	深入	适当
	自动化	按要求	深入	按要求	深入	适当
	与机型相关的具体差异	深入	深入	不要求	深入	适当
	案例研究	深入	深入	按要求	深入	适当

3．训练方式

以下列出了一些常用的非技术技能训练方式，训练人员可以结合以下方式对接受训练飞行员进行训练。

✓ 课堂讲授；
✓ 计算机辅助训练课程；
✓ 模拟机训练；
✓ 航线飞行训练；
✓ 团队问题解决活动；
✓ 角色扮演活动；
✓ 案例分析；
✓ 视频；
✓ LOFT；
✓ 实践练习。

对飞行机组而言，在航线模拟飞行训练中进行非技术技能训练是巩固并提升非技术技能的最有效方式之一。这种训练可以让飞行机组成员有机会通过与其他成员的互动来实践所学到非技术技能。这种方式的非技术技能训练应当以完整的机组搭配进行，并且机组成员应在其例行的执勤位置。训练时应当以从事实际航线运行的机组成员为对象，不得以飞行教员或检查员作为训练搭档。在训练之后，尽量利用训练过程的声像资料做飞行后讲评，可以此清楚地观察机组在遵守标准操作程序、决策、团队合作、领导等各方面的表现。机组成员很容易从个人与团队的角度评估自身的非技术技能。

（四）训练实施

1．训练前准备

民航飞行员非技术技能训练涵盖的内容很广，不仅仅是飞行训练部门这一个环节，还牵涉到航空公司的其他运行部门。

首先，作为飞行训练的一部分，必须从机组的实际出发，广泛收集机组实际操作过程中出现的问题及飞行事故、飞行事故征候，对开展非技术技能训练的必要性、可行性进行评估。

其次，要得到航空公司相关管理部门人员尤其是高层管理人员的认同，使得公司的高层管理人员、飞行技术管理人员、飞行安全监察人员对飞行员的非技术技能训练有充分的认识并予以足够的重视。同时还应在公司的有关管理手册、操作手册中体现诸如有关飞行员非技术技能的内容。

再次，根据航空公司自身的特点及具体情况制定非技术技能训练内容。在此之前，应对航空公司的机队情况、飞行员的认知结构、年龄结构和人文特点做深入研究及分析，有针对地制定训练内容。在开始广泛训练前，应首先对检查员、监察员以及教员进行训练，然后再扩大到所有的飞行机组。

最后，要在开展非技术技能训练前建立一套完整的训练质量跟踪、评估系统。非技术技能训练的形式和内容应当依据接受训练者的反馈不断进行调整和修改，而一个完整的反馈及评估系统有助于了解训练的实际收效情况以及需要改进的地方。

2．课程设计

非技术技能训练课程设计需要教学大纲、教学提纲和教案三个关键性文件。教学大纲是对科目的描述，一般包括课程表、课程名称、内容概要、活动描述、考核方法等详细说明。教学提纲列出各个训练目标。在教学大纲和教学提纲具备之后，教员在这两个纲领性文件的要求下，编写教案以控制每节课的教学任务。课程设计一般有 8 个步骤：明确目标、收集素材、筛选活动、安排训练活动、编写教案、准备辅助教学视频材料、编写指导手册和检查设备。

1）确定目标

训练目标是指经过训练后受训人员达到的等级。简单地说，就是通过训练，受训人员能做什么？例如通过训练，学员能描述注意使用检查单时的几项问题，学员能展示安全使用检查单的程序，并能认识到恰当使用检查单的需要。

2）收集素材

收集素材时要一丝不苟，有时也需要灵活。随着互联网逐渐成为一种越来越有用的资源，有时会发现可用的信息太多。教员有责任获得正规的指导材料。关于民航的训练素材不是很多，教员有时需要借鉴其他领域的相关研究成果。

3）筛选活动

现有的训练方式各有利弊，见表 7-3，选择一种教学方式或媒介时需要综合考虑。一方面训练日标希望模拟教学与现实世界的要求一致，模拟与实际情景能越接近另一方面训练也需要考虑成本和效益。所以教员需要根据预期达到的训练日标选择训练方式。

表 7-3　各种教学方式的利弊

教学方式	优势	劣势
讲授	信息的高度转移，与一群人共同工作	缺乏互动，注意力不集中
案例分析	相关性强并且趣味性强	需要筛选和组织材料
视频	趣味性强	是否与课程目标一致
角色扮演	有利于行为的修正	耗费时间，可能不配合
实践练习	明确常规标准且具有交互性	耗费时间
LOFT	真实性强	成本高，要求严格

表 7-4 呈现了主要教学方式的评估情况。教员需要明白，各种训练方式之间并不是相互排斥的。各类训练方式之间的界限是相当模糊的，具体训练过程需要看受训人员对训练的认可程度。

表 7-4　各种教学方式的评估（训练的输入和输出）

输入（评估项）	输出（评估结果）
讲课	面向全体
演讲	允许互动
案例分析	实事和行为为背景
调查表	自身的反映
视频	动态演示
角色扮演	感情和行为
实践练习	技能演练
LOFT	技能和程序

作为训练媒介（教学方式）选择过程的一部分，要将所选教学方式和预期结果间建立良好的关系是十分困难的。这是因为存在很多可变的影响因素，如准入标准、个人学习的动力、学习方式等，这些都会影响受训者的训练效果，表 7-5 给出了教学训练方式和预期结果结合起来的方式。

表 7-5 教学训练方式的选择

媒介	描述知识	演示技能	认识态度
演讲	√√√		
讲课	√√√		
案例分析	√√		√
调查表	√√		√√
视频			√
角色扮演			√
实际演练	√	√√√	√√
LOFT	√	√√√	√√

4）安排训练活动

安排训练活动，从宏观层面上来讲，就是如何在有限的时间内有效的安排训练从微观层面上讲，就是要知道每一节课的有效训练活动。

5）编写教案等

训练方案设计的最后一步就是编写教案、准备辅助教学视频材料、编写指导手册和检查设备，这 4 个过程是将训练设计具体化的过程。

3．训练实施

民航飞行员的非技术技能训练并不是一项独立的技能训练体系，应作为一项基本的训练要求贯穿于所有的飞行操作过程中。

1）初始训练

初始训练的对象为第一次接触到非技术技能训练的人员，如飞行学员。此类训练一般都以课堂演示讲解的形式进行，其主要内容是以人的局限与飞行表现为主的人为因素基础知识，以及非技术技能训练需要获得的相应知识和技能，如自我意识、情绪管理、应激管理、判断与决策、情景意识、信息沟通、领导能力、资源管理、换位思考和团队协作、自动化管理等。由于飞行学员是初次接触非技术技能概念，所以需要教员充分运用形象生动的表达方式让学员尽快产生足够的学习兴趣，从而接受后续的训练。在训练中可以结合幻灯片讲解、影像演示、分组讨论、CBT（Computer Based Training）课程、角色扮演练习等形式，并可利用事故模拟来说明机组配合不好、交流不畅等对飞行安全产生的重大影响，依次加深飞行学员对非技术技能训练内容的掌握和理解。必须指出的是，初始训练只是非技术技能训练的第一步，无论初始训练内容设计得多么完美，都不能在飞行学员的头脑中建立起牢固的痕迹，还必须依赖于恢复训练。

2）复训

研究表明，如果没有有效的恢复训练来巩固飞行学员头脑中非技术技能概念，那么在初始训练后不久的时间内，飞行学员还是会恢复其原有的习惯，旧的习惯还会在意识中占上风。

因此，非技术技能恢复训练必须作为一项基本训练内容列入飞行人员的复训科目中。

非技术技能恢复训练可以采用 LOFT 的方式进行。此类训练一般在模拟机上进行，每个学员在训练中扮演相应角色，教员则力求使整个训练过程符合实际的飞行情景。训练的同时，可利用录像设备将机组的操作过程完整地记录下来，在飞行结束后讲评时播放，学员在自我分析的同时，可以由教员指出在机组配合、情景意识、判断/决策、交流与沟通等方面存在的问题。通过观察自己在训练过程中的表现，可以让受训人员更深刻地意识到在飞行训练过程中出现的各种失误。恢复训练的另一个重要内容就是收集训练反馈信息。应当鼓励受训人员将他们在飞行实践中的体会和经验及时反馈给教员，教员由此可以对非技术技能训练内容以及训练方式做出改进和调整。

3）特殊训练

对于航空公司新进的飞行员，不管他以前是否接受过类似的训练，都应当重新接受非技术技能训练。以使他们遵循本公司的训练标准。此类训练可以结合初始训练进行。

另外，在转机型、转操作训练的飞行员非技术技能训练中，也应当加入特殊训练内容，如自动化管理、特情处置等方面的训练内容。

（五）训练反馈

1．反馈的目的

非技术技能训练反馈的主要目的，是通过反馈了解飞行员非技术技能训练过程中飞行员和教员对非技术技能训练的实施情况，以此来完善训练内容、改善训练方式和提高训练效果。

2．反馈的内容

民航飞行员非技术技能训练反馈的内容有三个方面：包括训练内容、训练方式和训练对象的主观感受。

1）训练内容

对于训练内容的反馈，主要从飞行员和教员两个方面入手。

（1）飞行员方面：

设计完整的问卷，对接受完训练的飞行员进行问卷调查，问卷的主要内容是训练内容是否达到预期目标，对飞行员的问卷结果进行统计分析，得到对训练内容的反馈信息。

（2）教员方面：

设计有针对性的问卷，调查教员对刚刚结束的非技术技能训练内容的主观感受，作为训练的组织者和实施者，教员对非技术技能训练的情况最具有发言权，多年的教学经验使教员对训练有自己独特的见解，通过对其的调查问卷，也可以获得有关非技术技能训练内容的反馈信息。

2）训练方式

对训练方式的反馈也是从飞行员和教员两个层面进行反馈。

（1）飞行员方面：

设计完整的问卷，对接受完训练的飞行员进行问卷调查，问卷的主要内容是训练方式是否适合训练内容，以及需要如何改进才能更有利于训练的实施，对飞行员的问卷结果进行统计分析，得到对训练方式的反馈信息。

（2）教员方面：

设计针对训练方式的问卷，调查飞行教员对刚刚结束的非技术技能训练方式的主观感受。教员全程实施非技术技能训练，对非技术技能训练过程中出现的问题最清楚，对如何改进训练方式也有自己的看法。

3）训练的总体主观感受

让飞行员和教员从总体上对已经结束的非技术技能训练做出反馈，是非技术技能训练反馈最后一项工作。这样做的主要目的是了解飞行员和教员从整体上对训练的看法。有利于非技术技能训练的更新和改进。

三、职业特质评估方案举例——以麻醉师非技术技能为例

微课 7.3　职业特质评估方案举例——以麻醉师非技术技能为例

连庆泉和上官王宁在《麻醉医生非技术技能》一书中给出一个以 ANTS 为标准的案例。如下文所示。

（一）评估方法

1．问卷调查（Questionnaire）

基于以前评估研究的结果，问卷调查能够找寻到更多的特殊病例对象内容。调查问卷被送到了 50 个参加这个项目的顾问麻醉医生手上，最后匿名收回。

2．手术室内操作者试验（Operating room user trials）

手术室内操作者试验是在手术室和模拟训练课程中对新手麻醉医生进行日常培训时实施的。操作者将邀请函连同问卷一起寄给 50 个参加评估研究的顾问麻醉医生，其中 20 名顾问麻醉医生同意参与该试验。在试验中，参与的顾问麻醉医生招募新手麻醉医生，他们同意在预定的培训项目期间采用 ANTS 系统被评估。

这些顾问麻醉医生通过参加 3 h 的培训以校订 ANTS 评估系统，同时让他们有机会进一步实践，并和他们的同事讨论这些等级评分。关于试验目标和过程的信息也需要以简要笔记的方式提供给每个顾问麻醉医生，以指导操作者试验，这些简要的笔记包括一份含有 ANTS 评估系统细节的小手册和他们每次使用 ANTS 评估系统后完成的反馈问卷复印件。顾问麻醉医生需要在每次课程前向新手麻醉医生告知将要使用 ANTS 评估系统。使用 ANTS 评估系统后需要给予反馈意见的新手麻醉医生还需要完成一个可选择的反馈问卷，问卷最终需要匿名收回。

（二）结果

1．问卷调查

所有的被调查者均表示他们认为 ANTS 评估系统对支持麻醉培训很有用，虽然只有 21 位顾问麻醉医生反馈自从 9 个月前开始培训研究以来一直有参考这个系统。他们指出，作为一个自我反思的引导，会通过非正式地使用 A 评估系统辅助教学，并且和同事和新手麻醉医生讨论这个系统。

反馈表明这些顾问麻醉医生认为该系统在培训的所有阶段都很有用。顾问麻醉医生们被

要求评估该系统的有用性（等级：1 = 无用；2 = 价值有限；3 = 有用；4 = 十分有用；5 = 非常有用）。受访者认为该系统对构建观察与反馈评估最有用（90%，$n = 34$），对构建正式定期评估也有用（65.5%，$n = 20$），对自我反思（65.5%，$n = 20$）和构建教学也有用（52%，$n = 16$）而该系统的最高效用被认为应该是在模拟培训中心。

当被问到他们是否能够在真实培训环境中使用 ANTS 评估系统预测任何问题时，只有一个受访者的回答是肯定的。其他顾问麻醉医生认为由于受操作实践和对 ANTS 评估系统熟悉程度的限制，如果顾问麻醉医生显著地陷于患者的处理中，或者有一个意外情况发生时，这个评估系统在临床麻醉实践中就很难应用。受访者认为，在单个人对患者进行医疗活动、急症病例或是治疗重症患者时，就不可能使用该系统。一个没有经验的新手在处理一个需要快速周转的病例和其他特殊情况时，想达到该系统的训练目的也是很困难的。

这些顾问麻醉医生（$n = 21$）在评论如何将 ANT 评估系统更好地应用于支持麻醉非技术性技能的训练中时，认为 ANTS 评估系统需要详细的介绍，以指导临床实践；使用该系统评估前，顾问麻醉医生应该经过良好培训；ANTS 评估系统主要应用于模拟环境，但一定程度上也可以用于常规择期病例中。

2．手术室内操作者试验

此次调查总共收到 38 份反馈表，来自 5 个不同医院的 17 名顾问麻醉医生。每个反馈表都是在每次使用 ANTS 评估系统后完成的。共有 24 份反馈表来自参加 38 例患者操作实践并使用 ANTS 评估系统的培训麻醉医生（63% 的学员反馈率）。

总的来说，据报告该系统，不仅提高了顾问麻醉医生的训练水平（79% 的人的意见反馈表，$n = 30$）也提高了新手麻醉医生的训练水平（83% 的意见反馈表，$n = 20$）。使用过 ANTS 评估系统的顾问麻醉医生都觉得收获较大，因为该系统提供了讨论的框架，而以前缺乏这种框架的时候反馈往往都会被遗忘。该系统使学员麻醉医生和顾问麻醉医生均能进行反思和加强能达到更好技能的练习。一些学员明确表示使用该系统后已经普遍提高了他们对非技术性技能的认识（$n = 3$），因为他们不仅能从他们技能的反馈表中获益（$n = 6$），而且系统还能帮助他们反思（$n = 2$）

顾问麻醉医生和学员在每个病例中使用 ANTS 评估系统后会被问及他们对该系统的感受，并且要将这种感受进行分级，分为 5 级，从没用到非常有用。对于顾问麻醉医生该系统有三点作用特别突出，一是它可作为任务报告/反馈表的框架，二是可为后续技能评级，三是可作为一种讨论的语言。为了更清楚地了解 ANTS 评估系统哪个阶段对技能评估最有用，顾问麻醉医生会被仔细地询问在训练同时或是在训练结束以后 ANTS 评估系统对技能评估是否均有用。而学员仅仅被问及他们是否觉得该系统对技能评估有用。由于顾问使用该系统来完成任务报告，而且将其作为一种讨论的语言，因此评分比学员要高。他们也认为顾问们使用该系统来描述他们的观测结果，因此他们的评分是在有用和非常有用之间，但是他们认为该系统最为有用的是作为自我反思的工具。

ANTS 评估系统在 89% 的时间里被应用。绝大多数的顾问麻醉医生（89%，$n = 33$）同时也报道他们在大的种类和小的元素水平两方面使用该系统评估临床实践。这些系统元素似乎在提供反馈信息方面更为有用，而种类评估对提供一个总体回顾和作为一个更普遍的讨论工具更有用。

据报道，顾问麻醉医生使用他们的 ANTS 评估系统观测和评估，并将结果反馈给学员，从而加强良好的行为，并识别学员发展的特定方式。这个系统也被认为是一种有用的方式来鼓励资深学员去考虑别人的非技术性技能。在病例过程中和病例结束后的短时间内，有 13 名顾问做笔记，这一点很重要，特别是在观测和报告任务之间有一定的时间延迟的情况下。来自学员的评论强烈地表明获得反馈对他们的非技术性技能的培养和提高非常有用。

单元小结

本单元首先介绍了行为标记系统的概念并说明了 NOTECHS 和 ANTS 两个有代表性的行为标记系统；然后分别以航空和医疗领域非技术技能培训和评价为例，介绍了职业特质训练和评估的方案。

练习与思考

（1）行为标记系统如何使用？

（2）NOTECHS 系统和 ANTS 系统有什么异同？

（3）借鉴航空非技术技能的案例提出铁路司机职业特质训练方案。

（4）借鉴医疗非技术技能的案例提出铁路司机职业特质评估方案。

参考文献

[1] MATTHEW J W THOMAS. Training and Assessing Non-Technical Skills, A Practical Guide[M]. CRC Press，2018.

[2] 连庆泉，上官王宁. 麻醉医生非技术技能 Anaesthetists' Non- Technical Skills(ANTS)[M]. 北京：世界图书出版社，2011.

[3] 术守喜，马文来. 人为因素与机组资源管理[M]. 北京：北京航空航天大学出版社，2015.

[4] 马锐，李敬，袁修干，等. 中国民航 1980 - 2009 年间运输飞行事故人的失误分析[J].航天医学与医学工程，2011，24（2）：111-115.

[5] SARTER N B, SCHROEDER B. Supporting decision making and action selection under time pressure and uncertainty: the case of in-flight icing[J]. Human Factors: The Journal of the Human Factors and Ergonomics Society,2001,43(4): 573-583.

[6] 罗晓利. 驾驶舱资源管理[M]. 成都：西南交通大学出版社，2002.

[7] JHON M O, WILLIAM S B, et al. The effects of interface management tasks on crew performance and safety in complex, computer-based systems[R]. Division of Systems Analysis and Regulatory Effectiveness, Office of Nuclear Regulatory Research, US Nuclear Regulatory Commission, 2002.

[8] 徐宝纲，李永平，童小兵，等. 机组资源管理[M]. 北京：清华大学出版社，2012.

[9] SARTER N B, WOODS D D, BILLINGS C E. Automation surprises[M] // Salvendy, et al, Handbook of human factors and ergonomics, Taylor & Francis, Inc. USA,1997,2: 1926-1943.

[10] PARASURAMAN R, MANZEY D H. Complacency and bias in human use of automation: An attentional integration[J]. Human Factors: The Journal of the Human Factors and Ergonomics Society, 2010, 52(3): 381-410.

[11] 負春欣. “7·23”甬温线特别重大铁路交通事故的分析与思考[J]. 城市轨道交通研究，2014（3）：136-139.

[12] 杜衣杭，方卫宁，王丽君，陈悦源，牛可. 基于 AHP 的列车司机非技术技能综合评价模型[J]. 安全与环境学报，2019，19（03）：887-892.

[13] 杜衣杭，方卫宁，裘瀚照. 基于 PCA-AHP 地铁行车调度员非技术技能的识别及评定[J]. 北京交通大学学报，2016，40（06）：64-69.

[14] 罗时. 上海地铁追尾事故关键在杜绝管理漏洞与制度弊病[J]. 劳动保护，2011（11）：48-50.

[15] ANDREW W E. Fatal train accidents on Europe's railways: 1980-2009[J]. Accident Analysis and Prevention, 2011(1), 43: 391-401.

[16] RAIB. Rail Accident Investigation Branch. Annual report 2008[R]. Rail Accident Investigation Branch, Department for Transport, UK, 2009.

[17] 高伟，牛可，董黎生，杜衣杭，方卫宁.基于认知工作分析理论的行车调度团队应急任务模型及应用[J]. 城市轨道交通研究，2020，23（12）：19-23.

[18] 曾笑雨，刘苏，张奇. 基于事故统计分析的城市轨道交通运营安全和可靠性研究[J]. 安全与环境工程，2012，19（1）：90-94.

[19] ANNETT J. Team work--a problem for ergonomics?[J]. Ergonomics, 2000, 43(8): 1045-1051.

[20] BRANNICK M T, PRINCE C. An overview of team performance measurement[M] // Brannick M T, Salas E, and Prince C. Team performance assessment and measurement: Theory, methods, and applications, Lawrence Erlbaum Associates, 1997: 3-16.

[21] KATZENBACH J R, SMITH D K. The wisdom of teams: creating the high-performance organization[M]. HarperBusiness, 1994.

[22] GUZZO R A, DICKSON M W. Teams in organizations: recent research on performance and effectiveness[J]. Annual Review of Psychology, 1996, 47(1): 307-338.

[23] BAKER D P, SALAS E. Principles for measuring teamwork skills[J]. Human Factors, the Journal of the Human Factors & Ergonomics Society, 1992, 34(4): 469-475.

[24] ORASANU J, SALAS E. Team decision making in complex environments[M] // Klein G, Orasanu J, and Calderwood R. Decision Making in Action: Models and Methods, Norwood, NJ: Ablex Publishers, 1993: 327-345.